北京市中小学特级教师工作室(2018—2020)
研修项目(项目号:130185306000)

在研究中成长的中学英语教师

汪艳　林立　主编

首都师范大学出版社
CAPITAL NORMAL UNIVERSITY PRESS

图书在版编目(CIP)数据

在研究中成长的中学英语教师 / 汪艳，林立主编. —北京：首都师范大学出版社，2020.11

ISBN 978-7-5656-5346-9

Ⅰ. ①在… Ⅱ. ①汪… ②林… Ⅲ. ①英语课－教学研究－中学 Ⅳ. ①G633.412

中国版本图书馆 CIP 数据核字(2019)第 264806 号

ZAI YANJIU ZHONG CHENGZHANG DE ZHONGXUE YINGYU JIAOSHI

在研究中成长的中学英语教师

汪艳　林立　主编

责任编辑　王　静

首都师范大学出版社出版发行

地　址　北京西三环北路 105 号

邮　编　100048

电　话　68418523(总编室)　68982468(发行部)

网　址　http://cnupn.cnu.edu.cn

印　刷　北京虎彩文化传播有限公司

经　销　全国新华书店

版　次　2020 年 11 月第 1 版

印　次　2020 年 11 月第 1 次印刷

开　本　710mm×1000mm　1/16

印　张　17.75

字　数　298 千

定　价　46.00 元

编委会

主　编　汪　艳　林　立

编　者　（按姓氏笔画排序）

马　悦　白　雪　孙　玲　杨　茜　李书梅

宋　薇　张晋芳　建　新　赵　娟　曹巍巍

特邀英语教育专家　（按姓氏笔画排序）

王松美　罗少茜　赵淑梅　胡小力　梁丽冰

特邀教育叙事插图作者　（按姓氏笔画排序）

田世瑾　李雨霏　李逸凡　张予阳　张笑语

张雅淇　武佳欣　国佳洋　钱康嘉　黄嵩岳

序

汪艳和林立两位老师主编的《在研究中成长的中学英语教师》一书即将出版，邀我作序，我欣然同意。这本书的所有作者都来自“北京市中小学特级教师工作室”研修项目组，而两位导师林立教授和汪艳老师都是我的同行挚友。林立老师是首都师范大学外国语学院的教授，我们在二语习得研究、外语教学方法研究和教师教育研究方面有着共同的兴趣和研究方向，多年来通过多种渠道合作得十分愉快。林立老师在外语教育领域有很多令人瞩目的学术建树，特别是他为人诚恳谦逊，对推动基础外语教育和教师专业发展所做的贡献令人敬佩。汪艳老师来自北京八中，是北京市特级教师，也是首位具有正高级职称的北京市中学英语教师。多年前，汪艳老师在职攻读研究生时，就已经是全国优质课大赛一等奖的获奖者。她有着超然的教育情怀、不断追求卓越的心态和全身心投入课堂教学的热情，这使得她后来成为全国优秀教师和这个特级教师工作室的导师顺理成章。

翻开此书，里面没有高深的理论，没有华丽的辞藻，也没有空洞的说教，字里行间却饱含着每位教师深切的教育情怀，传递着每位教师对教育理论的自我诠释，体现出每位教师丰富的实践积累、她们的读书感悟以及他们在教学中的研究性探索。她们将教育情怀、课程内容、教学过程的理解转化为实践和教学行为，通过教学设计呈现出来。全书由教师教育叙事、教育教学观阐释、读书感悟、行动研究和研究课设计组成，对广大一线教师具有很强的鼓舞、启发和指导作用。

在第一编“教育叙事”中，老师们分享了不同教育情境中的真实故事，展示了她们扎根教学一线，与学生互动，付出关爱，建构教育者身份，实现自我发展，进而立德树人的教育经历。读者可以从这些平凡、而又感人的育人心路历程中获得启发，汲取精神养料，领悟和思考教育的真谛。第二编“我的教育教学观”通过隐喻的形式，透过教师自身视角，折射教育教学的本质，引发读者思考教师的角色和作用。第三编“教师理论学习”呈现了几位教师对《语言教学的流派》和《二语习得理论》两部经典论著的读后感受。她们从语篇、教法、性别差异等维度入手，结合自身体会，反思教学实践。这些反思虽然不是对英语教学和语言学习系统、全面的洞见，但仍可反映出一个事实：要想成为一位好老师，学习应伴随终身。

除了学习理论，研究和改进日常课堂教学是教师的重要任务之一，而行动研究正是教师研究和改进自身教学的一种有效方式。本书第四编“教师研究”里收录了8位教师的行动研究报告，分别聚焦阅读教学中的文学圈应用、思维导图等方法的使用，以及课堂提问的有效策略等，以提升学生思维品质的发展，促进深度学习，提升学习成效。这些报告是教师为促进理论与实践相结合、教学与研究相结合所做的有益尝试，对激励广大教师勇敢地迈出研究的步伐、积极实践、理性思考、持续改进和完善教学实践具有积极的推动作用。尽管这些行动研究报告与行动研究所倡导的“提出问题—初步调查—确认问题—阅读文献—制订计划—实施计划—效果反思”的研究路径还有差距，研究设计与研究方法也有待改进，但研究针对实践的需要、解决实践中的问题的导向值得肯定。最后，针对具体的教学设计与实施，本书第五编“教学设计”展示了8位老师的教学设计案例，案例涵盖课标解读、文本分析、学情分析、教学重难点、教学目标设计、活动设计、教学流程、教学反思等。这些案例生动翔实，虽还有改进的空间，但足以给同行提供很多有益的借鉴和启示。

北京师范大学　王蔷 教授
2019 年 9 月 21 日

前　言

这本书是北京市中小学特级教师工作室（2018—2020）研修项目的成果集。全书共分为五个部分：第一编为教育叙事，由教师们讲述自己教育教学中的故事；第二编为教育教学观，讲述教师们对于自己职业的看法以及她们眼中的教师；第三编记录教师们理论学习的感悟与反思，即阅读教学理论书籍、聆听学术讲座、开展学习交流的心得感受；第四编呈现教师们解决教学中的实际问题的行动研究；第五编是教师们通过研究课的形式探究教学规律的研究性教学设计。这五个方面记录了工作室教师的成长历程。

工作室的10名英语教师来自北京9个区的初中和高中学校。她们在各自的学校、区里已经是骨干教师，有自己的教学理念、教学特色、教学成果，她们通过工作室的平台进一步研修，力图在教育教学方面发挥更大的的影响力。这个特级教师工作室研修项目是一个创新，通过特级教师的影响力和教育教学经验推动工作室教师的专业化发展；工作室的教师回到各自的学校发挥辐射作用，再带动更多教师的专业化发展。

特级教师工作室的研修项目离不开工作室导师的引领。本工作室的实践导师汪艳老师是中学特级教师、正高级教师；学术导师林立是首都师范大学英语教育方向的教授。除了导师们的引领和辛勤付出，项目还得到了其他专家学者的支持，如：北京市的教研员赵淑梅老师、梁丽冰老师、胡小力老师，北京教育学院的王松美老师，北京师范大学的罗少茜老师以及王蔷老师对工作室老师们的鼓励和帮助是巨大的，他们每月一次的学术讲座给工作室的老师们提供了教育教学的前沿研究。

此外，还要感谢首都师范大学参与项目具体实施与运行的其他教师和相关学生；向北京市中小学特级教师工作室项目的设计者、领导者——北京市教委人事处的领导和工作人员一并致谢。

本期工作室的老师们在研修结束后，会在各自的工作岗位上发挥重要作用，争取为北京市的英语教育教学做出更多贡献。

编者

2019 年 8 月

目 录

第一编

教育叙事：教师讲教师的故事

导论：教育叙事的力量

林　立①

教育叙事是我国教育界近年来所关注的教育研究方法之一。对于“教育叙事是什么”，不同的人有不同的说法。广义上说，教育叙事指对教育教学事件、教师教学生活与经验的描述。教育叙事不仅仅是讲故事，还重述和重写那些能够引起教师实践变革的故事。

本编包含12篇教育叙事，由教师讲自己的故事。故事里没有抽象的教育理论、心灵鸡汤式的说教，而是一件件发生在实际教育教学场景下的真人真事。教师既是讲故事者，也是故事里的角色。叙述的故事有情节、有矛盾、有情绪吐露。教师完全把自己置身于故事的场景中，对故事中不同角色的不同行为做出描述性的解释和说明。

这些故事有什么作用呢？教师们为什么要讲述这些故事呢？作为普普通通的一线英语教师，她们通过讲述自己的教育教学经验，表达自己教育教学活动中的真情实感，记录自己心灵成长的轨迹，告诉读者她们是谁，她们在这个时代做了什么，她们如何思考、如何处理教育教学问题。同时这些故事也预示着她们未来的发展。教师们在讲述故事过程中体现出三重身份——研究者、启发者、自我教育者。

教师是研究者。教师在讲故事的过程中会总结教学事件背后的教育规律，研究教育方法，用叙事方法呈现自己的教育理念和教学成果。教师叙述教育教学的故事，既不是为了检验某种已有的教育理论，也不是为了构建一种新的教育理论，而是通过讲述自己亲身经历的事件，表现其生活体验与心理情感。总之，这些故事是表达，是倾诉，是总结，是发现。

教师也是启发者。教师通过反思发生在身边的事情，讲述教育的道

① 林立，首都师范大学外国语学院英语教育系教授，“北京市中小学特级教师工作室”研修项目指导教师之一。

理，给人以启发。故事通俗易懂，易于接受，帮助读者从多个层面和维度认识教育实践，得出自己对事件的理解和解读。同时，故事发掘或揭示内隐于日常事件、生活和行为的意义、思想、理念，给读者提供更多的想象空间。下面我们来听一听教师们读完故事后，在微信群里表达的所受到的启发以及流露出的由衷的佩服。

读着汪老师的叙事故事，感觉屏幕上出现的都是汪老师潇洒的模样，觉得汪老师肯定付出了很多耐心静待花开，特别厉害。 ——建新

“老师若能以身作则，学生必不会蜻蜓点水；教师若能率先垂范，学生必能得其所需”，您说的这句话真的太到位了！现在您是我们十位老师的老师，我们都认真地学习了您的教育故事，相信都获得了不同角度的收获。我现在特别渴望全面了解您的教学游戏，您能不能写本书啊？让我们好好学习学习。看了您的教育故事后，我的另一收获是对“教师是什么？英语教师是什么？”这个作业有了新的思考方向，谢谢汪老师的分享。

——杨茜

感谢导师率先垂范，感动！ ——孙玲

特别想做汪老师的学生，也想和汪老师一起做游戏学英语，羡慕汪老师的学生有这样的学习机会！希望汪老师以后能有机会教教我们怎么玩这样的游戏。 ——宋薇

深受启发，特别感动！谢谢汪老师的分享。 ——张晋芳

谢谢汪老师，一定认真学习！ ——李书梅

认真学习，谢谢导师们。 ——赵娟

强、强、强！ ——曹巍巍

感谢工作站所有老师的分享，期待开学后和老师们见面，对教育教学进行深度交流。 ——汪艳

教师还是自我教育者。教育叙事本身就是教师反思教学行为的过程，同时也是教师理解教育、理解教学以及自我教育、自我发展的过程。教育叙事注重反思，反思教育过程中发生的一系列教育事件和具有意义的教育活动。教师叙事研究的主要目的是以自我叙述的方式来反思自己的教育教学活动，并通过反思来改进自己的教学行为，不断提高教育教学质量。接下来看一看叙述完故事以后教师们自己的感受。

讲故事的过程仿佛是把自己做过的事、有过的思考又重新梳理一遍的过程，感觉这一段的人生更加清晰了，会自觉地敦促自己思考接下来该做些什么。 ——马悦

在书写故事的过程中，我重新确认了自己的身份。教师不是高高在上的，而是要时刻与学生在一起，站在学生的角度为他们想办法。一个真正优秀的教师不是仅仅对所谓的好学生负责，而是要对全体学生负责；不是仅仅为眼前的成绩负责，而是要为学生终身的发展、一生的幸福负责。

——曹巍巍

第一次做高中班主任，接手棘手班级，经过两年全身心的投入，打造出了优秀团队。回望一路走来，师生共同成长、彼此感动，收获情感与教育智慧，值得久久珍藏于心间。——孙玲

回想一节阅读课带来的意外收获，突然发现回忆和记叙是一个触发思考、积蓄经验的过程。身为教师，总希望自己能够给学生以智慧的点醒，期待课堂所讲能够给学生带来长久的影响。而这些想法的达成，基于对学生智育、德育发展需求的关注，基于对教学素材的深入挖掘，更基于为实现课堂上通达人性的对话而积淀的人生阅历。——孙玲

在写《不愿长大的天使》这篇教育叙事的时候，我依然感慨万千，每个孩子都会犯错，有的错误甚至超乎我们的想象，但是孩子的错误大多与其家庭背景、成长经历有关，作为老师应该找到问题的原因，对症下药；最重要的是坚信孩子的善良，找到他心里的小天使，帮助他顺利长大。也许，老师的一份信任和坚持对于孩子的影响会是一辈子的。——李书梅

每个孩子都像一朵与众不同的花，理解他们的差异，欣赏他们的不同，帮助他们绽放自己的光彩。——白雪

教育叙事故事《纠结地放手》记录了我从事班主任工作的过程中一个不太令人愉悦的片段，但当一切尘埃落定，我再次细细品味时，却发现自己勇敢了许多，也宽容了许多！教师心境的良性变化又何尝不是学生的幸运呢？

——张晋芳

教育叙事让我将自己在教育教学工作中的故事牢记于心，并引发思考，继而生发感悟，也坚定了我在三尺讲台上继续努力前行的信心，激励自己与学生们共同成长，去发现幸福，感悟幸福，积累幸福。——建新

通过叙述教育故事，我梳理了自己的教育教学过程，总结了有自己特色的最合适学生的教育方法。对学生进行生命教育，尊重学生与尊重自己，是我继续下去的信条。——赵娟

教育叙事让我再一次感受到反思的意义，以后再遇到类似的事例我会更加游刃有余。我认识到在工作中要经常思考，尤其要多换位思考，也帮助别人换位思考，同时要潜心学习前人的经验，这些做法会帮自己找到很

多教育的切入点，从而达到良好的教育效果。 ——宋薇

写自己教学的故事，我认识到教师对学生一点点的关心，就会温暖学生的心；当学生感受到教师的关爱，他会努力改变自己，努力成为教师眼中的“好孩子”。以往的我非常关注“教”，从我与天赐的故事中，我感到倘若学生发自内心地去改变自我，潜心学习，与教师的“教”产生合力，这样往往就能达到满意的效果。我需要更关注学习、学生，尤其是那些畏惧英语学习的学生，多给他们一些关心、一些鼓励，他们会展示给我们更多的精彩。 ——杨茜

综上所述，我们的故事不是童话故事，但我们的故事里有儿童，他们是我们教育教学的对象，也是我们的朋友。

我们的故事不是神话故事，但我们的故事中有神奇的教师，其人其事是真实生活中的真人真事。

我们的故事不是寓言故事，没有说教，但有寓意，这需要读者自己去发掘、感受和体会。

爱的守望

汪　艳[①]

教师是一个神圣的职业，更是一个崇高的事业。说它神圣，是因为这个职业面对的是一个个蓬勃的生命，需要你用一颗无私的心来呵护；说它崇高，是因为这个事业面对的是一颗颗纯净的心灵，需要你用一颗高尚的心来引领。神圣与崇高，缘于真诚质朴的爱。爱是责任和义务，爱是能力和态度，更是给予和包容。对于我来说，爱是一种耐心等待学生成长的执着的守望，它陪伴我度过职业生涯的每一天。

从小我的性格就比较文静，喜欢动物，喜欢小孩子，所以很小的时候，我就想去当一名教师，感觉教师是那么光彩照人，那么受人尊敬。1990 年 9 月，揣着儿时的梦想、少年时的理想和青年时的期盼，我踏入了北京八中的校门。

我上中学的时候，对外语教师的教学就颇存质疑：为什么课堂上总是千篇一律的模式？为什么英语课总是机械地死记硬背？为什么上课总是老师灌，我们记呢？当时我就想：如果有一天我当了英语老师，我一定要让孩子们快乐地学好英语！

可现实告诉我：生活不是梦，它不是脑海中编织出来的色彩斑斓的图画，而是充满着困难和艰辛的旅程。我从起始年级初一教起。英语是一门看似简单却又包罗万象的学科，所以，培养孩子们的学习兴趣和热情至关重要。

语言的最大功能是交际，没有交流，语言便失去了活力；说得好，用得好，才能学得好。可当我满腔热忱地投入到教学中并期待丰硕成果的时候，学生第一次的英语笔试成绩却重重地给我泼了一盆冷水。面对只有六十多分的平均分，学生们哭了，我也哭了，我们师生都哭得稀里哗啦！学

---

① 汪艳，北京八中英语正高级教师、特级教师，是北京市特级教师工作室的指导教师之一。

生们说这是他们上学以来得的最差的分数，以后还怎么学英语啊。回到家里，我也自责得辗转难眠：孩子们是无辜的，他们就像一张张白纸，等待着老师描图绘景；他们渴望学好英语，却苦于不知如何入门，如何取得成功。我作为他们最信任的老师只满足于完成任务，却不了解他们的需求，没理解他们的所思所想。有时候为了图省事，采用墨守成规、抱残守缺的老一套教学法，重复着我上中学时最深恶痛绝的"机械呆板地带读，翻来覆去地重复"，把英语课上得味同嚼蜡，我真是好了伤疤忘了疼！

这一次打击深深地刺痛了我，也使我清醒了许多。我开始重新思考：如何才能做一名真正称职的好老师，无愧理想？如何才能对得起信任我的学生，抚苗成树？如何才能对得起家长，不误人子弟？

多说、多用、多练是我常用的教学刺激手段，让学生的脑子不停地转；对每一个单词、每一个情景对话、每一次老师的英文讲解都先转动脑子，不能死听。学生的嘴不停地说，说得兴奋，说得快乐，说得准确。每一个学生在台上或台下尽情表演，看着他们充满自信与新奇的表情，我能感受到他们在动手、动脑、动心。别人的英语课在讲重点、做海量习题时，我在给学生讲故事，带他们做游戏，练习电影配音，表演戏剧，组织演讲辩论。我发现：老师口若悬河，不如学生全身心投入；老师若能以身作则，学生必不会蜻蜓点水；教师若能率先垂范，学生必能得其所需。这样，学生才能乐在其中。

寓教于乐始终是我教书的目的，而且贯穿在每堂课的每一分钟，游戏是我英语课的原动力。我记得有一句格言："生活中没有了游戏，也就没有了真正的人的生活。"课堂游戏中可引入比赛，通过竞争可以培养学生的上进心和互助精神；游戏可以活跃课堂气氛，使学生学得轻松愉快；而且游戏能够消除学生对英语学习、作业、考试的畏难情绪，在运用英语参与"比赛"的过程中，学会了英语，也享受了英语。无论教初中还是高中，我都会设计各种各样的英语游戏，如训练单词的"首尾接龙"，练习发音的"跟读模仿"，熟悉句型的"前后传声"，复习语法的"句子大拍卖"，等等。学生在轻松的氛围和快乐的笑声中学习，认真、主动、积极表现，不仅使他们学好了英语，还促进了他们的身心健康。

我体会到要成为一名出色的英语教师，不仅要对自己所教的学科做到融会贯通，而且在教学过程中要能使学生积极主动地发掘潜能、综合发展，同时，教师还要对各种教学方法手到擒来，并与教学目的和教材内容有机结合。

让所有学生喜爱参与并善于参与学习活动，寓知识于娱乐之中，获成就于玩耍之余，才能调动其积极性，保持其求知欲，培养其意志力，获得事半功倍的教学效果；学生们也才能学得生动活泼、轻松愉快，把英语学习变成称心乐事。如此，课堂氛围和谐快乐，师生情感交融，给人以美的享受。

我也越发领悟到，教学不应只是模仿、复制或再现过去的东西，更不是填鸭式的灌输，而是要使学生学会并运用已有知识，适应未来的快速发展。教师就是一座通向明日的桥梁，我要做的就是这样一座桥。

这样的课堂、这样的教学、这样的效果固然是我最想要的，但这一切并不能让我获得真正的幸福感，令我真正感到幸福的是我的学生回报给我的人间最真实的情感、最朴素的爱。

我还清楚地记得第一天当老师，第一次教书，第一次听到学生说“汪老师好”，一切都是那么新奇，我体验着初为人师的兴奋、激动和神圣，也暗下决心要尽自己的最大努力把所有的知识毫无保留地教给他们。

可刚一接班，我就发现要想当一名好的英语老师，真不是我想得那么简单和轻松。我教的是一个普通班，有五十多名学生，以男生为主。很多男孩儿非常调皮，甚至下课还模仿我说话和上课的动作；也有的男孩子十分内向和沉默，不喜欢跟着同学模仿录音，也不愿跟着老师朗读。作为英语老师，这一切我都看在眼里，急在心上，因为起始阶段，学生一旦丧失对英语的学习兴趣、热情和期待，接踵而来的将是厌学，透支将来对外语的学习能力，后果不堪设想。

我注意到班里一个叫小鹏的十分内向的男孩，每次上英语课他都面无表情，从不参与全班活动或者小组活动。上课叫他单独回答问题时，他每次都以摇头回应。有同事劝我：“这就是他的性格，以后别管他了。”但教师的职业良知告诉我：学生个个不同，我没有理由放弃其中的任何一个。

于是，我和小鹏商量，决定每天放学后单独给他做个别辅导(personal talk)。担心在办公室里补习孩子会更加紧张，于是我就把他带到校园里的梧桐树下，一起用英语读课文，唱歌谣。单独辅导时我才发现他为什么上课拒绝朗读和回答问题，因为他说话结巴，他怕同学嘲笑他。于是我现身说法，告诉他：“汪老师小时候是个‘大舌头’，连最简单的‘men’‘niu’等音都发不准，但我的父母并没耻笑我，而是充满爱心一遍又一遍地教我，直到七岁多我的发音才被纠正过来。你想想：连汪老师这样不擅长语言的人，都能从事语言工作，你还怕什么呢？‘世上无难事，只怕有心人！’”

初一是英语入门阶段，发准音对小鹏来说难度还是很大，我就把课文的句子编成歌，还叫上了其他一些男孩子，边做游戏边复习。遗憾的是三个月过去了，小鹏上课依然只是听，依旧不参与大家的互动。在这个时候，我真的开始怀疑自己是否在做无用功了：难道有的孩子天生学不了外语？有的孩子天性冷漠？

就在我困惑不解的时候，我接到了学校的献血通知，接着是一周的法定献血休养期。记得那是在一个周五的下午，我正在午睡，突然听到家门口有动静。我赶快走过去问："是谁呀？"没有回答，随即就是仓促离开的脚步声。当我打开门时，我惊呆了：一堆补品！有牛奶、饼干和水果等。我循着声音追出去，却只看到了小鹏骑着自行车渐行渐远的背影。那一幕，至今我记忆犹新，就像发生在昨天；那一刻，我的眼泪止不住地掉下来；那一刻，我懂得了学生的心比金子还要宝贵！

一周后当我重新回到教室，回到可爱的学生们中间，我又看到了小鹏。他依然那么安静，依旧那么腼腆。当我对他说"Thank you so much"时，他不好意思地笑了，笑里透着可爱和纯真。

我依旧每天放学后单独给他做个别辅导，我们时而笑着猜英语谜语，时而跳着做英语游戏，校园里的梧桐树下留下了我们读课文、唱歌谣、做游戏的身影。

时光飞逝，一学年过去了，上初二的小鹏突然开口说英语了，而且声音洪亮，发音标准，甚至还参加了班级的英语小故事演讲会……

作为老师的我突然明白了一个道理：有时我们要允许学生有沉默期，尊重学生不同的学习个性，只有有了学生量变到质变的积累，才会有教育的水到渠成；只有有了学生的厚积薄发，才会有教育的瓜熟蒂落。教育更像是农耕，如果说每个学生都像一粒种子，学校就像土壤，老师的爱就像阳光、空气和雨露；孩子的成长需要适时的帮助，更需要耐心的等待。狂风暴雨和急功近利式的管教不仅于事无补，还可能会给孩子造成心理伤害。小鹏的成长也让我真正感受到了做老师最幸福的是什么，那就是：看着学生进步，感受学生成长，体会学生的理解……

期末考试后的一次家长会结束后，我留下了小鹏的父母，向他们表示感谢。我一直理所当然地认为是小鹏父母买好补品让孩子送我的。可是对此，他的父母竟然一无所知！原来小鹏是用自己省下的零花钱给我买的！

这让我再次领悟到：师生之情是如此的简单纯净，又是如此的深入人心。一个鼓励的眼神，一个会心的微笑……不要以为学生真的不懂，其实老师所做的一切，学生都在看，都在听，都在想，都刻在了他们的心里。同样，也是每一年、每一天、每一课，学生用他们的每一次进步、每一次成长、每一次理解，日复一日、年复一年地感动着我，让我理解了：为什么时至今日，我还能执着地坚守教师这个职业；为什么人心如此浮躁的今天，我还能无怨无悔地站在八中的讲台上；为什么面对孩子纯真渴望的眼神，我的内心是如此的安详、宁静与快乐——这就是教育的真谛所在。

对于教师，重要的固然是教育教学的技能技巧，但更重要的是职业操守、对事业的定位，以及对孩子的真爱。心中有一份信念支撑，人就会执着地坚持和坚守；心中有一份爱心温暖，人就会无怨无悔地全力付出。

张予阳作

专家评议

《爱的守望》是一位英语教师对英语教育事业爱的表白。汪艳老师视教师职业为神圣的职业、崇高的事业，她爱教学、爱学生。《爱的守望》也反映了汪艳老师的成长之路。儿时怀揣着成为一名教师的梦想，对英语教育有着初步的体验与思考；工作后走进学校与课堂，增加了对教学的反思与教学改革的行动，进一步推动了教学创新。年复一年地无私投入，一节课一节课地耕耘，一届学生一届学生地呵护……这一切都得到了回报，汪艳老师获得了学生的成长、师生的情谊以及个人的幸福感。这篇文章给教师读者以慰藉、信心和启迪，使教师们更加热爱自己从事的这份神圣、崇高的职业。读后我们又一次地陷入哲学式的沉思：我们为什么做教师？怎么做教师？教师的责任是什么？如何做一个快乐的教师？

林立（首都师范大学外国语学院英语教育系教授）

与众不同

白　雪[①]

英国学习结束后，我踌躇满志，信心满满，决心把班上的孩子们都培养成博学的绅士和优雅的淑女。

带着美好的愿望，我迎来了新一届初一的学生。记得当时我笑容满满地走进教室，环视了一圈全班的孩子们，坐在角落里的一个男孩一下子就引起了我的注意。他又高又壮，不黑，平头，小眼睛。只见他腿伸得老长，坐没坐相，满身的桀骜不驯，跟其他的孩子形成了鲜明的对比。“肯定是个打架高手，少不了惹是生非。”我心想着，看了一眼花名册。他叫大安，比其他孩子大两岁，怪不得那么大个子。

果不其然，大安不停地制造着麻烦。他不带脏字就不会说话，行为举止粗鲁至极，跟我心目中的绅士标准差着十万八千里；他不喜欢也不擅长英语，因此英语课上永远趴在桌上，不捣乱，但就是不听讲。一次学校播放感恩父母的视频，很煽情，大家都落泪了，只有大安无动于衷，脸像冰块一样冷。终于，我俩的矛盾彻底爆发了。那天英语课上他又趴下了，开始我和颜悦色地提醒他，给他抛了一个最简单的问题，并且把答案都带出来了，只要他重复一下就可以，可他就是一句话不说。我又耐心地问他是不是昨晚没休息好，他仍然不领情。那么多同学看着，以后我怎么管理班级啊？我心里盘算着：要不要杀鸡儆猴、以儆效尤呢？我强压着怒火还是决定先息事宁人，下课再和他谈谈。他坐下了，椅子弄出很大动静，继续趴在桌上。办公室里，我给他搬了椅子，好说歹说地给他讲道理，可他软

---

① 白雪，北京市第十中学初中英语教研组组长，丰台区英语学科骨干教师，丰台区命题专家库初中英语学科命题专家。2012 年赴英国卡迪根山中学从事为期一年的对外汉语教学工作；2014 年荣获第八届全国初中英语课堂教学优秀课展评一等奖；2017 年荣获丰台区第四届中学骨干教师“创新杯”教学展示及评优活动一等奖；2018 年荣获北京市第二届科研课题研究课(教学基本功)评比一等奖；多次承担区级研讨课，并获得好评。

硬不吃，他的冷漠让我心寒。想着每次在他闯祸后帮他善后，真是不值啊！于是我决定放弃。

期中考试后，迎来了家长会。他的父亲是我点名留下的，有必要让他了解一下孩子在校的表现。他父亲有点儿驼背，很苍老。记得我当时委婉地询问了一下在家里是父亲还是母亲管教孩子多些，他父亲叹了口气回答："唉，他妈早死了。他自己洗衣服做饭，跟着我和他爷爷一块儿过。前两年还有个姐姐疼他，后来也跟着后妈走了。他听他老姑的话。"怎么会这么惨？哪怕家里有个奶奶给他做做饭也好啊。难怪大安的表现如此与众不同。怎么办呢？他需要爱啊，我给得了吗？我很无助。家长会后的大安粗鲁依旧，我没有像以往那样苛责他。

着手准备研讨课时，我读到了一篇文章《哦，奥托！》(*Oh*，*Otto*!)，文章讲的是一个来自外星的小男孩，他很特别，皮肤是绿颜色的，听不懂地球语言，总是闹笑话，但最终他用善良赢得了友谊。突然，大安的形象闯进了我的脑海。他和故事的主人公很像。他用自己独特的语言和行为方式与人交流，他热爱劳动，从不跟女生争执，成绩也不差，细想之下，他有很多优点啊！似乎只有我对他有偏见，认为他粗鲁，他怎么可能绅士呢？是我对他要求太高了，那就让他做一个与众不同的大安吧。我决心帮助他，帮他学英语，帮他成长。

我给大安布置了在研讨课上的口语展示任务：奥托让你想起了身边哪些不同的人或事呢？他开始时拒绝了这个任务，他说他不会说英语。我跟他讲我在英国发生的故事："那时候，我也是跟别人不同的。不同的肤色，不同的生活习惯，不同的文化。经常因为英语说得不标准而被小孩子嘲笑，没人帮我，但我咬牙坚持下来了。你比我幸运，你有老师帮你啊！"

在我给他讲那段经历时，他不停地问东问西，显然很感兴趣。我抓住时机鼓励他学好英语，外面的世界真的很精彩。他有些动心，我看到了希望。接着我就让他写中文，我负责翻译。其他同学写的都是自己的同学、朋友，他写的是科幻电影《星际迷途》中的外星船长，与众不同的角度，特别棒！我在班上夸赞他知识渊博，看得出他心里很高兴。月考他进步了，他却来求我能不能别在班上公布成绩，因为有同学没考好趴桌上哭了。他在跟我提出这个请求的时候，我看他眼圈红了，我心中的"冰块"开始融化了。

接下来他开始练习说英语。我一个词一个词地教，他一个词一个词地忘，忘了就再教。好几次我想放弃这件事倍功半的事情，看到他学得起劲儿，我坚持着。那段日子我疲惫不堪，积劳成疾，终于病倒了，请假在家休息。回到学校的那天，办公桌上堆着同学们送来的小零食。大安来了，手里拿着工具，来帮我修灯。对于他与众不同的举动，我已经见怪不怪了。据他说，我办公桌头顶上的灯灭了，是不祥的征兆，所以老师才生病。原来这就是他过来修灯的缘由。小小年纪怎么还会修灯？大安原来是枚“小暖男”啊！

接下来，我和大安的关系越发融洽，他在英语课上不再趴桌子，我也不再强迫他变成绅士了。本来嘛，每个孩子都是与众不同的，教师要理解、欣赏他们，帮助他们变得更加出类拔萃。

张雅淇作

专家评议

在阅读这篇《与众不同》的教育叙事时，浮现在我脑海中的是一个冷漠的、不擅长英语的大男孩，经过作者的“精心调教”，这个大男孩展现出体贴、关心他人的一面。这里所谓的精心调教，其实是老师经过调查，发现大男孩的成长环境与正常学生不同，当老师了解了这个背景之后，她不但理解、同情大男孩的处境，而且开始关注他，在英语学习方面给他提供有针对性的帮助，让他完成一些力所能及的课堂任务，最后大男孩建立了自信，在身心、学业方面都有所发展。

本篇文章给读者提供了以下两个启示：第一，学生是有个体差异的，差异是客观存在的，在教学中要承认差异，并且基于学生的差异展开教育，因材施教才能事半功倍。第二，亲其师，信其道，想要学生接受老师的教育，先要真心关心学生，当学生能够体会教师的用心时，教育就能水到渠成；而当教师把教育强加于学生时，结果会适得其反。

赵淑梅（北京市英语特级教师、英语教研员）

爱上一个“坏孩子”

曹巍巍[①]

2015 年 9 月，我极不情愿地接受了学校的安排，从高三年级下到初一年级，担任初一年级组组长和班主任工作。我的不情愿有三个原因，一是反差太强烈。刚刚毕业的高三年级学习成绩非常辉煌，学生乖巧听话，家长彬彬有礼。而这一届新初一是第一年全面按户口招生，据说“大神”不少。二是让我带的是全年级学习成绩最差的美术班。三是还要担任谁也不愿意干的年级组长。带着满脑门子的“官司”，我走到了我即将要与之共处三年的学生面前。

一、“大神”现身

虽然不情愿，但对职业的尊重和热爱让我很快调整过来，我收起不良情绪，努力做到最好。我热情洋溢地和同学们寒暄、交流，努力想在最快的时间里多了解他们一下。在这个过程中我发现，美术班的学生虽然成绩较弱，但都很乖巧，男孩子不多，女孩子们都很热爱劳动，性格很好。就在我稍感安慰的时候，突然发现了一位“大神”。不，这样称呼她有些诋毁了“大神”这个词。“大神”嘛，偶尔也用来指那些有特殊才能、情商出众的学生。而她，彻头彻尾就是人们常识中理解的“坏孩子”。现在来看看这姑娘都做了什么事情吧。

这个姑娘叫洋洋。刚开学不久的一个课间，她利用擦黑板的间隙在黑

---

① 曹巍巍，北京市京源学校英语教师、班主任、年级组长。2004 年在新西兰奥塔哥大学教育学院访学；2006—2007 年在北京对外经济贸易大学学习研究生课程，主修英语语言学(翻译方向)。多年来从事一线英语教学和教育管理工作，荣获“全国优秀青年班主任”称号，北京市紫金杯班主任一等奖；多次被评为石景山区骨干教师、教学能手、全国重点课题优秀实验教师等。参与国家、市、区多项英语学科课题；在全国、市、区比赛中成绩优异，荣获多项一等奖，并参与录制北京数字学校高中英语学科微课和北京数字学校初中英语课程开发和授课，获得好评。

板上写了一个大大的英文单词“F××K”。

没过几天，洋洋又在去音乐教室的路上欺负另一个女同学，还打了人家的脸；紧接着，她还在网上说不良的语言，被我们班一个正直的男生看到了，男生和她理论，她还骂起了这个男生；她接二连三地破坏班级纪律，不完成作业，花样翻新地编谎话。没错，她就是我最不喜欢的那种学生、那种“女学生”，我从来没教过这样的女孩子，如此的劣迹斑斑，如此的不知悔改，磨破了嘴皮子，晓之以理、动之以情，我仅仅换来两三天的平静。

接下来几天，麻烦层出不穷。好心的家长们劝告我“不要管她了”，传说她在小学就非常“出名”，她的父母都做生意，“社会”得很。千叮咛万嘱咐让我千万不要多管她，据说洋洋的小学班主任就被她的家长告过。一位家长说：“曹老师，您差不多就得了，只要她不干扰其他学生，您就别搭理她，对她好，她也不领情，家长还不懂事儿。说真的，我们都觉得她上了初中，好多了呢!”我的天啊，这就是好多了吗？开学两个月不到，惹祸一大堆，居然比小学时强多了！看来我真是遇到了个大麻烦。

二、机不可失

真的就这样轻易地放弃了吗？就不管洋洋了吗？只要她不破坏纪律、不干扰同学，就随她我行我素了吗？我不能接受。我是个特别执着的人，也是个不达目的不罢休的人。我决定，要改变她，不，要爱上她！不过，说真的，爱上这样一个孩子，太难了！我想着寻找一个机会，一个既不被她误解又合情合理的机会；不能让她觉得我是可怜她，更不能让她觉得我就是故意要帮她。

皇天不负有心人，我等的那个机会终于来了。那天英语课的内容与音乐有关，我知道洋洋特别喜欢一个韩国的乐队组合，我特意找了那个组合的图片，把图片插入到 PPT 里。上课开始，洋洋依旧和上其他课一样趴着，我不紧不慢地讲着，眼见着课堂气氛越来越活跃，随着音乐响起，同学们有的还跟着唱起来，她似乎也被感染了，全趴变成了半趴，半趴变成了坐直，没有表情的脸上也展现出了一点点笑容。当她看到自己喜欢的组合的图片出现在课件上时，她竟然大叫起来。全班瞬时安静了，大家都扭头看着她，她也愣住了。这是她开学近三个月以来第一次在课堂上发出声音。我用英语轻轻地说：“洋洋，我看你对这个女团很了解啊，据说她们现在很火啊，你能给我们介绍一下她们吗?”

说实话，我对韩国女团一点儿都不感兴趣，为了这节课我还特意做了功课。洋洋愣了一下，马上站了起来，用一种不太自信、微弱的声音讲了起来，这和她平时颐指气使、蛮不讲理的状态大相径庭，同学们也都有点吃惊于她这样的状态。随着她讲解的深入，她的声音也明亮起来，脸上洋溢着幸福的表情。这堂课在欢笑中结束了，下课后我知道我赢了，因为我看到了她追着我的眼神中泛出的光。我故意不看她，收拾课本准备回办公室。她犹豫了一下，跑到我前面说："曹老师，我帮你拿东西吧？""好啊，谢谢你。"跟在我后面，她忽然怯懦起来，完全没有了"女魔头"的状态。"曹老师，你真的喜欢这个组合吗？""我不是很了解，不过我挺喜欢其中一个姑娘，我觉得她舞跳得不错，还是名牌大学的学生，英语说得特好。""对对对，她英语说得特好听，还做过一个广告。"就这样，我们聊了一个课间，一个轻松、毫无压力的课间。

三、变化快如神

我心里明白，洋洋开始接受我了，这是个好的开端。出乎我意料的是，第二天洋洋在班级的门口等着我，我疑惑地问她："为什么不进去呢？"她从兜里掏出了一个棒棒糖，对我说："曹老师，我给你带糖了，特好吃！"我毫不犹豫地接过糖，打开包装，塞进嘴里，边吃边说："早晨食堂吃韭菜馅饼，我正愁上课嘴里有异味呢，谢谢你啊！"走进教室时，我顺势叼着她送的棒棒糖，一上课就做了一个生动的热身活动，聊一聊中国饮食独特的味道。同学们都很开心，她也笑了。我想，被人接受，大概也就是这样吧！

就这样有来有往，洋洋乐意我做她的朋友。用她的原话说："您挺仗义的！说话算数，说不找我妈就不找。说给我保密就保密，我觉得您不错，我保证上您的课不捣乱，努力听讲，但我不保证我每节课都能做到啊。"三年来，我们就这样摸爬滚打地相处着，她时而失控，我时而暴怒，一切都终结在一个棒棒糖、一个微笑、一滴眼泪上。我替她保存着小秘密，她努力学好英语。一转眼到初三第一学期的期末考试，她英语考出了90分的高分。遗憾的是其他科目全不及格。其他的学科教师对洋洋心怀不满，时不时找我告状，每次告状后我都不得不和她谈一谈，劝她配合老师们，多少学一些东西，而她每次都说："我不喜欢那个老师，我也明白他也讨厌我。您不一样，您喜欢我，没有看不起我，我知道。"这朴素、直白的话就是对我的回报。是啊，默默地付出，不间断地关心，建立信任，决不放弃，这就是爱吧，我爱上了一个“坏孩子”。这一切的付出，她都是心知肚明的！她的话语让我控制不住，感动得流下了泪水。

四、宝贵的豆蔻年华

转眼间，初中时光结束了，孩子们毕业了。正如洋洋平时的成绩，她的中考成绩除了英语以外，其他科目都不尽如人意。后来我收到了她的微信，她说：“曹老师，您是我遇到的最好的老师，我一定给你争气，我考上了一个外语学校，我高中会努力的。”洋洋的妈妈也发来微信对我表示感谢。洋洋妈妈说前几天带她出去，路过初中学校，妈妈问她：“这么多的老师，你最喜欢哪一个？”她说：“我最喜欢曹老师。”妈妈说：“曹老师总批评你，批评得那么狠，总把你说哭，你还喜欢她？”她急着反驳道：“你懂什么叫‘爱之深，恨之切’吗，那说明我们老师对我好呢！”洋洋妈妈最后对我说：“曹老师，感谢您，这个孩子没有走上歪路，我们感谢学校，感谢您！”

张笑语作

专家评议

面对一个淘气、不守常规、反叛，甚至有点让人讨厌的孩子，你会怎么办？从这篇《爱上一个“坏孩子”》的文章中，我们便能够找到答案。当本文作者面对这样学生的时候，她虽然刚开始也感到“头疼”，但是，教师的职业道德告诉她：有教无类。于是，她收起不良情绪，开始寻找解决问题的突破口。老师首先细致观察学生，发现学生的闪光点，并给学生搭建平台，使她有机会展示其特长。在老师的努力之下，这个学生终于被老师折服，这时候，对学生的教育是水到渠成的。这个案例告诉我们，无论我们的教育对象有什么样的问题，只要老师不放弃，与被教育者之间建立相互信任的关系，最后的付出一定能得到回报。

赵淑梅（北京市英语特级教师、英语教研员）

大雪封山

建　新[1]

我的职业生涯的发展与一场大雪有关。

在参加工作的第三年，我因政策需要被调入山区支教，在这个让我又恨又爱的小山沟沟里一待就是六年。起初，新婚不久的我很难接受一周才能回家一次的寄宿制学校，以至于头半年里很难塌下心来工作，我总觉得我不属于这里，家里也一定会想办法帮我离开这里。可是，一次大雪封山，让我在经历了一番寒彻骨之后闻到了扑鼻的梅花香，坚定了自己的支教信念。

一、雪前

清楚地记得那是周四的晚上，我第二天就要"刑满释放"的好心情被食堂里老师傅们议论的天气预报搅坏了：如果夜里有雪，因为山区特殊，公交车就要停运了！我当时就说："那我一定让老公来接我，千难万险也要回家!"老师傅们告诉我："傻姑娘，公交车停运了，学生们都回不去，老师们自然也不能休息了，只能一直上课，等通车后倒休啦!"这个消息足够让我的眼泪夺眶而出了，我已经盼望了一周的周末啊！我的心情像已经经历了暴风雪一般彻底凉了。

二、雪中

我抱着一丝天气预报有时也不准的侥幸心理忐忑地睡了一晚。第二天

① 建新，毕业于北京联合大学师范学院，本科学历，中共党员，中学一级教师。怀柔区骨干教师。在校担任年级组长、英语教研组组长、学科备课组组长、党支部委员。参加工作九年，撰写教育教学类论文数十篇，获得市、区级多次奖励；参与国家级课题及子课题；多次获得"怀柔区教学质量标兵"荣誉称号。

一早闹铃没响我就爬起来看，果然，到处已是白茫茫的一片了，而且雪还在下，回家看来是无望了。接下来发生的事简直是在考验我的心理底线，我感觉像在历劫。周五白天雪下了一天，晚饭时间因为下雪和低温的缘故停水了，这里是山区，本就物资有限，这回加上大雪封山，可真是“雪上加霜”了。在停水的两天里，老师和学生们都经历了“两苦”：一是饮水问题，学校开始给学生发矿泉水，可是发到第二天，街上的超市也没有卖的了，学生们的饮水成了问题，老师们自己有一些存水，这在大雪天里如黄金般宝贵。二是用水问题，这两天里我们每天洗完脸的水再用来洗脚，洗完脚的水再用来冲马桶，听起来像不像在我们国家部分偏远山区里才会发生的事情？更不可思议的是，学生们已经开始用院子里的积雪刷碗了！困境果然会激发人类无限的潜力啊！好不容易熬到了晚自习下课，已经是晚上九点半了，我的两位舍友因为回区里开会被雪封在了山下的家里，孤苦伶仃的我只有羡慕的份儿了。我从收纳箱里拿出两瓶矿泉水烧好了倒进暖壶里，心里还是挺踏实的。突然，有学生敲门的声音传来。我打开门，学生们穿得很单薄站在门口。已经是熄灯时间了，我小声问她们：“发生什么事了吗？怎么不睡觉呢？”小姑娘们居然有些眼圈泛红地、很胆怯地说：“老师，我们渴，想问问您这里水多不多……”被孩子们的情绪感染着，我的鼻子酸了，眼泪也要不听话地流下来，我赶紧一边转身一边说：“有，有，刚烧好的，把杯子都给我吧，我给你们倒！”孩子们像过年收到压岁钱一样，欢喜地抢着把水杯递给我。看着孩子们如获珍宝一样抱着水杯回去，我感觉自己瞬间伟大起来了。折腾了一番，我也有些口渴了，拿起水壶，竟然只滴出几滴水，我打算再烧一些。可当我再次打开收纳箱，竟一瓶矿泉水也没找到！这时候同事们都睡了，怎么办？渴得睡不着，我再次起身，翻箱倒柜地在收纳箱里寻找着，终于在最底下翻出一盒马上就要过期的牛奶。牛奶喝完了，我的眼泪也哗哗地流下来了，觉得长这么大也没这么惨过，我仿佛被全世界遗忘了。第二天一早，打开门的一瞬间，我又被惊到了——冻得通红的“小脸蛋们”举着早晨学校新发的矿泉水，高声地说要还给我，还说我也没有多余的水，还要给她们上课，多费嗓子呀，她们能忍住口渴的！我的泪水再也忍不住了，抱住了这群善良又可爱的孩子们，感受着她们带给我的温暖！

三、雪后

从那以后，我主动向学校申请担任班主任一职，因为我想更近距离地和孩子们相处，想更直接地表达对他们的爱：我照顾生病的学生，帮他们买药，给他们下面，日夜照顾他们，学生们感动落泪。一直以为孩子们小，只是默默不作声，可是毕业前的那天晚上，孩子们把他们想对我说的话写了整整一黑板，有的孩子说："看您的年龄像大姐姐，但是感觉更像是我们的妈妈一样温暖亲近。"家访时我还偷偷资助过一个家庭困难但学习刻苦的孩子小嫒，她来自单亲家庭，爸爸常年在外面打工，家里只有一个年过七旬的奶奶，刚开始老人家是拒绝的，可是我对她说："小嫒是个要强的孩子，知道爸爸挣钱不容易，奶奶身体不好，从来不舍得多花一块钱，也不跟奶奶提额外的要求，但是她也是个花一样年纪的小姑娘，也爱美，也在长身体，别委屈了孩子。"奶奶一个劲儿地叹气抹眼泪，紧紧握着我的手不让我离去。中考小嫒以优异的成绩考入了示范高中，这孩子举着录取通知书一下子扎进了我的怀里，紧紧地抱了我很久都不松开，我知道她什么都懂。山里的留守孩子特别多，不是跟着爷爷奶奶，就是跟着基本上没有文化也没有劳动能力的妈妈，这些情况我都提前了解清楚，跟家长沟通的时候都以最简单但又最诚恳的方式和他们沟通，大部分时候我都是报喜不报忧的，我这种方式也赢得了孩子们的认可，哪一个孩子希望老师总是"告状""打小报告"呢。久而久之，孩子们报答我的方式就是更加努力地学习，所以，家长们对我的满意度很高，还口口相传的，很快我就成了大山里小有名气的他们口中的好老师。那一届是我送走的第一拨初三毕业生，虽是第一年挑大梁，但学生们中考成绩不错，尤其是山区里向来弱势的英语科目的成绩也在区里名列前茅，我也因此获得了家长们的赞扬和领导们的肯定与信任；更重要的是我们班 23 名学生基本上都考上了自己理想的学校：有 13 名学生考进了人大附中、北大附中、北师大二附中、北京四中、北京五中、北京八中分校、一七一中学和怀柔一中，其余学生也都考进了我们区的普通高中。我想在他们未来的成长道路上也许也会想起我，一个曾经对他们付出真心，为他们的将来出过力的班主任。

从这一届以后，我没有像起初那样每天惦记着当"逃兵"了，我觉得山里的孩子们需要我，甚至觉得把孩子们交给谁也不如我自己来带放心。这两年经历了山区并校、校园重建，教学条件越来越好了，但是，我始终忘不了让我看到自己真心与初心的孩子们，是他们，给我机会陪伴他们成长！是他们，陪伴着我成长！

张笑语作

专家评议

生活在城市里的我们会因为冬日的一场大雪兴奋不已，可是大雪却给山区的老师和学生们带来诸多不便，而恰恰也是因为一场大雪才改变了这位在山区支教老师对于自己工作的态度。

大雪封山使这位来自城里的老师与自己的学生有了比平日更多的接触机会，大雪给大家造成了一些生活方面的困难，老师和学生在困难中互相帮扶，雪中送炭胜过锦上添花。这场大雪中孩子们对老师的关心，温暖了老师的心，从此，老师自觉自愿地为孩子们付出了更多的心血，孩子们也以更好的学习成绩回报老师。

从这个案例中，我们得到的启示是：当教师真正发现自己工作的价值时，便会转变工作态度和行为，态度决定一切。

赵淑梅（北京市英语特级教师、英语教研员）

不愿长大的天使

李书梅[①]

我2001年参加工作，自第三年起就开始先后承担毕业班和实验班的英语教学工作，这些年一直教的都是非常优秀的学生。在我的眼里孩子们都是学习态度端正、方法得当且成绩优异的天使。直到2017年我遇见了小洋……

一、狭路相逢

高二实验班进行调整，开学第一天我就发现了一个与众不同的孩子——小洋。他总是一副嬉皮笑脸、啥也不在乎的样子，上课时，心情好就勉强听听，心情不好就趴在桌子上神游，更多的是美颠颠地左顾右盼、伺机找人聊天，就连回答个问题都要假装“大舌头”卖萌，与班里的“天使”们格格不入。虽然心里极其郁闷，但我还是想尽办法来调动他参与课堂学习的兴趣，比如在他“溜号”的时候叫他回答个问题、表现稍好的时候进行表扬、课下苦口婆心地谈话、偶尔给他个小礼品……

然而一个学期下来，小洋依然我行我素，效果很不明显，我有点气馁。临近家长会的一节课上，我带学生们复习重点词汇，学生们都聚精会神地边听边记，突然一阵极不和谐的笑声吸引了我的注意力，原来小洋正拉着同桌的男孩躲在书后窃窃私语，小洋笑得浑身直抖……此刻，我脑子里有无数个声音在问：“为什么有这样的学生?”“上我的课怎么能这样!”忍了一个学期的怒火再也压制不住，我不由得拍了一下桌子，怒喝：“你俩

① 李书梅，北京市通州区潞河中学英语教师，高级职称，北京市骨干教师；2001年获得首都师范大学学士学位，2016年获得北京师范大学教育学硕士学位；先后获得“北京市教学设计大赛一等奖”、通州区课堂评优活动“春华杯”和“秋实杯”奖励，以及“通州区学生喜爱的班主任”“通州区优秀教师”等荣誉称号。

要干什么!”班里瞬时安静了，好像静得只剩下我的心跳声，孩子们一个个目瞪口呆，只有小洋依然一副嬉皮笑脸的样子。

第二天就是家长会，我让班主任转告小洋的家长来见我，班主任回复说小洋的家长根本不来参加家长会，而且小洋的学习成绩徘徊在年级 300 名以后，在本学期的考试中还有两次作弊行为，这孩子油盐不进、软硬不吃，班主任也很无奈。

哎，我只剩下了绝望：我能力有限，还是认认真真上好我的英语课吧，只要小洋的成绩别太差，我也别较真了，毕竟本性难移啊。

二、冤家路窄

然而新学期的工作安排犹如晴天霹雳，由于原班主任要去新疆支教，我“临危受命”，接任小洋所在班级的班主任。真是“冤家路窄”!

上任一周，我就被小洋气得犯了心脏病，除了上课不认真之外，他几乎每天都迟到、逃操，还因为不打扫宿舍被扣了 180 分。因为他一个人扣分导致班级的常规评比不仅是倒数第一，而且低于倒数第二名将近 100 分，这对于实验班来说真是奇耻大辱!

考虑到对整个班级的不良影响，小洋的问题必须解决而且迫在眉睫。于是我给小洋的妈妈打了个电话，电话刚一接通小洋妈妈就小声问：“老师，小洋又犯错误了吗?”我知道小洋父母都是典型的成功人士，在某大公司身居要职，小洋妈妈的这个问题让我深切感受到一个母亲的无助与悲伤。通过沟通，我了解到小洋从 3 岁开始在幼儿园全托，小学上的寄宿制国际学校，初中到高中在我们学校住校，基本上一直都是每周末才能回家一次。小洋母亲难过地说：“小时候没空管，现在想管也管不了了。”

通过跟小洋妈妈的多次电话和面谈，我赢得了小洋妈妈的信任，她多次说：“梅梅老师，你说咋办？我听你的!”可是，该怎么办呢？小洋妈妈愁，我也愁，只有小洋像个没事人一天到晚无忧无虑地放飞自我。

三、峰回路转

因为是班主任，所以要全天泡在办公室里。有的时候 6 岁的女儿没人管，只能跟着我上班。一天晚自习我去班里答疑，让女儿在旁边的空教室里看书，等我忙完去看她的时候发现小洋正在给女儿读故事，不仅语气生动、表情丰富，而且还非常耐心地回答问题，两人一会儿哈哈大笑，一会儿手舞足蹈，完全沉浸在故事之中。此时的小洋判若两人，完全一副“天使”的样子。突然间，我意识到小洋的卖萌、说话“大舌头”、多动等行为都像是一个五六岁的孩子，难道他的种种“劣迹”是因为过早离开家庭吗？也许他潜意识里依然留恋小时候和妈妈在一起的那份安全感，因此抗拒长大。

唉，这孩子也挺可怜的，我突然觉得他需要的是更多的耐心和宽容。

后来，身高将近一米八的小洋跟一个刚过一米的小学生成了好朋友，几天不见就提醒我该“带娃上班”了。他俩一起写作业，课间一起玩。有时候我试着把他当成女儿的同龄人，慢慢给他讲一些规则和道理；更多的时候，我会有意无意地提醒他，他已经长大了，需要承担自己的责任，比如让他给女儿检查作业、讲题，或者让他去班里通知点什么事情，等等。而且，在我的提议下，小洋的妈妈在学校附近租了房子过来陪读，每天照顾他的饮食起居，她非常享受和儿子在一起的时光。

小洋的状态逐渐好起来，不仅不再迟到，听课也越来越认真，甚至还能追着老师问问题。小洋跟我成了好朋友，每天要去办公室找我好几回，有时问问题，有时闲聊几句，还有时看一眼就走。一天晚自习，小洋给我写了一份保证书：“我要好好学习，期中考试考进年级前 120 名，否则就给梅梅老师当牛做马，天天给老师买好吃的。”看到小洋的进步，我开心极了。

四、一波三折

期中考试结束了，然而我没有看到小洋考入年级前 120 名的好成绩，也没有看到他为我“当牛做马”，等到的却是学生处的通知：“李老师，您班小洋同学在语文考试中作弊，请您通知家长到校处理，谢谢。”此刻，我的内心崩溃了。

因为小洋之前还有过两次作弊行为，按照校规要按退学处理，因为是高三的学生，保留他在学校的高考资格。处理当天，学生处主任宣读了处分决定之后直接离开，小洋笑着说：“这么简单，还不如发个微信得了。”年级主任对他进行了严肃的批评教育，而小洋一直歪歪扭扭地站着，要么抖腿要么玩手，妈妈说了他几句还差点跟妈妈吵起来。我的心已经凉到极点，本不想说话，但是看到他顶撞妈妈的时候忍不住问：“小洋，你想过妈妈的感受吗？妈妈爱你，但是妈妈也是会伤心的！”说到这里，我的眼泪忍不住掉了下来。这时，小洋收起了玩世不恭的样子，毕恭毕敬地站好。

处理结束后，小洋回家了，我的心却久久无法平静：小洋的离开确实有利于班级的管理，甚至有利于班级平均分的提高，但是小洋该怎么办？就算能找到一个学校借读，有哪个老师能在高考迫在眉睫的时候有时间慢慢了解他、接受他、引导他？孩子的这个错误会不会毁了他的一生？

思考再三，我决定想办法让小洋留在我身边，不过也得让他吃点苦头才成。之后我询问了各科老师，帮他制订了详细的补习计划，小洋妈妈请课外机构的老师按计划进行复习。我一直通过小洋妈妈了解他的状态和学习情况，不再单独回复他的任何信息。

转眼到了期末，学校要进行会考和期末考试。我找学生处主任求情，立下军令状：如果小洋回学校出现任何问题，我的班主任就不干了！领导同意他回来考试，我把我的军令状截图发给小洋，他回复了一个泪流满面的表情说："老师，谢谢您！"

本以为小洋的故事到此就该结束了，从此他应该改头换面，完完全全变成一个天使般的孩子。但是，事情再次出乎我的意料。期末考试的第二场，年级主任给我发来一个同学考试前发给他的短信截图，内容是："老师，小洋考试和别人对答案，刚才还往桌子上抄了很多东西，你能管管他吗？"屡教不改的小洋再次被停考。

领导批评我说："你就不该让他回来！"在几天后评选市级优秀班集体的会上，领导直接说："小洋那个班没资格参评！"工作 18 年，我收到表扬无数，还曾经接受区长颁奖，被冷嘲热讽后心里真不是滋味。同事们都好心地提醒我："这个孩子，你就别管了，不值得啊！"小洋的妈妈发来信息说："老师，真是对不起！……这孩子，我真不知该怎么办了……"此时，"管"与"不管"貌似是个不难的选择。这时候放手，符合学校决定，也对得起家长的信任。对于小洋，我已仁至义尽。然而，我的心却一直隐隐作痛，我一直在问自己："这时候把他推出去，孩子的未来会不会就毁了？我不管他，还有谁可以管他？"想想小洋和女儿在一起时天使般的笑容、这学期明显的进步，还有他对我无限信任的眼神，我坚信小洋不是个坏孩子，只是他心里的天使拒绝长大。

不能放弃小洋，绝对不能！我觉得我已经没有退路。后来，我去了小洋的家，苦口婆心，春风化雨，这个一米八的大小伙子失声大哭，像个无助的孩子。临走，小洋紧紧地抱着我说："老师，我错了，对不起！"

五、完美结局

寒假后，小洋回到我的班级，可喜的是他确实变了，努力上进、刻苦认真，偶尔有些小毛病也被我“连打带骂”地“修理”好。白驹过隙，一个学期结束了，迎来一年一度的高考，在高考成绩发布那天。小洋妈妈发来喜讯：“梅梅老师，小洋考了620分！你是我们家的恩人，谢谢！”小洋给我发来一个抱头痛哭的表情：“老师，我想抱抱您，您太伟大了！”小洋的高考成绩比原来提高100多分，终于实现了考进年级前120名的目标。教书18年，看到过很多高考高分，唯独小洋的这个620分让我泪如泉涌、感慨万分。几天后，小洋的妈妈给我发来一张母子俩在长白山天池的合影：高大的儿子搂着小鸟依人的妈妈，俩人笑容满面。

此刻亦师亦友的老师明白：小洋心里的小天使长大了。

钱康嘉作

专家评议

每个学生，即便年龄相同，但由于成长环境等各种因素，心理年龄会有差异性。文本中的这位大男生，便是那种心智不成熟的学生。跟许多心智不成熟的学生一样，他课上自我约束能力低，注意力保持时间短，学习成绩不佳，考试作弊，而且即便老师针对其问题多次进行教育，学生在行为上也会有所反复。面对这样的学生，首先老师要找到问题的根源，要接受学生的差异性，找到适合这类学生的教育方法，在学生出现反复的时候，不能轻言放弃。

赵淑梅（北京市英语特级教师、英语教研员）

酝酿四年的一堂课

马　悦[①]

这堂课，要从七年前说起。

2011年年初，我获得一次公派出国留学的机会。盛夏七月的最后一天，我启程奔赴新加坡这个小而精致的国家。飞机从北京起飞的那一刻，心中有一种脱离一切桎梏、如释重负的感觉。

参加工作六年，无论是知识还是情感都有一种消耗殆尽的枯竭感。公开课永远是热热闹闹，课上学生积极发言，课后同事交相称赞。日常教学按常规步骤完成任务，平平淡淡、波澜不惊。我心里常想："难道教学就是如此？将书本上的内容以生动的方式传达给学生，大家高高兴兴地记住新单词、新句型，会背新文章，就可以了？难道做教师就是如此？根据单元话题给大家多补充相关材料，拓展知识面，鼓励大家多学多表达，就可以了？"时间长了，教学似乎不可避免地落入常规、套路、模式中，大脑不思考了，随之而来的，便是对工作的倦怠。

原本我对留学的期待，是一个休息、放松、读读书的过程。然而，它却成了我的认知世界的一个分水岭，成了一次对自我的挑战、突破，甚至是飞跃。

因为我接触到了一个新的领域：批判话语分析(critical discourse analysis)。在对这个领域的初探中，我学会了主动观察日常生活中大家习以为常的语言现象，从这些语言的使用上判断语言使用者的身份，分析他/她的身份背后包含有哪些动机、利益、情感等方面的因素，而这些因素又在哪些方面影响了他/她对语言的选择和使用，等等。所谓打开新世界的大

---

① 马悦，中国人民大学附属中学英语教师。2005届北京外国语大学英语学院外交学学士，后获新加坡南洋理工大学教育学院应用语言学硕士学位。多年从事高中英语教学工作，曾获北京市第一届中小学"京教杯"青年教师教学基本功大赛高中组一等奖(第一名)。

门，就是如此吧。

批判性思维给人带来的最大的益处，在我看来，是独立思考的能力，是思想上的真正的解放与自由。当你下意识地启动它，原本平淡无奇的东西变得可琢磨了，原本只是接收的东西变得可以质疑了，原本纠结迷惑的东西变得清晰了……这个世界变得更有趣了。而对于老师，我们常称其为“灵魂的工程师”，灵魂工程师的任务大概是要去塑造灵魂、雕琢灵魂。但在我看来，老师最重要的是点亮灵魂，激发每位学生心灵深处的灵性，而要达到这个目的，就需要帮助他们掌握认知这个世界的工具——批判性思维。

两年后，带着学习的收获与心得，我回国了。

2015 年，我教高二。有一篇课文是讲广告的，名叫“广告游戏”(*Advertising Game*)。文章的大致内容是介绍广告的三大主要类别(传统广告、商业广告、公益广告)，并重点阐述了商业广告用以吸引观众的几种手段。这个话题吸引了我。广告可以说是批判性思维训练的绝佳对象，广告用语是批判性话语分析的上好素材。广告有大众皆懂的盈利目的，然而它从视听到语言等各个方面的表现形式变化万千，以至于许多时候人们虽然懂得广告背后的动机，却不自觉地就入了坑。何不借此机会，向学生引入批判性思维的概念及方法，用以辨识广告中隐藏的各种营销手段，同时感受一次批判性思维的有趣及有用呢?

于是，在这个思想的指导下，我设计了一堂阅读及讨论课。课堂以一则依云矿泉水(Evian)的广告导入。广告的主要内容是：在一处人行道上的一面大镜子旁，几位成年人(有中年男性、中年女性、老太太等)依次路过。他们惊奇地发现：镜子中，他们都变成了自己小时候的模样。肉肉的、嫩嫩的，非常可爱。并且镜中小孩儿会同步模仿他们的一颦一笑、一举一动。于是成年人便和镜子中的小孩儿同步起舞，画面让人忍俊不禁。广告的最后出现这样两行字：Drink pure and natural. Evian, live young.(喝纯净和自然的水。依云，年轻的生活。)观看完广告后，我让学生讨论两个问题作为话题初探：这个广告中让你印象最深刻的细节是什么？你认为这个广告的目的是什么?

学生分享了各自觉得有趣的片段，并明确了广告的盈利目的。讨论过后，便进入文本阅读阶段。在对文章进行主要内容和层次的梳理之后，我们将分析的重点放在商业广告使用的营销手段上，主要有三种：视觉效果、概念引入、幽默效应。这当中，概念的引入，或者说将产品和某一个概念建立起关联，是最为微妙、不易察觉，也最可能有效的营销手段。此时，我让学生回顾课堂开始的时候播放的依云矿泉水(Evian)的广告，并提出问题：在这个广告中，是否用到了课文里提到的三种营销手段？请举例说明。在讨论的过程中，学生完成了从文本中提取理论框架来对实际的案例进行分析的过程，或者说知识的迁移。

让我很开心的是，他们很快就提炼出了这则广告试图建立起的产品与概念之间的关联：依云矿泉水 ＝ 纯净 ＋ 年轻(Evian ＝ Purity＋Youth)。然后，我又给学生播放了另外两则广告。第一则是耐克鞋的广告。广告主线是篮球明星科比繁忙而勤勉的一天。音乐节奏明快，画面镜头酷炫，画外音是以科比自述的口吻表达对极致与优秀的追求。第二则是耐克全线产品的广告。与第一则不同的是，它是以一个普通人为主人公，一个体重超重、身形肥胖的青年男子，在长长的公路上吃力地奔跑着。画面朴素，色调暗淡。在广告的末尾，出现一行字：挖掘你自身的伟大（Find your greatness)。

这两则广告相对于 Evian 的广告要复杂不少，彼此相互关联，然而又各有不同。学生们讨论热烈，最后得出的结果让人欣喜。他们找出了两则广告中使用的诸多视听及幽默因素，并分析出广告设计者们试图与产品建立起联系的概念：青春、速度、力量、勤奋、激情、毅力和坚持(youth，speed，strength，diligence，passion，perseverance & persistence)。

在课堂的最后，我们回到文章的题目"*Advertising Game*"，我问学生："这里的'Game'背后有什么含义呢？作者为什么要将文章命名为'Advertising Game'？"有位学生立刻举手，起立作答："表面上看可以理解为广告商之间的竞争，但它更应该理解为在广告中使用的策略（strategy)，或者技巧（trick)。"另外一位同学补充道："也可以理解为'猎物'(prey)，消费者们就是广告商试图捕捉的猎物。"我微笑着总结道："大家的理解各有道理，没有唯一的答案。但可以确定的一点是，从此我们有了一双更亮的眼睛，能够不被广告牵着鼻子走啦！'双十一'马上就要到了，你们想好要买什么了吗？"此时，下课铃声响起，全班同学自发鼓掌，掌声热烈。那个时候，我很开心，并非因为学生给我的掌声，而是因为他们的状态让我感受到：课堂的有趣，可以是在幽默风趣上，但只有深入的学术性的思考，才能带给学生更持久的、更高层次的乐趣。

武佳欣作

专家评议

对于一个职业人来讲，从业时间长意味着经验的积累，但同时也意味着倦怠。本文中的作者在职业倦怠期，很幸运地获得了进修学习的机会，就是这次的学习机会，使她越过高原期，突破了瓶颈，重新找回了职业带来的乐趣。在培训学习过程中，她懂得了什么是评判性思维，理解了教学不仅仅是传授知识，而是点亮灵魂，激发每位学生心灵深处的灵性。而要达到这个目的，就需要帮助学生掌握认知这个世界的工具——批判性思维。通过一节外语课，老师引导学生分析广告，理性对待广告，最终的目的是帮助学生形成评判性思维品质。通过这个案例，我们看到了教师是如何意识到外语教育的真谛，并通过课堂教学一步步提升学生的评判性思维能力，落实核心素养。

赵淑梅（北京市英语特级教师、英语教研员）

斡　旋

宋　薇[①]

记得那一年刚刚接手高一一个新班，最先就认识了一个女孩梅梅，她长得很漂亮，也很爱美，头发染成了微红的颜色，还烫出了小花。尽管梳着辫子，这副打扮还是遮挡不住她的“另类”。于是，责任驱使我找梅梅谈话，让她去重新整理头发，达到一个普通学生的标准。梅梅很认真地跟我说：“老师，我今天中午就去整理头发，可是我希望您不要因为这件事影响对我的评价，希望您只是针对事而不是针对人。”我理解梅梅的心思，诚恳地答应了梅梅的请求，让她放心。回来以后，我心想这个小女孩还真有个性！同时我也在想：什么样的家长会容许自己的孩子以这样的形象跨入重点高中的校门呢？大概家长不太关心孩子吧？难道家长没有注意到孩子留了什么样的发型？这些疑问和思考不断地回旋在我的脑海中。

一、首次接触

没过多久，我因为一个偶然的机会打电话通知家长一些事宜，梅梅的家长马上就说要见见我，跟我谈谈梅梅的情况。见面后我们在学校门口长谈了近一个小时。我了解到家长对孩子的很多无奈。家长谈到孩子太早熟，爱美，还谈恋爱，屡教不改；初三的时候花费了很大的气力，才把她的精力转移到学习上来，最后终于考上了高中。

我们还谈到梅梅对父母的态度从来都是爱搭不理，从来都不听从父母苦口婆心的劝告。谈到这里，梅梅妈妈流下了伤心而无奈的泪水。我便安

---

① 宋薇，北京延庆一中英语教师。毕业于首都师范大学英语教育系，2012 年被评为延庆 2011—2012 年优秀教师；2013 年获第 26 届北京市中小学“紫禁杯”优秀班主任一等奖；2015 年其微课“*Festivals*”获一等奖；课例“Unit 2 Heroes Lesson 4 *Superhero*”被评为 2015—2016 年“一师一优课、一课一名师”中的“优课”；论文《4/3/2 口语教学法在高中英语课堂中的应用》获北京市第 5 届“智慧教师”教育教学研究成果二等奖。

慰她说，这次谈话我了解了许多情况，一定会尽力帮助他们和孩子沟通。

从这次和家长的接触来看，家长确实是很关心孩子的，跟我之前预设的想法大相径庭，看来对人对事还真是不能妄下结论。问题的根源似乎已经“水落石出”，可梅梅为什么会对父母如此充满敌意？

二、不放心

又过了几天的时间，梅梅的家长打电话来学校，问我孩子的去向，问孩子为什么总不按时回家。我想到近来学校的活动，便解释道：梅梅一定是因为为班级布置教室去购买东西了。家长放了心，接着又问我关于班中一个男孩子的情况。此刻我感到很困惑。

接下来的谈话越发让我瞠目结舌。梅梅妈妈说孩子不按时回家，问去向又不老实说，于是便偷看了孩子的手机，在手机上发现梅梅跟一个男孩子有多次联系。梅梅妈妈就鲁莽地给这个男孩打了电话，询问他和梅梅的关系，并且警告这个男孩以后不要总是跟她女儿联系。我知道这个男孩，便给梅梅妈妈解释，这个男孩是班级中的一名班干部，联系多是因为开学班里的事情太多，需要同学们共同参与。梅梅妈妈固执地说，她对自己的孩子还是不放心。有一次，她甚至还偷看孩子的日记……听到这里，我觉得这位家长太过分了！我实在难以容忍了！

在这个时刻，作为班主任的我意识到自己的职责，我委婉地向家长指出了在教育孩子中她的不妥之处。我劝服家长要尊重孩子，尊重孩子的隐私权，同时更要尊重孩子的朋友，不要总是怀疑孩子，并让家长换位思考那个接到电话的男孩，他以后还敢再和梅梅正常接触吗？梅梅在这个男同学面前多丢面子！梅梅毕竟也是个高中生了，我恳请家长，多给孩子一些信任！

事不宜迟，于是我又尽快找机会和梅梅谈话。首先，我以朋友的姿态表达对梅梅的同情，表示明白不被家长信任的痛苦。后来我又开导梅梅换位思考，体会家长的不易，理解家长的苦衷。“没有不疼爱自己孩子的家长，可能只是方式不当，我会多和你父母沟通，让他们转变做法，但作为孩子，你首先要反省自己的做法，父母从小养育你，你感激过吗？你生病时是谁照顾你？不能光看到父母对你的不公，你对父母像对敌人一样，这对他们公平吗？”听完我诚恳的劝导，梅梅沉默良久。

三、出现转机

就这样，我在两位家长和梅梅之间反复“穿梭”，还真像是打了一场硬仗。在这个过程中家长和孩子之间又有很多次冲突，家长的想法很难转变，孩子也遗传了家长的固执。后来我依旧同家长反复沟通，对孩子“软硬兼施”，这样的关系一直持续到高一学期结束。升高二前的暑假，得知我不继续教他们了，梅梅在QQ空间上给我留言：“老师，我知道这一年给您添了不少的麻烦。我现在真的明白了，谢谢您一直以来对我的帮助，我会永远记得您的好！”后来也接到家长感谢的电话，说他们与孩子的关系缓和了很多。再后来梅梅比较顺利地考上了一所一本大学，现在梅梅的妈妈在路上遇到我，会特别热情地过来跟我打招呼。

回想这件事，我觉得当初的处理方法还算妥当，在我的斡旋中，梅梅和家长的关系缓和了，我和家长的关系亲近了，我和梅梅更是亦师亦友了。

田世瑾作

专家评议

老师们在教育教学中常常会碰到“问题学生”，这也是教育存在的必要条件。

本文作者面对“问题学生”时，不是一味责怪孩子，或者漠视问题，而是非常细心地探究孩子为什么会有这些问题。当老师发现孩子问题产生的根源在于其母亲的教育失当时，老师不但教育学生，更承担起与家长沟通的职责，最后学生终于与家长冰释前嫌，转变成为一个好学生。这个案例告诉我们，老师在教育教学过程中遇到问题，要善于发现问题的根源，家校携手便能达到事半功倍的效果。

赵淑梅（北京市英语特级教师、英语教研员）

我的学生是天使

孙　玲[①]

2013 年 6 月，刚刚结束美国交流访问回国的我，还沉浸在赴美一年的诸多美好回忆中。这时，新的重任降落在我的头上——接任 2015 届一班班主任的工作。班主任工作并非重任，但是中途接班会有难度。我对这个新的班级做了一些了解，对于我这个第一次在高中部当班主任的教师来说，这个班的现状让我感到郁闷、焦虑和无助。这个班的学习成绩年级倒数第一；校风评比倒数第一；他们给老师们的评教分数比年级平均分低十分；班级个别学生全校“闻名”。一贯乐观自信的我在经过几日的思想斗争后，一如既往地相信办法总比困难多，我选择怀揣满腔热情接受挑战。

首要任务是营造良好的开端。我给学生和家长们写了一封信，信中鼓励培养学生的争优意识，表明我要把一班带成名副其实的一班的决心，真诚地表达了我爱学生、爱教师这份职业，同时介绍了自己任教以来的经历。我也从学生和家长的回信中了解到，在他们眼中，一班的孩子热情、团结、快乐，但就是需要有更加严格的纪律管理，需要更多改变和提升的力量。依托着学生和家长的期待，我制定了一系列更加明确的班级管理规定，同时也更多地走近学生。

从开学第一天起，为了更好地了解他们，我让孩子们写班日志，每天一位学生，大家轮流写，次日早自习读给全班同学听，我也一定会在场倾听。有时孩子们会抱怨，会说起一些同学的小秘密，甚至会有一点逆反的

① 孙玲，北京四中英语教师，毕业于北京师范大学外文学院英语系，英语语言文学专业硕士。曾入选参加美国国际教育委员会英语教师培训项目，赴美交流一年，并被评为该项目优秀交流访问学者，并长期参与美国使馆文化处中国英语教师培训项目。多次被评为北京四中优秀青年教师，全国及北京市科技英语、创新英语优秀指导教师。西城区英语学科带头人，兼教研员，多次在全国及北京市级公开课、教学比赛中有突出表现。多项课题、论文获国家级、市级奖项，多篇文章被收入国家级刊物。

小想法，我不做评价，只是倾听。通过班日志，我对整个班级有了更多的了解，这让我能够更有针对性地解决班级问题。渐渐地，孩子们在班日志中经常谈到我这个班主任对班级事务的想法，以及我所倡导的班级风气和行为。这样，我的很多要求和想法就在班级日志中一次次得到了强化。我也有计划地和不同的学生交流；对班委提出更高的要求，帮助他们解决自己工作或学习中的困难；了解个别学生的成长经历、心理变化，理解他们一些言行的初衷，帮助他们完善自己；帮助学科薄弱生卸下心理包袱，并给予学法指导。

另一方面，我采用民主方式制定班级制度，更细致地说明制度旨在让学生受益，看似严格的规定背后是我真诚的陪伴和助力学生成长的初衷。比如，当时班上有很多学生不能按时上交作业，我强调作业是课堂学习的必要延伸，全员交齐是不打折扣的要求。我除了私下交流，了解学困生的具体难处外，还采用了一项让孩子们感受到我的真诚陪伴的做法。我在微信中了解到，很多孩子喜欢喝奶茶，我就在班里提出：当日各科作业全齐，我就给大家煮奶茶。我也说到做到，只要作业全齐，我就马上回家（为了带好这个班，我在接班之初就在学校附近租了房子）煮好香浓的奶茶，用大热水瓶带来。

就这样，一个学期很快过去了，高二下学期的校足球联赛真正让我和一班学生走到了一起，让我由感觉他们身上有解决不完的问题，转变为喜欢他们、爱上他们。

每年3月、4月是四中开展高二年级校足球联赛的时间。校足球队的正副队长都在一班，班里的很多男生也喜欢踢足球。每场足球赛，我都会和学生们一起前去加油助威；有参加球赛的孩子受伤，我会在晚自习时买来药给他们送去；每赢一场比赛我会给他们煮奶茶、买蛋糕庆功。比赛中，我看到男孩们帅气、努力，女孩们一改平时的娇羞，卖力地跳舞助威；更看到他们的团结、大气、相互感恩。经过一场场激战，他们终于夺得了冠军！

得冠消息和周末一起到来，微信朋友圈被孩子们的足球赛感言刷屏，正当我和孩子们一起品味夺冠的快乐、给他们的留言点赞的时候，班长（也是一班球队队长）给我发来一条微信，问我是否看到了他写的夺冠感言。我即刻阅读，他大赞了每位队员的精彩表现，感谢了大家为之付出的辛苦，赛场上有很多场下观众无法知晓的幕后付出和个人牺牲。孩子们赢得不容易，绝不是班里有几个先天素质好的球员就能夺冠的。他感谢对手，感谢老师，感谢每一个关注球赛的人。而最让我感动的是，他写下了这样一段话："剥下成功的外表，我希望大家，所有的一班人看到的是我们的实力、我们的凝聚力！在之后的生活中，我们还会遇到许许多多的挑战。请大家相信自己，相信我们一班，我们可以把所有事情都做到最好！我们每一个人都要努力，前进！一班！"球赛是一班第一次在四中拿到优秀成绩，孩子们因此收获了自信，看到了一班的凝聚力，这具有深远的影响。而我更是感动于学生的团结、拼搏、感恩之心。在读完班长的感言后，我在微信朋友圈中写下了发自肺腑的一句话："我的学生是天使！"看到瞬间的满屏点赞，我落泪了，和天使在一起好幸福！

接下来的周一早自习，我知道孩子们期待我说些什么。于是我以"我的学生是天使"为题做了主题讲话：

我不懂球，但我看到了你们的大气、自信、团结、拼搏，你们懂得感恩，更懂得为彼此喝彩。我为有这样的学生而骄傲，更觉得你们像天使般美好。我爱看《晓说》，不仅因为高晓松的学识渊博，更因为他善于发现美、创造美。从你们身上，我发现了越来越多的美好：看看你们的球赛、舞会、话剧，看看专业的"果粉"，看看小影迷的影评，看看小歌迷的"忠肝义胆"，看看你们闲暇时刻做出的橡皮章……原来自己每天都和天使们在一起，貌似学科薄弱的、淘气的、不交作业的、不爱背诵的、校风扣分的、课堂捣乱的"神经们"，其实都是某些"赛场上"的男神、女神啊！神若发威，学习、纪律等一切一切都不是问题。而我自己更因深入走进一班，在与你们的相处中达到了做老师的新境界。曾读过一篇写老师的小文，说有一位老师"teaches like no other teacher does, it is like she's a high school kid all over again"(她和其他老师教书不一样，好像她自己又做了一回高中生)，当时我的心为之一震，心想自己何时也能到此境界——不是在工作，而是和孩子们一起做回高中生，那将是怎样的幸福。就在球赛后，在与一班的学生相处了七个月后，在我自己更清楚地知道什么无须在意、什么一定要珍惜后，我找到了这种感觉。只求和一班一起成长，只求你们和我都不虚度转眼即逝的高中生活！

我庆幸和一班走到了一起。在球赛后的日子里，我们得过优秀班集体的称号，我们精心策划每一次活动，追求做好每一件事，更追求让走进一班的每个人都感到温暖和幸福。我了解每个孩子的性情，欣赏他们每个人的优点，为他们的点滴成长喝彩。

高考中，一班取得了三年来的最好成绩。今天，一班的学生就读于国内外各大名校。一班的班级微信群总是很热闹，时而玩笑打趣，时而共祝生日，时而鼓励最近需要做重要抉择的昔日同窗。想起彼此，我们都会有一种幸福感、一种努力做好每件事的动力！而我自己更会记得，每个孩子都是天使，身为教育者最重要的使命是和天使们一起感受美好、走向美好！

李逸凡作

专家评议

这篇叙事充满了对所教学生的热爱。一个对天使般的学生充满爱的老师一定是有着深厚的教育情怀的人。作为班主任，通过精心设计、开展每一次班级活动，力求增强生生、师生间的凝聚力，并由这种凝聚力有效地促进每一个学生积极、健康的心理发展，成就了每一个学生的学业，并为其可持续发展奠定了良好的基础。

梁丽冰（北京市英语特级教师、英语教研员）

一堂难忘的阅读课

孙　玲

2010年9月我从初中部进入高中部进行教学，教授一个A层次英语班和一个B层次英语班。A班学生的优秀总让我惊喜，我很享受那种课堂上无论多难的问题总有人给出完美答案的感觉，也很满意于学生会主动约我放学或中午答疑。但有时候与A班学生们相处，总有一种说不出的不舒服。这种不舒服来自于答疑时，会有学生一边排队一边看表；来自于他们看似太过专注于求知，答疑后经常忘记说声“谢谢”；来自于课前演讲学生给全班发糖，却没有老师的份。所以，很多时候，在优秀学生云集的A班上课的幸福感并不比在B班多。

我一直试图用某种有效而适度的方式和A班学生们交流自己的感受，于是一节美文赏析阅读课成了大好时机。文章的题目是“服务非小事”(*Customer Service Is Not a Mickey Mouse Affair*)。文章主要讲述一个即将离开美国迪士尼乐园的游客无意中和宾馆服务人员说起自己未冲洗的胶卷丢失，觉得很遗憾，没能把美好的记忆永久保留。而这位服务人员则提出让游客留下邮寄地址。几天后，游客收到迪士尼乐园的很多照片，包括景点以及游街、放焰火等演出活动的照片，演出照片背面则是演员们的签名。游客为之感动，更惊叹和赞叹迪士尼乐园工作人员的职业精神。而文章最后的主题升华更加发人深省：优质的服务并非来自服务手册，它来自善于关爱他人的人们，来自一种鼓励关爱的态度和示范关爱的文化。(Excellent service does not come from policy handbooks. It comes from people who care, and from a culture that encourages and models that attitude.)

这篇文章的寓意为“关爱他人”，虽然文章看似宣扬职业道德，但其背后蕴含的人与人之间的关爱更值得学生思考。在理解文章结尾部分时，我先引导学生说出“关爱他人”的主题思想，然后我举了几个生活中的例子，回忆我是如何感动于学生带给我的关爱。我讲了三件感动我的事情，它们都来自师生间的互动。

第一件事情，我怀孕时，在课堂上讲到各种病的名字，说到高血压，无意中谈及自己近来血压不稳定，下课后便有学生建议我吃麦片，说对稳定血压有好处。

第二件事情，生完孩子后重返课堂，我为肥胖的身材而苦恼，课上聊到减肥决心和困难，下课有学生建议我跳绳，因为这种方式最安全，还有预防和缓解教师职业病——静脉曲张的作用。

第三件事情，我在每个学期末会在学生作业本上写上一句祝福的话，“预祝你期末考试成功!”(Wish you good luck in the final exam!)，这句温馨的话一直没有引起任何学生的注意。然而，终于有一次一个男生回复道：“谢谢您！感谢您一个学期以来为我们所做的一切!”(Thank you! Thank you for all that you've done in the past term!)我感动于学生的感恩之情。

讲完三件感动人的事情，我感谢给我带来温暖的学生们，是他们让我的每个匆忙、辛苦的日子变得那么幸福。我也期望我的学生不但在学业、事业上有所成就，更希望他们是让人想起便会觉得心里温暖的人。

这节美文赏析课后，A班学生们的行为发生了一些微妙的变化，而这也正是我所期待的变化。学生们在来我办公室问问题前，先问我是否已经吃过午饭；他们不会再催促前面的同学“你什么时候能问完啊”；当然，我在他们作业本上的留言也总能得到他们的回复，收获了他们更多的感谢；更有多位同学在周记中以对他人的关爱为主题写随笔。

而让我更加感到意外的是，学生们的关爱还成了我做人生一个重要决定的巨大动力。在这批学生进入高二下学期后，我被推选参加赴美交流访问项目一年，对两岁半的儿子、对亲人、朋友和学生的不舍，都让我对是否离开一年犹豫不决。我在班里隐约透露过我的为难，很多学生在周记中鼓励我和他们一起接受挑战——他们进入高三、我到美国工作学习，都将是一生仅有一次的经历。虽然我要和家人、和他们分开，但彼此应该互相鼓励。

高二下学期的最后一次英语课上，学生们将事先制作好的我的英语授课和课后答疑的照片做成小电影，表达不舍之情，更鼓励我在美国的一年要努力学习。每个学生都给我写了一封信，更有学生送给我他自己演奏的原创钢琴曲录音，借以表达对我的祝福。当时，我哽咽得说不出话，我感动于学生们的深厚情谊，更被他们乐观和追求卓越的心态所感染。

我勇敢地接受了新挑战！在美国生活、工作期间，我陆续收到学生们被国内外名校录取的好消息，还有他们熬夜做完作业给我发来的“语不惊人死不休”的校园趣闻。我为学生们能取得骄人的成绩而高兴，更为他们能够成长为感知爱、品味爱、分享爱、传递爱的人而备感幸福。

国佳洋作

专家评议

这篇叙事充分体现了英语课程的育人目标。该教师通过英语课上学生所学习的文本内容，引导学生懂得帮助他人及感恩帮助过自己的人的道理，并将在课上所学习的道理运用到生活的实践中。在该教师的引导下，学生从只知道“理所应当”地享受老师给予的帮助，转变为学会关心老师、帮助老师。本文使读者感受到课程对人的价值观的改变，这是一篇值得每一位英语教师学习并借鉴的有价值的教学案例。

梁丽冰（北京市英语特级教师、英语教研员）

一个猪蹄的故事

杨　茜[①]

一、故事背景

2018届的学生和以往我教的学生不同，学校决定对这届学生从高一开始进行英语、数学走班教学的尝试，因此，学生入学前进行了英语、数学的分层测试。根据中考成绩占30%、入学成绩占70%的比例，相加后进行了首次分层班级编制。经过一学期的尝试，学生、教师的反应并不好，于是在高一的第二学期就又回到行政班教学，因此，我在第二学期走进行政班后，有一半的学生没有教过，且在高中阶段，每个学生都有过和别的老师学习的经历，如何让所有的学生快速适应我的教学风格，快速接受我，是我必须要琢磨的。除了认真备课、教学之外，提前了解每个自己没有教过的学生，尽快走近所有的学生，这对我的教学、学生的学习都至关重要。因此，我在假期就向原行政班老师讨教，去了解更多的学生。其中有一个叫天赐的学生开学要请一个月的假，情况特殊，我也就对他多了解了一些。见到他之前我就知道他不喜欢英语，但是没有想到他会这么不喜欢，我接下来的任务就是要用实际行动，让他因为不讨厌我而能不讨厌英语。

二、初次见面并约谈

猪蹄的故事就发生在我和天赐身上。我第一次见到天赐是在2016年4

① 杨茜，北京市第十一中学英语教师，毕业于西安外国语学院，毕业后就职于北京市第十一中学。教学研究经验丰富，2010年去英国参加骨干教师培训，2012年赴新西兰参加“友善用脑”项目。2017年参与外研社“大猫系列”分级阅读的教师用书编写工作。近5年来多次参与市、区级研究课，教学设计、论文荣获市、区级特等、一等、二等奖。2018年获东城区“优秀教师”称号，2018年获“北京市骨干教师”称号。

月第一周周一的早晨。我像往常一样，一大早走进高一(6)班开始上课。正上课时，听到有个声音喊“报告”，我停下来，走下讲台，打开教室门，一个男生在妈妈的陪伴下站在门口，他说：“老师，……”没等他说话，我抢先说：“你就是天赐吧，我早有耳闻了，身体恢复得怎么样？上课能行吗?”天赐妈妈说：“老师，谢谢您关心，开学后孩子已经请了一个月的假了，实在不能耽误了。不过他不能常坐，还在恢复阶段，每周还需要去医院换两三次药，麻烦老师们费心了!”与天赐妈妈客气地聊了几句，我便扶着天赐走进教室，我对同学们说：“老同学这么久没见面，还不鼓掌欢迎啊!”同学们在我的带领下鼓掌向天赐表示欢迎。我对天赐说：“天赐，上课感觉怎么舒服就怎么来，坐着、站着、靠着，一切均可，有不舒服，随时打断我啊!”我跟其他同学说：“咱们想问候天赐的，就等下课吧，我们先上课啊!”于是，我便又重新开始了我的讲课。

在那一节课中，我发现天赐一直站着听课，但是，似乎也没有听进去。下课后，我走近他，说：“天赐，今天抽空来办公室找我一趟呗，我已经了解了你的情况，你还不了解我呢，咱俩聊聊，互相认识一下呗!”天赐声音很小地说了声：“好的，老师!”我又嘱咐他下面的课根据自己的身体情况，能坚持多久就坚持多久，不行就跟老师说。

三、约谈后的等待

我回到办公室，开始了课后的批改作业、备课等工作。那天中午，我比平时早很多去了食堂，赶在学生下课前。吃完饭我就回到办公室等天赐，一直到下午上课，他也没有出现，我继续干自己的活儿。下午3:30到4:00的大课间，天赐仍旧没有出现，我琢磨要不要去班里找他，想了想我还是放弃了，我还是希望他主动来找我。不知道这个孩子到底是怎么想的，是忘了？还是不想来“认识”我？我很难判断，自己心里琢磨着：“我今天的表现不会让天赐反感吧？应该不会！也许就是孩子忘了。”但是，我觉得既然跟孩子说了今天有空找我，那么我就得善始善终，孩子忘了，我不能食言啊！继续等待，一直等到6:30打晚自习的下课铃，我决定再多等20分钟，也许孩子在做值日，也许老师拖堂了，也许同学们在关心他……

四、第一次交流

正当我进行着各种假设时，又传来熟悉的声音：“报告!”我急忙说：“请进!”看到天赐，我非常开心，走上前去迎了他一下，先问了一句：“今天第一天上课，你就坚持到最后了啊，你真是男子汉，太棒了！感觉累吗？还有精力和我聊聊吗?”天赐忙说：“老师，我以为您早走了呢，您这儿也等我一天了啊，真是不好意思！我是真的忘了，刚才放学了，忽然想起来跟您还有约，赶紧过来看看您还在不在。您都等我一天了，我没事儿!”“我本来想下午大课间时去找你，但是后来一想，今天还没结束，也许你忙着，也许你不想跟我聊，如果真是这样，你说如果我这么去找你，岂不是就尴尬了!”我半开玩笑地说。天赐说：“老师，我怎么能不愿意跟您聊啊，我今天第一天来上课，竟然最先上的是英语课，这是我最不喜欢的课，老师，我说的是实话，您别生气啊，我不是不喜欢您，只是不喜欢英语课！但是我们从来没见过面，您竟然开门就叫出我的名字，又带领大家欢迎我回归队伍，又允许我上课随意，给我开绿灯，我真是很感动！您说您要是不教英语多好!”“天哪！这个要求我是不能满足了，这怎么办？我就只会教英语，你别把对英语的不满先入为主地放在我身上行不？咱俩第一次见面很和谐，就一直这样和谐下去吧!”我说道。天赐笑了笑说：“Josie，您真是我遇见的第一个让我愿意聊天的英语老师!”“天赐，你居然也知道我的英文名儿，谢谢你啊，我还说给你做个自我介绍，现在看来可以省略这部分了！还有，我能获此殊荣，实属感激不尽，希望你我能保持永远的和谐啊!”

之后我便开始询问天赐的病情：什么原因导致的、术后如何恢复，等等。从聊天中我得知，大夫建议他平时一定要多吃蔬菜，少吃肉，如果吃肉，可以吃猪蹄，补充胶原蛋白，有利于恢复。根据他的身体现状，我又给他开了绿灯——每天最后完成英语作业，没时间的话，可以不做；白天利用课间来找我，我帮他补开学一个月来的课，再帮他看看没做的作业中有没有问题。我告诉天赐：“学习是长久的事情，现阶段以身体为重，影响身体健康的事情一定不要做!”

第一次与天赐的聊天持续的时间不短，他并不拘束，跟我讲述了他英语学习的经历、感受，他告诉我他从小就感觉自己没有这个细胞，各种培训班也上了不少，但是越学越差，越差就越没有兴趣。初中三年对于英语简直可以说是“痛恨”，进入高中后总分还算不错，被分进了实验班，但是高一开学前就进行数学、英语分层考试，本来因为自己被分进实验班打算好好学英语的想法，因为这个分层考试，又被打击了。分层考试自己考到了B层，没有进入实验班的层级，很受伤，就自暴自弃，一个学期的英语学习都是在混日子中度过，考试从来没有及格过。寒假期间又生病，开学后又请了一个月的假，自己对英语已经完全放弃。从与天赐的交流中，我感受到他对英语长期以来的反感，想让孩子真的改变学习英语的态度不是那么容易，他是块儿硬骨头，但是，我的原则是一个都不能少，我一定要帮他。

五、猪蹄与水杯

与天赐交流后的第二天，我提前离开了办公室，因为我家附近有家卖猪蹄的店，生意特别火，每天 16:30 开始卖，卖完就没有了，我得提前回去“抢购”！热乎乎的猪蹄只能进冰箱待一晚了。周三我的课是 10：30，从家走之前，我把猪蹄放进微波炉热了热，带着去学校。下课后，我把猪蹄给天赐，告诉他给他的午饭添点儿肉，他没有特别的表情，简单地说了俩字儿“谢谢”。自此，我每天早上到办公室都会发现自己的杯子里永远都有水喝(冬天热一些，夏天温一些)，每天天赐都会到我办公室晃几圈，有时问我问题(比较少)，大多数都是走到我和他们班语文老师桌前，看看我俩的杯子里有没有水，没有的话就给我们倒上，就这样一直持续到高三，我真是很感动！

六、努力与收获

对我来讲，最重要的事情是帮助天赐克服英语障碍，提高英语成绩。因为他缺了一个月的课，我坚持了近一个月时间，每天给他补课，给他量身定做适合他的目标、计划和不同的任务。平时听写错得多的时候，我一直鼓励他，但是连续不断地，他的听写几乎总是全错。一次，我忍不住批评了他，事后，我很后悔，及时找来天赐跟他道歉，也许因为我及时的道歉，也许因为老师能给学生道歉，天赐没有放弃英语，继续努力学习英语。过了一个学期，天赐真的对英语学习变得主动起来，每天从最后做英语作业，经常半夜 12 点后找我问问题，或是跟我诉苦说他又把背单词当催眠曲了，到后来高三时已经变成每天最先做完英语作业，经常是白天在学校就完成英语作业，有问题就问完了，单词也是白天拿在手里随时背，我看在眼里，喜在心上。天赐的成绩也在慢慢提升，高三的一次月考后，我在班里正式地表扬了天赐，不是因为成绩有多高，而是因为与他自己比进步很明显以及成绩背后持之以恒的不懈努力。高考结束后，天赐给我发来一段很长的微信消息，他把从第一次与我相见一直到高三结束期间自己的感受、变化分享给我。他写道：

“……自己啃着猪蹄，想到了孤身带着我、爱我的妈妈，有一种像妈妈的爱一样的温暖。我下定决心，为了Josie，我也要学好英语！……有的时候听写错得也挺多的，但她还是会鼓励我，给我坚持的动力，甚至有一次她竟然因为打击到了我的信心向我道歉，明明确实是我错得多。那以后，我再也没理由让自己在英语上偷懒。上了高三后，课业真的非常繁重，但英语单词、文章的背诵是定然不能落下的。凌晨我举着单词书，不知不觉间书掉落在书桌上，我猛然惊醒，摇晃自己的脑袋，想到的是Josie此时还在为我们备课，老师还没睡，我凭什么困。日复一日，在Josie这般以身作则下，我以她为榜样坚持着。我记得有一次月考，Josie竟把我作为正面典型加以表扬，虽说那次考的分数也不高，但对于原来的自己真的算是突破，Josie说，我长期以来的坚持没有白费。人生中第一次因为英语成绩被表扬，在英语上成为榜样，这给了我莫大的自信，我再也不觉得自己是个永远也学不会英语的笨孩子。”

看到天赐的肺腑之言，我的眼眶湿润了。我很欣慰，也很感恩！

七、对天赐的祝福

我的教学目标不仅着眼于高考，而且着眼于学生高考以后、工作以后，着眼于学生的终生。我更希望我的每个学生能心中有梦，“为梦拼”是一个人终身可以去努力的。在高考前夕，我给每个孩子定制了专属椰壳扣。我让孩子们把他们心中理想的大学告诉我，他们开始都不好意思说，不是怕我花钱，而是觉得自己理想的大学可能考不上。我告诉他们：“只要有梦，就会有希望，有梦的人才会努力！”于是孩子们告诉了我他们心中的梦想，我为每个人写下十几个字的祝福，配上他们理想大学的校徽。其中，给天赐的是这样写的：“第一次关心是猪蹄，再一次关心是祝福！”天赐的理想大学是北京林业大学，最终天赐在高考中英语取得了115分，是他个人历史上最好的英语成绩，最后被首都师范大学录取。

李雨霏作

专家评议

这是一个成功的教书育人的案例。作为一名英语教师，能够在教学过程中观察、发现学困生的学习障碍，通过尊重其情感、照顾其身体、帮助其学习，激发了该学生的学习动机，极大地调动了他的学习主观能动性，最终成就了他上大学的愿望。这个案例既感人，也很真实。它告诉我们：只要我们在课程中秉承"一切为了学生的发展"的理念，我们就会找到恰当的方法，为学生的可持续发展奠定基础。

梁丽冰（北京市英语特级教师、英语教研员）

纠结地放手

张晋芳[①]

2018届3班已经于2018年6月顺利毕业，我的班主任生涯也因此暂告一段落。卸掉“重担”的我本应该一身轻松，但一想到小元，我还是会忍不住叹息……初见小元是在2015年8月17日——新高一报到的日子。她中等个头，却足有180斤！圆圆胖胖的脸在齐耳短发的衬托下特别可爱，虽然和新同学交流不多，但她偶尔露出的笑容和熠熠发光的眼睛却给我留下了深刻的印象。

一、吐槽

8月19日，我作为班主任带领新生去怀柔军训，这也是我和新班级学生的第一次集体外出活动。为了能够迅速拉近和孩子们的距离，增进对他们的了解，我在军训过半时打算为每个孩子录制一段小视频，要求他们说一段心里话。几乎所有人都在吐槽军训的艰苦，只有小元与众不同：她一面对我的镜头就立刻哽咽起来：“我……我很想对我的妈妈说……说一句生日快乐！今天是她50岁的生日，我却不在她身边，不能为她庆祝……”话没说完，她已经泣不成声。说实话，我当时的第一反应是惊讶，我没想到一个高中生能够如此情绪化，但一转念，又觉得她很孝顺可爱，可能此前从未长时间离开过父母，这种真情流露也情有可原，于是我停止录制，把抽泣的小元揽在怀里，轻轻拍着她抖动的肩头，直到她情绪渐渐平复下来。她离开我的怀抱时略显尴尬，一个劲儿地跟我道歉，并反过来安慰我

① 张晋芳，毕业于北京外国语大学英语专业，之后在北师大二附中从事高中英语教学工作，担任班主任工作8年。从教14年来，分别于2011年和2015年被评为北京市西城区骨干教师，2018年被评为西城区学科带头人及西城区优秀教师；2009年代表北京市参加第七届全国中学英语教学优质课评比并获一等奖，多次参与各类市、区教学评比并获奖；承担班主任工作的班级多次获先进班集体、文明班集体等荣誉称号。

说："老师，不好意思，我实在没忍住，您千万别当回事，我真的没事！这段视频您也别让我妈看到，谢谢您了！"她理智回归的那一瞬间，我仿佛又看到了她的另一面。在那之后的很长一段时间里，小元再也没有哭过，正相反，她爽朗的笑声和激昂的课堂发言常常成为班里的一道风景。

二、崩溃

再一次看到小元情绪崩溃是在高一上学期期末前的一个中午，她主动约我谈话，我想这个时间点来找老师谈心一定和即将到来的考试相关，于是也做好了应对的准备——帮她减减压。没想到，小元的状态让我始料未及，休息室的门刚关上的一瞬间，她就开始号啕大哭，还嚷嚷着"实在不想参加期末考试了"。我被这么激烈的反应给吓蒙了，几乎是下意识地问道："到底发生什么事了？你先别哭，慢慢说！"她过了几分钟才平复了一些，但就是不说具体的缘由，只是反复念叨着："我不想考试了，我真的不能考试了！"我的大脑飞速运转，电光石火间已经闪过了无数可能：父母给的压力太大？家庭有重大变故？身体状况出了严重问题？……但我却选择谨慎开口："小元，你要是实在难受，先发泄出来，我在这儿陪着你，等你感觉好些了，愿意跟我说的时候你再说，好吗？"没想到这种方式还真的起了作用，她绷着的神经慢慢放松下来，有些害羞地说："Jessie，我这人有个毛病，我特别相信第六感，就是直觉，我只要对什么事情预感不好，这事的结局肯定完蛋！我中考前就有过这种经验，一模前我突然感到会有特别不好的事要发生，结果果然一模考砸了！"看着她一脸凝重的表情，我突然觉得有些好笑，"你这不就是消极的心理暗示吗？老想着给自己泄气，不砸才怪啊！"我话音刚落，她的眼泪又涌上来了："那不一样！真的是第六感，就是毫无征兆的那种！"看她又开始激动，我立刻察觉到我不能像对待常规情况那样跟她交谈，但一时又找不到合适的切入点，我只好以退为进，继续鼓励她说下去。她见我不再驳斥她，就聊起了中考前她成绩的起伏和她情绪的巨大波动，她坦然承认自己甚至想过自杀！我的冷汗也不知不觉冒了出来，我万万没想到我的班上竟然真的出现了一名可能有情绪问题的学生！在后续的谈话中，我没有再过多发表自己的看法，而是选择倾听她的诉说，因为我发现只有这样她才更愿意敞开心扉说出感受。历时一个多小时的谈话结束时，我在她脸上已经看不到刚开始时的无助和悲伤，小元又变成了那个胖脸蛋上洋溢着笑容的阳光少女了。当天放学前，我忧心忡忡地联系了小元的母亲，比较委婉地转达了和小元谈话的内容，并描述了小元的状态，本以为得到的会是同样忧心的回应，结果小元妈妈听完我的话后，语气轻松地说道："哎呀，老师，不好意思啊，这孩子就这样，喜欢小题大做，她这就是自己紧张，怕考不好丢人，虚张声势而已！我都习惯了！您不用太担心！……"

果真如此？可我的心里却从此投下了一道又长又黑的阴影……

在这之后的近两年时间里，小元果然没有再崩溃，不得不说，她平时勤奋刻苦，成绩始终保持在班级前10名，她热心班级事务，严格遵守各项规章制度，对待老师一言一行极其礼貌得体，她每天都和好朋友一起大聊特聊她的男神"TFBOYS"，看起来过得那么开心，那么充实！看到这样的小元，我心里曾经的那道阴影也就慢慢褪色了，看来我真的想多了……

三、"定时炸弹"

高中三年一晃就要过去，转眼到了高三下学期，高考一模在即，全年级师生都在摩拳擦掌做最后的冲刺。突然有一天，小元从家发来信息要请一天病假，这本无可厚非，可这一个头疼不舒服的假竟然断断续续地请了一个星期，我不禁又开始担心起来。通过和小元妈妈的沟通得知，小元是因为超重有轻微高血压，加上学习强度大，休息不充分才出问题的。但因为情况不太严重，小元本人也表示再过一两天就没问题了。可是没想到，这个病假就此开始了我最遗憾的一段经历。

因为缺课和休假，小元认为自己无法参加一模考试，因为成绩不能反映她真实的水平；没有一模考试，身体也没有完全康复，二模更是没有指望，所以回校上课也没什么意义；上课没有意义，在家复习又没有效率，因此高考也不会有好结果，不如休学。得知小元的上述逻辑后，我心急如焚，高一谈话那一幕又浮现在眼前，我这才知道，当年小元情绪崩溃就是一颗定时炸弹，而现在终于要被引爆了，这杀伤力和两年前相比何其之大，小元的妈妈更是到了崩溃的边缘。我顾不了太多，见不到小元本人，我就选择微信沟通，以下是我们那次谈话的摘录：

小元：Jessie，我在距高考不到百日的时候处在这样一个很被动的状态，然后我要去迎接高考，这让我感觉很痛苦，让我觉得我的人生很失控，我现在甚至无法面对人群。

我：这是你的不甘啊！因为你与你本来的规划和期待有很大的差距，可这是不可抗力啊。高考这件事本身就没有非黑即白的性质，我们拼了一切去争取好成绩，都是为了在自己能力范围内证明自己，表面看是横向选拔，实质上是自我挑战和突破。遇到了这种不可抗力事件，你需要做的不是逃避，而是要充分调动自己去争取最好的结果。一时的逃避带来的只是心理上的缓冲，甚至有侥幸心理，但根本问题并没有解决，遗留的问题会在接下来的缓冲时段持续给你带来更大的伤害和折磨，而这期间最难的部分就是你的委屈和不甘心！

小元：我现在能看到我的身上有很多条线，独处的时候我身上的线是银色的、闪闪发光的、轻柔地围着我的；当我和别人接触时，如果我不认同他人的观点，这些线就不再轻柔，而是有杂质的、浑浊的、颜色乱七八糟的，我感觉自己被这些东西包裹，甚至无法呼吸……

我：看来你太渴望与人产生共鸣了！那你认同我的话吗？高考只是人生中众多挑战之一，和很多你后面可能会遇到的人生抉择相比，这可能还是最单纯、压力最小的一个呢！你不要把它妖魔化了。

小元：可能我比较功利吧，越好的大学越容易找到好工作。我本来以高考为节点，规划了很多有意思的事情，两年半的时间里我基本都在为此努力！现在看来很多都不可能实现了，多年的希望落空了！

我：有明确的目标是好事，但把目标唯一化就不应该了。

小元：我想休学，因为我知道我根本就没有复读的勇气，我还不能一下子整理好崩掉的心态。

我：可是休学之后，在新的一年里要是再遇到别的问题了呢？再休学？

小元：可能还是因为我最近倒霉吧，我也在尽力调整，每天要花很多时间安抚自己，与自己和解。

我：那你真的很棒啊！那明天来上课吧！

小元：最近看到一条格言很喜欢：清醒时做事，糊涂时读书，大怒时睡觉，独处时思考。

我：嗯，真好！那咱俩说定了，明天一定来哦！

小元：嗯！我尽量！

四、遗憾，失落，释然

我本来以为小元会像高一那次谈话后一样，再次重整旗鼓，如约来上课。可现实是残酷的，我再次和小元联系时，得到的消息是她已经递交了休学申请。

高考在即，每天的教学安排和高三班级管理工作纷繁复杂，可我脑海中却一遍遍浮现出小元妈妈的泪眼和小元曾经的可爱笑容。我也说不清自己的确切感受：遗憾，自己从高一带上来的孩子中途却离开了，终究无法见证她成就梦想的全过程；失落，虽然自认为曾尽力挽回、尽力劝慰，却还是没能改变结果；释然，也许，休学对于此时的小元来说不失为一种调整的方式，谁又能认定哪一条路才是最适合她的呢？

直到现在，每每看到小元在朋友圈里的各种动态，心里都会不自觉地抽动一下，生怕看到她的不快乐、不积极，不过目前看来还好。我也常常禁不住反思：是不是自己哪里疏忽了，哪里做得不够好，没能帮到她，但苦于得不到答案。把小元的故事记录下来，希望能让自己的心里不那么纠结。

黄嵩岳作

专家评议

这篇教学叙事写得真实、生动，很具启发性和研究性。我从叙事中读到这位老师深厚的教育情怀。她很善于观察、发现学生成长中的优势和问题，并有针对性地给予鼓励、指导和解决。虽然叙事中的主人公没有实现老师的期望，但这个案例确实引发了我们教育者的深刻思考。常言道："教师是人类灵魂的工程师。"这个工程师一定要活到老，学到老。此案例提出的教育问题，可供大家研究、思考、探索解决之路，这非常好！

梁丽冰（北京市英语特级教师、英语教研员）

温暖的谎言

赵　娟[1]

光阴荏苒，转瞬已是金秋十月，一年一度的校运动会如期而至。学生们兴奋起来，作为班主任和英语老师的我也跃跃欲试地报名参加了教师长跑接力赛。想当年我也曾是首都师范大学英语系长跑冠军。我希望身体力行，鼓舞学生。孩子们看到我也报名了，全然不像以往运动会报名需要班主任和班干部花上几节课宣传动员，这次只在20分钟内就把所有项目报满，连所谓平时“没人喜欢的”“需要特别费劲儿动员的”1500米长跑都毫不费力地报名满员。作为班主任的我特别开心，更对运动会充满了信心！班级的团结和孩子们的积极向上同样鼓舞了我自己。我和全班每个人都很期待这次运动会。我的班级教育理念是阳光、团结，看来全班已形成了团结的观念、集体的意识。

可就在运动会当天，我的英语课代表李欢欢早早来到学校，在开幕式之前，对我冷冰冰地说：“老师，我身体不好，而且今天我也有事，运动会我坚持不下来，我现在请假回家吧。”这句话对于我就如同当头一棒！我从原来的兴奋和期待一下变得尴尬万分，一时间不知如何应答。

根据我对李欢欢的了解，我知道他一定不是因为有事，只是不愿参与。大概是“自私病”又犯了，我缓和地说：“没关系，有事你就请假吧。”这时我的脑海中又出现一幕幕景象：李欢欢课上偶尔找借口不回答问题，不参加讨论，平时不大喜欢与班里的同学交流等。

在我内心，我真的有些郁闷：才有起色的他怎么又变回去了呢？愁云

[1] 赵娟，毕业于首都师范大学，硕士学位，中学高级教师。曾获北京市紫禁杯优秀班主任一等奖、全国教师基本功一等奖、市教师基本功三等奖、区教师基本功一等奖。北京市师德先进个人，北京市最受学生喜爱的“十佳班主任”，大兴区英语学科带头人、名师工作室成员、北京市中华文化小使者美国项目境外教师；撰写、参编百余部(篇)教育论著、论文，获国家级、市区级一、二、三等奖；承担和参与国家级、市区级多项课题研究。

拽着我的思绪回到了去年7月份。

7月中旬，在学生考完期末考试、分完班后，高二年级组织召开了第一次新老师、同学和家长的见面会，为新高二工作的顺利开展做保障。家长会后，我注意到一位家长迟迟不走。她与我聊起了她的儿子，“老师，我特别担心我儿子会把老师们给气着……”听闻此言，我不禁一怔，心中默想，难道又是一个所谓“不好管理”的学生吗？之后我们聊了很久，家长十分真诚，她几乎是一直哭着向我坦述了她作为单亲妈妈从孩子一岁起就自己一人独自抚养孩子的点点滴滴，并希望得到老师们的帮助。这让初为母亲的我心中一阵发酸……当时我心中有个声音反复回响着：这个孩子好可怜，他缺少太多的父爱。在以往我的班级上，类似情况的孩子基本表现为努力上进，却又敏感、缺乏安全感。那次暂别家长后，我思虑良久，决定从为这个孩子“补爱”来帮助他做出改变。

于是开学后，我第一时间组建了新班级的班委和课代表队伍。我将这个爱迟到、对老师漠视的、难管的孩子放在了一个重要的职位上——我的英语课代表。当着全班学生公布此消息时，李欢欢暗淡的眼神中有一丝光亮掠过。我捕捉到了这丝光亮，心中不免窃喜。那时，我选他这位所谓的“个性生”当我的课代表的原因有两点：第一，作为英语课代表，要早到校负责早读，他又那么“好面子”，那么迟到现象肯定就会自然消除了。第二，课代表与我这个教英语的班主任会保持密切联系，我可以每天都关注这个孩子，补爱，先从关注开始。

这个孩子没辜负我，在我时时的关注下，经过30天课代表工作的锻炼，他渐渐地从愤世嫉俗、自私自利中走出来，从前他不善也不屑与同学交流，而今“工作”需要他“被迫”锻炼自己，同学们认为他越发可爱了。我总会抓住具体事情在全班同学面前夸赞他，这对他而言应该是一种良性的心理体验。他工作认真负责，管理班级事务一丝不苟，我看在眼里，喜在眉梢……

可是，就在今天这么重要的日子，在运动会开幕的这一天，除他之外，所有同学一个不缺地奋力拼搏了一天，使得我们班取得了总分优秀的好成绩。我最关注的李欢欢却甩给我一个随便的理由，没有出席见证，没有参与分享。

感慨良多，我迫不及待地给同学们写了一封电子信，信中对每位同学运动会中的表现予以肯定与表扬，并及时分享给每位学生，情真意切，自己和学生们都很感动。但是在写信的过程中，我却卡壳了，因为李欢欢，我不知道对于借故逃避的他我该怎么写。不写吧，这样肯定不好，会伤害了孩子；写成他身体不舒服吧，可同学们明明看到他今天好好的样子。思考良久，我这样写道："小熊欢，你今天意气风发地来到学校，可家中忽然有急事让你回去，你只好和老师请假了，我会将我们的视频和照片存好等你，开学后请穿上红色班服，一起补拍个照片哦。"我对他的称呼还特意从名字改为他的小名儿，这样更为亲切。给所有学生的长信写好后，我首先发表在我的QQ空间里。没过五分钟，我刷新界面时，惊讶地发现他的QQ签名新换成了"我发誓我要努力学好英语了！这个谎言让我觉得很温暖……"

他看到了我的信！他的签名应该也是说给我听的。我在信中保全了他在全班同学面前的面子，而他把这叫作"温暖的谎言"。我一时兴奋异常。

我很想知道，今后这个孩子会不会一点点摆脱为自己强加的负担，他也有可能会有很多反复。我不确定自己是否还会在下一次有更多的教育智慧，不确定下一次自己的耐心是否会减退。但我深知，学生是活生生的个体，和我一样，情感在不断变化，可我真的希望这个孩子可以一点点接受我和我们这个集体，认同我们，直至分享、遵守共同的或者相近的价值观。我目前可以确定的是，教育是复杂的过程，我已经做好了心理准备。

李雨霏作

专家评议

这篇教育叙事告诉我们：在成长过程中，学生会遇到并经历各种各样的事情，他们的心理发展与现实的需要会不一样。作为教育者，这位老师尊重教育规律、注重研究学生的心理认知与现实需要的结合点，找到了恰当的方式与案例中的学生交流沟通，成功地引导他愉快地认识到自己的问题，这将为他精神上的健康成长助力。

梁丽冰（北京市英语特级教师、英语教研员）

第二编

我的教育教学观：教师眼中的教师

导论：教育教学观

林　立

按照认知心理学的看法，思维是隐喻的。教师在表述自己的教育教学观的时候也常常使用隐喻。在这一编，我们可以看到英语教师们对教育教学的观点，有些为隐喻表达，有些则是直白表达。隐喻来源于生活，来源于我们自己看待世界的方式方法。关于教师的隐喻存在于我们日常的语言中，反映了人们对教师职业的看法。关于教师的经典隐喻包括：蜡烛、春蚕、园丁、人梯；近些年出现了导师、母亲、朋友、合作者的隐喻；再近一些，还有语言大师、心理医生、保健医师的隐喻。对教师的看法随着隐喻的变化悄然发生。类比和隐喻通常短小而直白，能够把理论界的进展迅速地传向外界，被公众所了解，从而能够让晦涩的理论变得明晰易懂。

人们对教师隐喻的变化是随着教师角色的变化而产生的。信息源发展为信息平台，一桶水转化为生生不息的奔流，教师的角色从权威转化为非权威，从指导者发展为促进者，从导师变为学友，从灵魂工程师到精神教练，从挑战者到应战者，从统治者成为平等者中的首席。

教师隐喻也受到教育学、心理学理论研究的影响。目前该领域流行着三种关于教师的隐喻：

(1)“讲台上的哲人”(sage on the stage)。这个隐喻受到行为主义心理学的影响，凸显教师的全知全能，认为教师是知识的提供者、学习的主导者，也是凌驾于学生之上的管理者。

(2)“身边的向导”(guide on the side)。这个隐喻受到卢梭、裴斯泰洛奇、杜威、皮亚杰学说的影响，强调知识不是由教师传授的，也不是客观先验的，而是学习者通过在新知识和已有经验之间建立关联，不断把前者整合进后者，从而主观建构出来的。在这个过程中，教师所起到的是激励与引导的作用。

(3)“参与中的伙伴”(partner in participation)。这个隐喻受到维果茨

基的社会文化理论的影响。其认知基础是：学习是在社会情境中发生的，人只能在参与社会交往的过程中，通过与他人交流、不断相互理解，才能展开学习。那么，学习是什么呢？学习就是在情境中，通过交往而形成一个认知结构的系统，这个系统不断调整自身，适应周围环境中的局限(constraints)和所给予的机遇(affordance)，从而帮助人更顺利地参与到新情境的社会交往中，这对教育实践的影响是巨大的。课堂的形态便是依次进行的双人、小组、全班讨论，大家提出对问题的解决方案。然而课堂讨论的重心不在于方案的正确与否，而在于参与者能否合理地解释自己的想法，教师和学生一样也是探究者。

国内较早的、人人耳熟能详的“教师是人类灵魂的工程师”“辛勤的园丁”“雕塑师”“艺术家”等隐喻，有一个共同特点，即学生较被动。伴随着教育的发展，教师隐喻有所变化，从“工程师”到“园丁”，学生从一种无生命的“物品”变成了有生命的“植物”。

本编中教师们的隐喻或类比来源于教师们的教育实践，来自于他们的亲身体会。我们认为这是教育现实在教师思想中的反映，随着教育经验的丰富和积累，教师的隐喻会随之变化。隐喻是个性化的，有什么经验就有什么样的隐喻。所以，教师通过隐喻反思教师角色，反思教育教学实践，这有促进教学的积极作用。本编中的教师隐喻有教师们的个性特征，教师们来自不同的学校，面对不同的学生和家长，教育行政部门所给的任务和压力大小不同，教育教学实践给教师带来的感受大不相同，所以我们看到了五彩缤纷的教师隐喻。

本编教师教育教学的物理空间有限，教龄长短各异，认识教师这一职业的深度和广度受到制约。教师教育教学观的表达也许直白，也许隐喻。这些观点不一定能概括多数教师的看法。我们在体会其他教师对教师职业的本质、教师工作性质的看法的同时，反思自己的教学实践，可以扩大视野，拓展思维空间。这里提供一些对于教师工作的看法，供读者了解教师工作的艰辛与重要。在阅读一线教师对教育教学的看法之前，我们不妨先看看英语教育领域里三位专家的观点。

(1)北京师范大学外文学院教授罗少茜言简意赅地指出：

合格的教师是启迪灵魂的人，英语教师是展现语言魅力的人，优秀的英语教师是包容善良的人。

(2) 北京教育学院教授王松美认为：

教师应该既懂得教学规律，教学有法、教有良法，又熟悉教学艺术，教无定法。

教师应践行《中小学教师专业标准》提出的 16 个字：学生为本，师德为先，能力为重，终身学习。

(Know principles and methods of teaching, be familiar with the art of education: teaching to the needs of students. Follow student-oriented and ability-oriented teaching; cultivate professional ethics and lifelong learning.)

合格的英语教师应该了解《英语课程标准》和相关教材的基本理念，具备一定的教学设计能力，授课语言准确流畅，懂得基本的课堂管理知识。

(Qualified teachers of English: Know the basic requirements of *National English Curriculum Standards*. Have rather clear ideas of how to plan a lesson and design effective learning activities. Can teach English with both accuracy and fluency, can explain subject matter with high verbal skills, and be good at classroom management.)

优秀的英语教师应该：形成独特的教学艺术及其风格，把握课标和教材理念，运用学科教育学原理和规律，根据学生认知水平和需求，灵活运用教学方法设计教学，开展行动研究，反思创新。

[Master teachers of English: Have a good understanding of the requirements of *National English Curriculum Standards* and rationale of the textbooks, can apply key concepts (big ideas) into classroom practice effectively, with students as the center of classroom teaching. Have unique teaching style. Present and practice students' new content with regards to students' life experience, cognitive level as well as prior knowledge. Develop awareness of reflection of teaching and learning and action research.]

(3) 北京市海淀区教师进修学校英语学科专职教研员胡小力用 30 年的教育教学感悟回答了什么是好教师。

我 1978 年恢复高考后考入北京外国语大学英语专业。1983 年分配到普通中学任教。由于深深的教育情怀，三十年来始终扎根学校，亲历改革开放四十多年来教育的变化与发展。自己从一名不成熟的青年教师成长为有丰富教育教学经验的研究型、学习型、专家型教师、教研员。

我的成长源于自己对教育事业的热爱。由于有爱，才努力钻研教材，认真备课，勤于思考，乐于创新；由于有爱，才呵护学生，帮助学生，宽容学生，感恩学生，在教的过程中自己也在成长。

我的成长还源于自己对教育事业的担当。教师是教书育人的职业，必须有使命感和责任感。教学生做人做事，自己要会做人做事。要有积极进取的人生观、价值观和世界观。关心国家大事，热爱读书，明确党的教育方针，以身作则，敢于承担重任，为学生做榜样。不负教育使命，珍惜每一阶段的教育教学工作，干一行爱一行。我曾被评为“五四优秀青年教师”、优秀班主任、优秀共产党员、优秀教学干部、骨干教师、学科带头人等，自己虽然不图名和利，但是领导、同事、学生、家长给予我很高的认可，鞭策我进步。

我的成长更源于自己对教育事业的追求，不忘初心，努力进取。我始终信奉“有危机感的人永远不会有危机”，时代在变，学习永远在路上。无论自己取得了什么成绩，例如破格晋升高级、提前晋级工资，我都不断学习，充实自己。我积极参与市、区教研活动，自费参加各种短期培训进修，阅读大量教学理论书籍。从兼职教研员到专职教研员、英语教研室主任，一路走来，自己不仅积累了丰富的一线实践经验；还在教育科研方面有了一定的成果，著书立说，担任多种杂志、报刊的编辑、顾问；同时培养青年教师，长期参与教育考试院命题、评题科研工作；被北师大、外国语大学、首师大、北京教育学院聘为国培专家，参与各种教师培训项目。退休后，我仍然工作在教师培训的岗位上，忙碌于基层学校、农村学校的教师发展事业而乐此不疲。深切的教师情怀使自己的生活更加充实、美好！

我的英语教育观

汪　艳

一、为什么提“英语教育观”

作为教师，我们最常说的是“英语教学”这个概念，但是我为什么要提出“英语教育观”而不是“教学观”呢？因为我坚信教育的目的是“inspire”，教育的目的是帮助学生走上自我发展之路。

当我们的学生进入中学，我们不能仅对他们的短期目标——中、高考英语成绩负责，更为重要的是帮助学生通过英语的学习能更好地认识世界、认识自我和更快乐自信地生活。因此，学生的成长比成绩重要，学生会学比学会重要，学生学会思考比学会知识更重要！我的英语教育观就是：高德高分，高能高分；赢得高考，超越高考。

二、英语教育观的实施

1. 教育信念

我为什么不谈教育理念，而是谈教育信念呢？因为在当今信息爆炸、社会急速发展的时代，我坚信只有把教育当作神圣的、一生的事业，内心充满坚定教育信念的人，才不会怨天尤人、随波逐流。

对于教育信念，我想和大家分享这样一首英文小诗：

I am a teacher.
I am the future to a young person.
I believe that every child can learn.
I believe that I can learn from every child.
I believe in myself and my students.
I believe that education is the foundation of a great nation.
I believe that one person can make a difference.

I believe I am such a person.

I believe in the light of understanding I have seen in a student's eyes.

I believe in letting students teach themselves, teach each other and teach me.

I believe that the education will never end.

I believe that my students are tomorrow's leaders.

Their leadership will be the legacy of my teaching!

这首朴素的小诗道出了我作为一名教师的心声，那就是我相信教育的力量，我相信教育可以创造一个国家的美好未来！

对于教育信念，我一直坚信真正的教育应是爱的教育。爱是对学生的信任，兴趣则是教育的底线。正如捷克教育家夸美纽斯指出的："兴趣是创造一个欢乐和光明的教学环境的主要途径。"英语教学是以人为本的学科，它的艺术不在于传授知识和技能的本领，而在于激励、唤醒和鼓舞！在教学实践中，我和八中英语组老师一直探求着，并遵循着语言学习规律和教育规律，时刻关注学生的整体发展，关注他们的身心健康。我坚决反对以考代教、以考代学的教学模式。作为老师要有长远的眼光，帮助学生们找到他们自己的道路，找到生命中真正的喜悦，并尽最大努力让每一位学生在英语学习的过程中，享受学习的幸福感和做人的自信，从而真正成为自主学习者！当然，我也很清楚这是一条任重而道远的教育教学之路，但是我会坚持，因为我相信"教育不是一种技巧，而是一种坚定的修养，这种修养需要长期的修炼提升，沉淀在我们的内心深处"。同时，我也一直没有放弃追求幸福的教育，因为在我的内心深处，我相信"教育是一种以人格培育人格、以灵魂唤醒灵魂的工作；教育不是牺牲，而是享受；教育不是重复，而是创造；教育不是谋生，而是生活本身"。所以说幸福的教育是关乎心灵的，绝不是建立在外在的或功利的目的之上的。

2. 课程建设

在近三十年的英语教学实践中，我勇于创新，探索出了依据学生心理，采用启发式教学，充分调动学生英语学习的积极性和自主性，全方位培养学生兴趣和能力的英语素质多元化教学法，并取得了一定的成绩。

首先，我和外语组的同仁们设立了我校的英语课程目标：

(1) 提高学生学习英语的兴趣，培养英语学习的综合能力，注重整体素质的提高；

(2) 通过教师教学方式的转变，使学生具有自主学习和合作学习的观念；

(3) 增强国际化意识、爱国情怀，拓宽视野，形成健全的情感、态度和价值观；

(4)为使英语成为伴随终生的一技之长打下坚实的基础，注重提高人文素养。

其次，以英语课程目标为依托，八中英语教学也逐步形成了自己的特点和风格：

(1)以学生为中心，以学生的终身发展为基本出发点，力求体现素质教育的思想；

(2)以能力为目标的分级课程体系，保证课程整体性、灵活性和开放性，注重因材施教；

(3)倡导体验、实践、参与、交流与合作的学习方式，强调学生能用英语做事情；

(4)注重评价对学生的激励作用，建立了形成性与终结性相结合的课程评价体系；

(5)强调课程资源的开发与利用，编写适合本校学生水平的校本教材；

(6)突出教师自己的特色，创新自己的课堂，形成研究型和合作型的团队集体。

最后，我们建立了系统的八中英语课程体系：必修课＋选修课＋年级展演＋英语社团。

这个课程体系的理念就是鼓励学生在做中学英语、在用中学英语，也就是在体验中学会英语。因为我们坚信语言在交际中才有生命，人们在使用语言的过程中才能真正学会使用语言。同时，只有在丰富多彩的英语教学活动中，学生的英语能力和综合素养才能得到全面提升。

我们的英语必修课坚持高效低耗的英语教学，追求课时少、作业少、效果好的高效英语教学。无论课时多少，必修课都包括精读课＋泛读课＋实践课这三种课型，也就是说我们的教学不是停留在浅层的知识语法，而是真正的去用英语做事情，体会语言所承载的文化意义和所传递的思维品质，从而让学生水到渠成地学会运用语言。

(1)精读课

我们都知道，教育的发生主要是在课堂中，所以上好每一节课，是教师的根基。我鼓励每一位英语教师自己在课堂中默默地创新改革，我的教学理想就是教师能安静地教书，学生能静静地读书。而课堂改革应基于教材，超越教材；基于课堂，超越课堂；基于教师，超越教师。

精读课除了依据话题展开听、说、读、写、看的教学活动，我们还会将语法课和词汇课的专题教学贯穿其中，只有到高三才会有对考试题型的相应训练。这样做，备课的工作量是非常大的，所以我们建立了备课组集体备课、分工合作、互帮互学的体制，以相对减轻备课负担。

(2)泛读课

无论是精读课，还是泛读课，八中的英语课堂追求让教师在教学过程中享受智慧的挑战，享受创造的快乐，并让学生享受成长的欢乐。英语教师不是强迫学生学，而是用文化的博大、人性的至善、语言的优美、师生的情谊来吸引学生们学习外语，用创新和体验的方式去学习外语。我们所使用的泛读教材为英语原版小说，高一入学用《典范英语》过渡。

(3)实践课

教师只有转变观念，抓住课堂教学的理念与核心，转变自身角色，做到“让学”“赋权”，才能帮助学生主动学习，使其学会学习，从“要我学”到“我要学”，学生才能真正学会英语。高一至高三分别设计了不同的教学实践活动，以配音、演讲、戏剧、辩论、新闻聊天室、创意写作等路径检验学生的英语输出，有效提升了他们的语言运用能力以及人文素养。

我非常认同北外教授刘润清强调的英语课堂所追求的五种境界：①充满信息；②尽量让信息都是事实；③把事实放在一个系统中成为一门知识；④让知识充满智慧；⑤把智慧上升到哲学。无论何种课型，我希望和老师们共同朝着更高的课堂境界去努力！

3. 教学相长

现在各大媒体常提及“职业倦怠”这个词，而且教师的职业倦怠出现得越来越早，主要原因是教师的工作压力大，不停地操心和付出，很少有时间休息和充电。如果我们以自身的教学去激发学生，而学生的创造性也可以感染教师的情感，激励教师的创造性并帮助教师的专业化成长，这样的话，我想教师的倦怠期恐怕要等到退休的时候了。要想成为创新型的教师，我的理解就是首先要真诚地面对学生，帮助学生，欣赏学生，和学生共同成长，即教学相长。

教学相长，也意味着教师要多倾听学生的声音，学会转换自己的教师角色。“古之学者必有师。师者，所以传道授业解惑也。”现在的学生对教师有更多的期待：① 友善的态度；② 尊重课堂上的每一位学生；③ 耐心；④ 兴趣广泛；⑤ 良好的仪表；⑥ 公正；⑦ 幽默感；⑧ 良好的品性；⑨ 对学生个人的关注；⑩ 伸缩性；⑪ 宽容；⑫ 有方法。所以说只有教师和学生相互之间能够真诚相待，教师和学生之间的相互交流和相互沟通才是有意义和有价值的。教育就是一种师生互相寻找、发现，彼此增进理解的成长的过程。

三、英语素质教育

英语教育观其实就是坚守英语素质教育。假期里，当与一些毕业的学生和家长交流的时候，我发现他们现在追求的目标不仅仅是高考中的高分，他们更渴望成为高素质、国际化的人才；他们希望教师的关注点能从分数、时间、眼前转移到素质、能力和长远上。换句话说，他们渴望成为高素质兼高分数的人；渴望素质教育与应试教育有机结合。其实我也坚信它们并不矛盾。

我认为的素质教育为：学生乐学，老师乐教。在我个人无力改变来自外界各方面的压力时，我想我至少可以把快乐带进我的课堂，让学生们不仅在快乐中学到知识，更重要的是让他们在快乐中提升智慧，走出自信、幸福的人生！我会始终对教育怀有一颗纯洁的童心，时刻提醒自己教育从何出发，每天去践行自己的教育梦想，和大家一起努力成为一名幸福的教师！

我的教育教学观

白　雪

一、教师——人类灵魂的工程师

小时候，每次写赞美老师的文章，总会写道“老师是人类灵魂的工程师”；刚走上讲台的时候，每天忙着教书，对于“人类灵魂的工程师”是一知半解的；十几年后，我从一名青年教师成长为学校的骨干教师、中坚力量，我慢慢地体会到教师的职责不只是教书，更要育人。“老师是人类灵魂的工程师”，意味着老师不仅仅是知识的授业者，更是学生人生路上的传道者。在我看来，灵魂就是指一个人的价值观、世界观和人生观，而学生则是“三观”发展尚不完善的个体，但同时他们又拥有自己独立的人格，是鲜活的、有思想的生命体。因此，“工程师”的工作不是把所有的学生都设计、铸造成同一个模样，而是在传授知识的基础上，帮助学生树立正确的“三观”，教导学生如何做人，教会他们如何去爱自己、爱别人、爱生活、爱这个世界，同时还要尊重学生的个性发展，引导他们大胆地前行，让他们自由地成长。

二、英语教师——学生的知心朋友

英语老师可能有更多的机会去接触新鲜的事物和不同的文化，英语老师身上会散发出一种独特的气质。相对于语文老师的传统和数学老师的说一不二，英语老师更加开明和包容。对于一些新生事物，英语老师的接受能力更强，因此，更易于与学生建立一种和谐融洽的师生关系，更容易理解学生，成为学生的知心朋友。

班上有个叫小苗的孩子，满脑子稀奇古怪的想法，上课经常提一些奇奇怪怪的问题，因此他经常会被请到办公室去。我却很喜欢这个孩子，他敢于质疑老师，还能提出自己的一些见解，这是大多数孩子所不具备的一种能力。因此，英语课上，我会尽量给他更多的自由和鼓励。他迷《哈利·波特》，我就把英文小说借给他，鼓励他中英文对照看；他提出一些奇怪的问题时，我会耐心听他讲完，跟他探讨答案。渐渐地，他开始信任我，靠近我，愿意跟我聊天。在我们交流的过程中，我发现他的“异想天开”竟然也影响到了我，他还会介绍一些时下流行的书给我。从他身上，我学到了不少东西，我们相互尊重、相互学习，成了无话不谈的朋友。

三、优秀的英语教师——既是向导，又是同行人

英语学习的道路漫长而曲折，途中会遇到很多的困难。教师就像向导一样，在学生迷失学习方向，想要放弃时，给予鼓励和正确的学习方法。除此之外，学生要学好英语，对于地道的英语表达和英语国家的文化要有所了解，这对于学生开阔眼界、提高人生格局有很大帮助。因此，好的英语教师还应该具有深厚的文化底蕴，对英语国家的政治、经济、文化、历史、文学都要涉猎，而不仅仅是语法、词汇或语音等方面的知识，这样才能够带领学生沿途观赏不一样的风景，了解不同的文化，体验学习英语的乐趣。与此同时，教学相长，教师的英语水平、文化素养也会得到提高。所以，在学习英语的道路上，教师既是学生的向导，也是同行人。我希望做好学生的向导，能够点燃学生学习的热情，启迪他们的心灵，帮助他们树立良好的“三观”；我也愿意做学生的同行人，和他们一起山间漫步，努力攀登，共同进步！

教师是学生的伙伴

曹巍巍

一、教师是伙伴

说教师是伙伴，是因为伙伴要一起经历，要共同做事，在做事的过程中彼此了解、彼此帮助、彼此迁就、彼此适应，更要彼此鼓励，一起提高和进步。伙伴是幸福的时候与你一起分享快乐的人，更应是困难的时刻陪伴你走出困境的人。不仅如此，伙伴还应是可以倾诉的、无话不说的。我们可以在伙伴面前袒露自己的缺点，抒发心声；也可以在伙伴面前放声大哭，疏解情绪。因此，学生和教师的关系更像是伙伴的关系。作为一名教师，我们陪着学生一起学习，不仅要学习文化知识，还要学习如何做事、做人。在共同学习的过程中，教师加深了对学生的了解：学生基础是否薄弱，学习有没有动力，成绩有没有提高，情绪上有没有变化，今天是开心还是难过，等等。了解了学生，教师就会去帮助学生，和学生聊聊天，容忍他们闹情绪时的不理智，迁就他们的“少爷”“小姐”脾气，适应来自于不同家庭背景下他们的表达方式。当教师看到孩子们一点点小的进步后，会说几句表扬和鼓励的话语，为学生指明接下来要进步的方向；当孩子们感到幸福时，教师是孩子们分享幸福的伙伴；当孩子们遇到困难时，教师是孩子们的安全港，也是出谋划策、引导帮助的伙伴。有了教师这样的伙伴，学生不会害怕、不会退缩，会在教师的陪伴下克服困难、提升自己、勇往直前。

二、英语教师是时刻参与学生英语学习的伙伴

作为一名教师，我非常自豪能够教授英语学科。英语教师是活跃的，是时尚的，是博学的，是聪慧的，是很多学生心中的“男神”“女神”，更是用整个教学过程来陪伴学生的教师。在英语课上，英语教师用多种教学途

径和手段参与每一个教学环节。词汇教学中，英语教师带读、领读，帮助学生纠正发音，关注那些词汇学习困难的孩子，进一步帮助他们；听力课上，教师步步引导铺垫，设置一个个问题，引导学生理解听力材料；阅读课上，教师和学生一起深读文章，理解文章的内容，剖析人物性格特点，畅谈对文章的理解；写作课上，教师分享学生写的一篇篇文章，感受着学生的丰沛情感和有主见的观点。教师和学生一起唱英语歌曲，带着学生一起排英语话剧，为学生提供各种学习资源，陪着学生过每一个节日。

对于学生英语学习的每一个环节，我们从不缺席。陪伴是我们的职责，关注社会上的每一个热点问题，关心国家的每件大事。我们用英语作为交流的工具，了解世界文化；也以英语这一渠道让世界了解我们。

三、优秀的英语教师是具有反思精神、时刻参与学生英语学习的伙伴

说英语教师具有反思精神是因为英语是一门“实时反馈”的学科。“实时反馈”是指我们的每一个教学环节都能在当时得到教学反馈。朗读词汇时，我们能清楚地分辨出哪些学生会读了，哪些学生发音还需提高；阅读文章时，我们能知晓哪些学生对文章理解了，哪些学生还存疑；写作课堂上，我们品读学生的文章，通过文字不仅了解了学生写作水平的高低，更能通过书写看出他们的学习态度。我们实时了解着学生的学习情况，不断地改进我们的教学方式，提高我们掌控班级、课堂的能力。我经常听到老师们说：“这节课上得不好，太闷了，活动没有设计好。”我们不断地改进，使英语课堂成为最活跃、最开放、最充实、最有收获的课堂。我们用国际化的视角反思教材、反思教学模式、反思我们自身，这一切都使我们成为具有反思精神的、时刻参与学生英语学习的伙伴。

教师、英语教师

杨 茜

一、教师是杂家

提及杂家，多数人可能会有一种鄙视的情绪，认为杂家不过是旁门左道、芜杂不堪之徒。这里，我首先为“杂家”正名。

《现代汉语词典(第7版)》对杂家的定义为：①先秦时期融会各家学说而成一家之言的学派。②指知识面广，什么都懂一点儿的人。

根据权威词典对“杂家”的定义，我认为教师是知识面广、什么都懂一点儿的杂家。在现实工作体验中，我感觉现在的教师越来越像杂家了，无论你是教什么学科的，除了本学科的专业知识外，其他方面的知识不要求你了解得有多深，但是都得去了解一点儿。

就以自己作为英语教师的经历来看，高中英语学习中会遇到各个方面的阅读文本，词汇、语法等属于学科知识，但是阅读中所碰到的话题有可能与物理、化学、生物、历史、地理、体育、艺术等各种学科有关，遇到与理、化、生相关的文章，对于我这个学文科的人来讲，文本中所讲的内容真是距离我太远，从学科知识角度能够理解词汇、语法表达的意义，但是内容本身却不懂，在这样的情况下我必须跨学科请教一些老师，或者在网络上查询、学习，才能满足教学的需求。随着信息化的飞速发展，想要成为一名受学生欢迎的教师，教师除了要多了解各个领域的知识外，还需要走近学生的生活，多去了解学生的生活，多去了解学生感兴趣的东西。学生所了解的，教师必须要知道，如此，才能与学生亲近，才能让学生亲近教师。因此，我认为教师是杂家，知识面要广，什么都得懂一点儿。

二、英语教师是学生的玩伴

看了汪艳老师分享的教育故事，想想自己周围的英语教师与其他学科教师的差异，我感觉英语教师似乎更能与学生实现“平起平坐”，更能从学生的角度思考。也许因为学科的特点，教师设计教学时，必须要更花心思带着学生一起在玩儿中学英语，在玩儿中激发更多的学生对英语的兴趣，用玩儿的方式让学生愿意主动地在英语学习上花时间、花精力。看似简单的玩儿，却凝聚着英语教师的心血。英语教师需要根据教学内容思考一起玩儿的方式、玩儿的规则，设计出让学生感兴趣、愿意参与的游戏，而教师则在英语教学中发展成为学生的玩伴，带领更多的学生感受英语的魅力。

我对教师的理解

建 新

一、教师是旗手

大到突破国家限制的亚运会和奥运会，小到校内的运动会，都会有运动员或是学生中的代表被选拔为旗手，昂首挺胸地带领大家入场亮相。旗手是一个国家或是一个集体的表率，在行为、语言、德行、水平等诸多方面都要起到示范引领的表率作用；待比赛正式开始后，身上又承担着同运动员一样的职责参与比赛之中，努力拼搏。作为教师，我常常有走在学生前面的感觉。在面对学生之前，我要提前完成分析学情、查资料、预设问题等诸多任务；在学生未知之前，作为教师的我要做到先知。登上五尺讲台，面对许许多多鲜活的生命和一张张求知的面孔，我更是深感自己肩上担负的责任是无比神圣的，是糊弄不得的。

教师这个职业包含很多正面的隐喻：灵魂的启蒙师、人生的指导者、模范的学习者等，无论哪一个都能描述出教师的教育引导作用是其他行业者们无法替代的。作为一名普通的人民教师，不光学习态度要走在学生的前面，在德行方面也要做到无愧。所谓“育人者先育己，是为智；正人者先正己，是为德；智德兼备者，方为师”。教师的言传和身教都是非常重要的，有示范指导作用的，因此更是任性不得。每天进入教学楼，我都会检查自己的着装，看到每一位学生我都会面带微笑地问候：“Good morning.”“How are you!”不到两周时间，学生们的问候都会早我两三秒钟；自习课前，我没有给任何口头上的指令，只是拿起书笔开始工作，不出一周，学生们在我进班以前已经开始安静地学习。旗手也是参赛选手，教师亦是学习者，并且我认为教师应该比其他行业的人更加秉承终身学习的理念，和学生们共同学习、共同成长。

二、英语教师是一名资深的舵手

舵手，即掌舵的人，负责船的航向，常用以比喻领导者。把英语教师比喻成舵手一点都不牵强。对于了解和学习世界第一大官方语言和文化，至少在初中这三年里，英语教师为学生的英语学习保证了方向，开辟了道路，帮助学生三年后更为顺利地到达目的地。那么，我为什么要将英语教师喻为资深的舵手呢？回到舵手这个身份，新舵手只会负责较近的或是航行路线较简单的任务，而资深的舵手则要对沿着四大洋所到达的任何国家的路线和情况了如指掌，要通过沟通将所知情况分享给每一位船员，更要具有应对航行过程中的挑战的能力。英语教师亦是如此。英语教师要能够利用专业优势表达自如，将英语变成交流的工具，谈论生活中的任意话题，表达自己的感受和想法等。英语教师若能创造灵活轻松的英语学习氛围，使学生培养起学习英语的兴趣，掌握一定的语言学习技巧，那么无论中考、高考怎样改革，学生都能坦然面对。

三、优秀的英语教师是一名受欢迎的歌手

我是一个喜欢音乐的人，音乐能让我能量满满，能让我鼓起斗志，能让我走出悲伤，因此，我要感谢我喜欢的那些歌手。那些流行歌手们，他们为什么能让全世界那么多的人跟随着舞台上的他们一起哼唱？为什么生活中有那么多人随时随地地听唱着他们的歌？为什么还有人能将他们的歌曲改编得更棒呢？因为他们独特的嗓音、触及心灵的旋律、超于他人的才华和背后许多不为人知的艰辛，等等。一名优秀的英语教师会主动学习，在课堂上用独特的方法和魅力让学生们情不自禁地喜欢上英语，主动用英语进行交流，唱英文歌曲，看英文电影，演英语话剧……多掌握了一门语言，让学生们变得更加优秀、更加自信，他们从内心深处真正地喜欢上了英语，对英语产生了依赖甚至迷恋。离开了课堂，学生依然会主动把英语当成交流的工具，随时随地使用。教学工作之余，虽然会有许多工作和生活上的琐事，但是一心多用对于优秀的教师们来讲是常态，虽然忙碌，但是仍然能够处理好这些冲突，并安排出足够的时间继续潜心学习、研究。

我喜欢音乐，但我更想成为“歌手”，用感染的方式和学生们一起感受英语的魅力。

我眼中的教师

李书梅

一、新时代的教师应该如水

何为教师？也许，韩愈《师说》中所说的“师者，所以传道授业解惑也”是自古以来人们对于教师这一职业最为普遍的看法。在新时代，随着家庭、社会对于教育的愈发重视，人们对教师这一职业寄予了更高的期望；而且，教师本人对于教师这一职业和自我价值也做了重新思考。曾经有人赞美教师是蜡烛，燃烧了自己照亮了别人，而新时代的教师不愿只做流泪的红烛，我们希望照亮别人的同时更照亮自己，在激情燃烧的岁月中实现自己的人生追求；也曾经有人赞美教师是辛勤的园丁，而新时代的教师更希望自己的学生张扬个性、完善自我。

“上善若水”，教师应该如水一般至善，润泽万物而不求回报，普惠众生而不计名利。自古至今，心中无爱的人无法成为一名合格的老师，而我们身边的榜样无一例外都是心中有爱的善人。因为爱学生，汪艳老师说：“让我做一辈子的老师!”因为爱英语，汪艳老师说出：“你好，英语!”

教师应如水般博学多才，用自己丰富的知识传道授业、答疑解惑，成为知识的源头活水；学生喜欢老师有很多种原因，有的是因为老师年轻漂亮，有的是因为老师幽默风趣……但最终能赢得学生尊重并让学生一生受益的都是那些业务能力强、潜心钻研教学、对学生有爱的老师。

二、英语教师应该如风

英语教师因为进行了跨文化学习，其眼界更为宽广、思维更为灵活，因此英语教师是如同风一样洒脱的教师，我们更不贪恋名利、不计较得失，勇于面对挑战，在播撒知识的种子的同时，也注重自我价值和人生梦想的实现。正是因为有风一样的洒脱，我们的汪艳老师打破教材、年级等各种限制，在高考的重压下独辟蹊径，关注学生的体验，创设有生命的课堂，成为北京英语教学改革的领路人，带领学生自由地学习。

三、优秀的英语教师应该是学生生命中的一道阳光

每个孩子生来都对这个世界充满好奇，他们愿意去探索、去学习。然而经历了十几年的校内外学习，真正对学习感兴趣的学生可谓凤毛麟角，甚至很多学生认为学习的目的仅仅是应付考试，学习英语的目的仅仅是选出正确的ABCD，究其原因，是学生长年累月基本无休止的学习，且以考试为目的、以做题为载体，这种学习劳神费力且无趣。我认为一名好的英语教师应该像一道阳光，首先照亮自己的课堂，给学生营养的同时更能够吸引学生、点燃其学习英语的兴趣之火。我们的课堂应如阳光般灵动，让学生感受到英语不是为考试而生的学习，每个字母、每个单词都能表达独特的情感；让学生们发现英语的乐趣，喜欢上英语；让每个学生都能大声地喊出："你好，英语！"

每个人的学习和生活之路都不会一帆风顺，高中阶段更是如此。在高考的重压下，学生们时间紧、任务重、压力大，很多学生都会产生迷茫情绪。英语教师因为其专业特点更容易亲近学生、被学生所喜爱。所以我认为一名好的英语教师，应该像学生生命中的一道阳光，温暖的不光是学生的身体，更能令学生心中充满希望，为学生指明前行的方向。

我愿意做一名光一样的英语教师，带给学生战胜迷茫的勇气和力量。希望学生毕业多年后，能够对我说："老师，您就是我心中的一道光，带着我走向幸福和希望。"

对教师、英语教师的看法

马　悦

一、点亮学生灵魂的人

教师是点亮学生灵魂的人。每一个学生、每一个人都有认知世界、理解世界、超越世俗世界的灵性，这种灵性隐藏在我们大脑、内心的深处，只有通过大量的知识积累和丰富的生活阅历，勤于思考、善于思考，它才能被挖掘出来、激发出来。灵性被激发出来了，眼睛被擦亮了，看世界更加全面、客观、真实、深刻了，对待人生有智慧、包容、超越的态度，灵魂方才可以说是被点亮了。知识与独立思考的能力，都是老师可以给学生的。前者实现起来较为简单，后者往往很难，因为思考需要一个“勤”字。处在老师的位置上，应当帮助学生掌握认知这个世界的工具，培养学生独立思考和批判性思维的能力。在这个前提下，引导学生对世界建立起全面、客观、真实、深刻的认识。只有这样，才能在真正意义上去拥抱世界的真善美。这就是为什么我认为教师应是点亮学生灵魂的人。

二、引路者

英语教师如同引路者，引领学生跨越国门、文化、种族，以不带偏见的视角来认识人类世界的丰富与多元。许多时候，学生有拓展个人认知范围、不断学习和吸收新知的愿望，但是缺少合理的方法与丰富的资源。而方法和资源是教师可以提供的。以英文小说阅读为例，文学作品是了解一个国家文化的重要途径，然而高中生对国外原版英文作品的阅读现状并不尽如人意。这里面去除高中课业负担大的因素，很大程度上是学生缺少科学合理地阅读文学作品的做法，以及缺少丰富的原版书籍资源。这两样都是英语教师可以提供的。英语教师可以教给学生阅读方法，推荐阅读书目以及购买书籍的渠道，等等。当学生掌握了规律之后，以后就完全可以自行阅读了。而当学生大量阅读、广泛涉猎之后，他们认识到了这个世界的多元与丰富，会在不自觉中摒弃个人的许多的偏见与狭隘。所以说，英语教师如同领路者，引领学生以不带偏见的视角来看待世界。

三、点灯者

好的英语教师是点灯者。学生的心是一盏灯，好的英语教师是把灯点得璀璨明亮的人。英语教师的第一个层次是传授给学生知识，这好比给灯加满油。但是只有油，智慧之光、灵性之光是无法绽放的。英语教师的第二个层次是教会学生独立思考、批判性思考，只有这样，才能拥有对人生更为深刻、全面的认识，才会有积极温暖的生活态度，才能真正地拥抱生活中的真善美，这就是我所说的心被点亮了。

我眼中的“教师”

宋　薇

百度百科注解道：“老师是指传授学生知识的人。职责首先是育人。先成人，后成才。为人师表，答疑解惑，则为老师。”唐宋八大家之首的韩愈也说：“师者，所以传道授业解惑也。”但是，作为一名从业 12 年的英语教师，我只能说，这个要求离当代对一名优秀教师的要求相去甚远。生活中有很多对教师职业的调侃，如：“起得比鸡早，睡得比狗晚”“老师是全能型人才，一会儿是警察，一会儿是医生，一会儿是演员”……这些也确实是教师生活的真实写照。如果让我来形容一下我对当代教师的认识，那么我不太客气地认为，当代教师就像是“高级保姆”，而作为一名英语教师的我就是“菲佣”。

现在有一个职业大家都不陌生——育婴嫂，就是比普通保姆高级一些的专门来帮助带孩子的保姆，他们有一定的育儿理念，工资也比普通的保姆高。我觉得教师跟现在的育婴嫂很像，只是我们培育的不只是婴儿，还有大孩子等；还有一个很大的区别，就是我们培育的不只是一个孩子，而是一群，所以说难度自然是更大的。

我为何说教师是“高级保姆”，因为我们一天到晚需要管的事情真的是太多了。如果说知识是食粮，我们每天都要不停地喂我们的学生吃各种“蔬菜、水果、肉类、坚果……”，生怕他们缺营养抑或是营养不均衡，还要杜绝肥胖或营养不良的现象。我的一位有着多年教学经验的师父常做一个有趣的比喻，他说教学生知识就像是喂学生吃饭，现在的学生是等着现成的等惯了，你给他做好了他都不吃，摆好了碗筷也不吃，一定要给他嚼好了再吐给他他才吃……虽然这比喻有些不雅，可这确实是我们每天在做的事……现在的教师包揽包干的太多了，导致学生越来越懒，什么也不操心，什么也不会做。昨天同事举了个特别生动的例子，军训的时候下雨了，教官让学生们赶紧躲雨，于是很多学生乌泱乌泱地跑到了宿舍，留下一排排的水瓶和马扎淋着大雨，教官们无奈地去收拾一排排的“残局”……也许这只是个例，当然也可能有人会说这是教师教育不到位。我只是觉得作为芸芸众生中的一个，教师实在是担不起这些“罪责”。我只是一名首都师范大学毕业的老师，在我考大学的年代，首师大只是众多一本院校里录取分数线最低的一所；而我自己，不是清华、北大的苗子，也不是北航、北理的潜力股，甚至够不到首医、首经贸，可是怎么我一毕业当老师就被冠以拥有“超能力”了呢？

写到这里，可能有人认为我很消极，不爱教师这个职业，我必须给自己澄清一下。我是一名非常热爱教育教学事业的老师，而且是一名优秀的班主任和区级骨干教师。对我而言，教书最大的乐趣是不仅使别人进步，也督促我自己进步。倒不是说我前边讲得言过其实，我说的都是真实的例子和看法。但是，当老师确实也有很多幸福，很多快乐，不然这么累我们也不可能只为了养家糊口而去委屈自己。我们确实体会到了桃李满天下的收获，也遇到过很多一点就通、能举一反三的学生，让我们感受到自己的价值，也不乏有很多懂事可人的学生让我们感觉暖暖的。但是我还是想呼吁各位老师，让我们不要做“保姆”，不要做“菲佣”，更少做“警察”“医生”，那我们该做点啥？——做导演吧！

“导演的任务是：组织和团结剧组内的所有创作人员、技术人员和演出人员，发挥他们的才能，使众人的创造性劳动融为一体。”百度百科对导演的这种注解恰如其分地表达了我眼中的教师的角色。班里的学生各有所长，作为教师应该全局把握，总体引领，量体裁衣，去帮助学生施展个人的才华，挖掘自身的潜能，让这个团队的利益最大化、最优化。至于买盒饭、后期制作等就交给其他人去干吧！

当然我并不是在推脱老师的责任，一部影视作品的质量，在很大程度上取决于导演的素质与修养；一部影视作品的风格，也往往体现着导演的艺术风格和性格。人们常说，“有什么样的老师就教出什么样的学生”“学生的行事风格跟他们的老师一样”。所以我们老师一定要担当起自己的职责。要做好“导演”一定要提高自己的专业素养，也要提高自己的道德品质，为人师表、言传身教这些教师身上的优良传统我们必须坚持。只是我们要多点时间来研究教学，多点时间来研究学生，多点时间来陪陪家人，多点时间来做回普通的自己……

我多么希望做老师只是传道受业解惑这么简单，那么我也不必非得逼着自己八面玲珑、面面俱到；我又多么期待家长和社会能够更多地担当起教育孩子的责任，那么我也可以正常下班去享受一下春花秋月。我很想做一个好的“导演”，导出一部好的“影视剧”，捧红所有的“演职员”，这个任务很大很难，但是出于对教育事业的热爱，我不会退缩。

我对教师职业的看法

孙　玲

一、教师——学生生命中的贵人

求学路上，我曾幸运地遇到很多恩师。回想一路走来，这些恩师是我生命中的贵人，是他们成就了今天的我。而我也正因为他们，才选择做一名教师，我要像他们一样做学生生命中的贵人！他们不仅传授给我知识，帮我成就学业梦想，更在我迷茫时为我拨开迷雾，在我无助时伸出温暖的双手，在我举棋不定时帮我分析前路光景，在我怯懦后退时为我助力前行。

我竭力上好每节课，希望成为学生们的恩师、成为他们生命中的贵人。做每个学生的贵人，成就他们，不辜负每份师生缘、师生情。我会思考不同层次学生如何提高能力和成绩，让他们在学习中获得更多的成就感；我会在学生前来寻求帮助时，耐心回答他们的学习问题并尽力延展，让他们通透理解，更会在我无法做到的事情上，想办法创造条件甚至求助他人，帮助学生解决问题；我会对学生的心情变化"察言观色"，竭力确保第一时间发现他们是否需要我的帮助；我会不吝惜每次真诚的赞扬和鼓励，相信这可能会给学生带来意想不到的力量；我会努力让自己成为我希望学生成为的人，做我希望学生做到的事，期待我的一言一行能潜移默化地影响和带动学生成为更好的自己。

总而言之，做学生的恩师和贵人就要真诚地、用心地在学业上、生活上为学生提供帮助，使其成为更好的人，为其拥有更美好的人生助力。

二、英语教师——运载学生们驶向广阔世界之船的领航人

领航人手握语言之舵，带领学生们航行于多重文化的富饶海域。英语

教师从帮助学生提高听、说、读、写能力做起，用一节课、一句话、一个表情、一个装束，告诉学生通晓不同文化的乐趣，使学生具备包容差异的达观以及在更广阔视野下追求智慧人生的信念。

领航人见多识广，他们以让人信任的修为和经验担当航行中的主心骨。一口流利的英语是英语教师的专业素养，一张亲和的笑脸是英语教师的品性修养，一个中西文化自由切换的头脑是英语教师为人处世的独特之处。课上、课下英语教师帮助学生使用认识世界的工具，建立了解更广阔世界的愿望，树立家国天下的志向：我们是运载学生们驶向广阔世界之船的领航人。

三、优秀的英语教师

母校“学为人师、行为世范”的训诫印刻心间，我一直深信，追求做一位好老师，就是追求做一个好人，做一个学识和行为方面学生们的标兵。

我期待成为勇于创新又勤于实践、热情达观又谦虚好学、情感丰富又理性专业的英语教师。

首先，语言学习应该是一种让学生体验成就感和乐趣的互动过程，这就需要我们在教学设计乃至个性化指导中，要时常形成创新观念。而有了想法，能够积极实践更加重要。只有不断在实践中调整才能积累有效的教学方式，形成独特的教学风格，从而吸引学生、调动学生，帮助学生达成成长目标。

其次，优秀的英语教师应当以自己对教育教学的热爱、对生活的乐观豁达影响学生、引领学生。阳光、向上、大气的人总会像磁石一样吸引同样追求真善美的人群向着更高的目标前进。在乐观的心态下，语言教师更是谦虚好学的。这个学科需要我们有广阔的视野、广博的知识，从而发挥语言在各领域应有的效力。语言习得过程是对人毅力、耐力的极大考验，有效、有序地规划与坚持是学好一门外语的不二法门，而一名优秀的英语教师所具备的迫切的求知欲和不动摇的恒心，常常能给学生最好的示范和前进的动力。

最后，优秀的英语教师应当是情感丰富的，他们能敏锐地感知遇到的人，能读懂文字中的喜怒哀乐，能理解、包容、抚慰身边人悲伤的情感，能因细微的关怀而感动。他们常常是学生的知心朋友、忘年之交，而更可贵的是，他们同时又是睿智的、客观的，不逾越职业的要求，享受理性引领下的单纯、有序。

做一名优秀教师，是对职业目标的定位；做一个好人，是对人生信仰的诠释。职业目标和人生追求相辅相成，二者同步发展，方为人生幸事。

我的语言教学观

张晋芳

一、教师

教师这一行细想起来跟很多职业都有交集，但如果非要挑出一种职业来做个比喻的话，我觉得教师在很多情况下更像一名演员。

要成为一名演员首先必须具备台词、形体、舞台表现、文学艺术素养等多方面的基本功，每一项基本功的掌握都绝非一日之功，非日积月累、刻苦打磨不可成事。这正如教师必须具备相关学科扎实的知识储备、对教育教学理论方法的深刻理解以及为人师表的言谈举止等，任何一项都不能一蹴而就。

演员在表演一个角色之前，必须仔细研读剧本，结合作品本身及个人对角色的理解，采用某一种特定的表现方式。这正如教师在实施教学之前，必须认真解读教学大纲及具体教学材料，明确教学目标，深入了解学情，设计相关教学活动。

演员所呈现的影视作品通过自身人物的塑造令观众得到愉悦、产生共鸣、深入反思抑或着重关注某些群体或现象，这些目的达不到，观众不买账，就称不上成功。教师实施教学活动，通过自己的解读、启发、引导，令学生掌握相关知识、具备某些学习能力，进而获得可持续的发展，这些效果实现不了，学生没有收获，教学就无效。

演员的表演既要传神地展现戏剧作品中角色的特征，也要带有个人的表演特征，不能千人一面。教师在教育教学活动中既要展现自身“为人师”的治学精神，也要充分施展个人魅力，用自己的人性光辉感染学生。

二、英语教师

教师如同演员，而英语教师则是其中的“偶像派＋实力派”。

英语教师因受到语言学科特色的影响，需要长期大量阅读古今中外各式语言素材，就像为了体验生活而四处采风的演员一般，既能紧跟时代潮流、掌握一手资讯，也能品评经典、潜心于专业研究。英语教师不仅要通过自身的魅力将学生吸引到英语学习中来，更要用自己的学识引领学生了解语言背后的多样文化魅力。英语作为一门工具学科，没有长时间的积累和时时关注最新的语言现象，不可能做到精进熟练，因此英语教师更需要在课堂内外注重随时提升自我修养，把自己“打磨”成“戏骨”。

三、优秀的英语教师

好的英语教师是不挑剧本、不拘泥于某一特定素材、勇于反思创新、紧扣时代脉搏的最具艺术活力的表演艺术家。

不论何种语言素材，如：小说、散文、新闻、议论文、诗歌等，都是语言、思维和文化的载体，好的英语教师应该能够凭借过硬的语言能力、深厚的文学素养、清晰的逻辑思维以及敏锐的文化嗅觉从中挖掘出能够培养学生相应语言能力、学习能力、思维品质及文化品格的教学切入点，结合学生的个性化特点和需求设计出相应的教学活动，并能持续反思自我、坚持终身学习！

教师是艺术家

赵 娟

一、教师是艺术家

写下“艺术家”三个字并不是自卖自夸，而是着实认为我们所从事的这一行业真的不仅仅是“我们不生产知识，我们只是知识的搬运工”那么简单的事情。

我们像艺术家一样掌握某项技能，通透某些知识，同时我们需要进行知识的艺术加工与再创作。例如：师承同门、掌握相同或类似绘画技艺的画家也会具有千变万化的画风，因为他们对画的理解不同，创作角度和内涵不尽相同，千般技艺千种美丽。又如二胡名家掌握并通透二胡乐器的演奏技能与知识，同时，他(她)演奏的每一首曲子，哪怕与别人演奏的曲目相同，其演奏的风格与音乐诠释却是独一无二的。这正如我们教师行业中的“同课异构”，我们在类似或者相同的教育理念下，用不同的教学手法来收获新的、不同的教育产出。

所以说，教师也是艺术家。我们不蓄长发，我们不梳高辫，但我们也在演奏，我们谱知识之曲；我们也在绘画，我们绘智慧美卷。

二、英语教师应该是最不矫情的艺术家

纵观我们英语教师群体，应该是兼具温情与人文艺术气息的教师群体。

这一群人饱读中华优秀传统文化，同时这一群人又博采西方优秀文化，且能在这两种文化中切换自如，求同存异，取其精华。所谓文化冲击，并没有真正冲击到英语教师的心灵，或者说他们将所谓的冲击进行了转化。他们以博大的胸襟去悦纳、去理解、去融合、去创新，将教育作为价值观的载体。

同时，英语教师群体无论于小学、中学、大学之中，也都是不矫情的存在。他们的课不会为了博出位抑或所谓求新求异而违反科学的教育教学规律，也很少见到这一群体利用分数、时长等毫无生气的指标来与学生锱铢必较。英语教师虽然不是只靠情怀存世，但是他们绝对活得自然且富有人情，他们懂得教育的根本其实在于育人、育心。

三、优秀的英语教师是以英语为艺术载体的艺术家

总的来说，优秀的英语教师温暖人心、落落大方、深具影响力。他们利用多种教育方式和机遇对教育对象进行自然的心与心的沟通；他们具有全局的、正能量的教育情怀，遵循英语教育、教学规律，富有正气地进行英语教育教学；他们以自身英语素质魅力、英语语言本身之美、多元英语文化来深深影响教育对象，甚至影响教育对象的人生选择。

(1)　节课。好的英语教师应该是能让学生感到温暖的人。学生可以在温暖的氛围中感受到教师的影响，产生强大的代入感。一节课上教师落落大方的教态让学生亲近和信服。学生相信教师，喜欢教师，模仿并学习教师，受到教师的良好影响，且在其中融入了自己深刻的思考。

(2) 一次活动，例如英文歌曲大赛。好的英语教师之所以能温暖人心，在于他们持有的态度是鼓励但并无一丝强求。他们的落落大方在于淡化评比之类，而突出放松身心、体会英语语言真正的美丽。这种美丽的体会能影响学生们的英语体验与学习享受，而这才是真实的美丽的学习过程。

(3) 与学生谈话。哪怕是到了紧张的升学备考阶段，好的英语教师之所以能温暖人心，在于他们从来不会总提分数，而会选择用心交流。英语教师是最平易近人的人，他们最擅长于落落大方地“蹲下来和孩子说话”，不会“摆架子”。学生们通常会在英语教师面前放下防备，展示真实的自己。好的英语教师最擅长生命教育，即把学生当作人来开展教育，而不是当作机器。这样的生命教育也影响到学生正确价值观的树立以及良好的英语学习态度与动机的形成。

(4) 进修。就像现在的我们，努力希望自己达到的是最真实、最自然的提升，企盼智慧的甘霖能温暖我们的心灵。而导师们诠释了何谓落落大方，他们充满了人文艺术感，兼具人格魅力，我们很放松，能够更好地发现自我与提高自我。在这种深刻的教育影响下，希望我们自己也能成为如导师这般的英语教师。

第三编

教师理论学习：读书与反思

导论：教师理论学习

林　立

教师读书有若干好处，比如教师通过读书为自我发展提供动力，获取灵感，尝试新方法，改进教学。教师学习理论能够做到知其然，也知其所以然。

工作室教师读了两本语言教学理论研究的书——《语言教学的流派》和《二语习得引论》。这两本书一本关于教学的历史、方法和思路；一本关于学习的规律。工作室的教师深入阅读全书，各位教师就自己感兴趣、收获大的章节进行深入思考，写出自己读书后的想法。

由于不同的机会，这两本书我读过多次。例如这两本书曾是我出国攻读硕士学位时的课程教材、高级研修课程中的课本，也是我为本科生、硕士生开教法课及为有关教师开展培训课程的参考资料。每次阅读总有不同的感受与收获。比如，经过多次重读《语言教学的流派》，我对任务型教学的理解比初次阅读感受更多。下面我就对这个方面的感受做简单叙述，算作抛砖引玉，引出后面工作室教师们的读书体会。

"任务型教学"这一章是《语言教学的流派》的第 18 章，章节题目是 *Task-Based Language Teaching*，我们一般都直译为任务型教学。前几次阅读，只是逐页阅读原文，书中提及的人名、书名不太关心，最多看一眼章后的参考文献，了解本章的资料来源而已。后来的阅读中，我更多关注了作者引用的文献，这一点对我有很大帮助。比如谈到任务型教学的倡导者威利斯(Willis)，我就查找文献，尽量多了解一些有关威利斯的信息。后来发现：威利斯认为任务型教学与之前的交际语言教学有关系，任务型教学是交际语言教学(communicative language teaching)的逻辑发展。这也就是说，教学法的发展是有前因后果的，是相互关联的。因此，要想真正了解任务型教学，就有必要了解它之前的交际语言教学，比如交际语言教学有三个重要原则直接影响任务型教学，分别为：

①真实交际活动对语言学习至关重要(这个我们可以理解为真实性原则);

②真实交际活动中运用语言完成有意义的任务以促进学习(这一条可以理解为有意义原则);

③对学习者有意义的事物有利于语言学习过程(这一点我们可以理解为贴近学习者生活的相关性原则)。

这些原则为我们日后对任务型教学的理解奠定了基础,有利于我们将任务理解为交际活动。

从交际语言教学的发展史来看,早在20世纪八九十年代就出现了交际大纲,如马来西亚的"交际大纲"(the Malaysian communicational syllabus)和印度班加罗尔的"任务大纲"(the Bangalore project)的概念。影响我们对交际活动的认识的因素,除了教学大纲层面的发展,还包括第二语言习得领域的研究。《语言教学的流派》第18章中还提及朗和克鲁克斯(Long & Crookes)1993年的研究,他们把任务作为第二语言习得研究的工具,把任务作为第二语言教学的"构件、基础材料"(building block)。也就是说,任务是教学的结构单元,我们的教学可以由一个一个的教学任务连接,使其构成一节课。这一点还与当前提到的课堂教学活动观不无关联。此外,他们发现任务活动(task work)更符合学习者第二语言学习过程中的认知学习过程。也就是说,课堂以语法、以语言形式为主的教学不完全与课堂以外的自然环境下的语言习得相吻合。这个研究给我们的启示就是任务活动能够更好地促进语言学习。用作者的话说就是,光提供可理解的语言输入(comprehensible input)还不够,还要提供加工语言输入的自然的、有意义的交际活动,这里特指意义协商(meaning negotiation)。

边读边反思我们的课堂教学,我联想到目前我们国内对任务型教学的认识与国外教师的认识是否一致呢?一致才便于交流,否则交流中会出现误解、误判、误导等。同时从这个术语的理解和使用,我还联想到与此相关的课堂教学问题,比如:

①课堂上有意义的活动的量是不是不够大?

②如果学生没有完全掌握语言形式,这些有意义的活动如何开展?

③如何处理教学中语言形式和意义之间的关系?

将阅读过程与教学实际联系起来就会发现一些问题,这正是解决问题的第一步。我们针对任务型教学思考自己的课堂教学,还发现几个相关问题,下面简单描述,为进一步研究、解决问题提供基础。

问题一，常常看到老师们在教学设计里写道：本课时遵循任务型教学的方法理念，或者使用任务型教学的方法。而当听完按照这个设计上的一节完整的课时，听课教师会产生疑问：这是任务型教学吗？怎么没有使用任务型教学的基本模式呀？根本没有一个任务呀！这是怎么回事？是教师为了跟上时髦流行的教学法而故意蒙骗大家吗？虽然不能说没有这种可能，但是如此恶意欺骗的概率会很低。

经过和教师们交谈发现，大家对任务型教学的理解不完全一样，对任务的理解也不尽相同。如何解决这个问题呢？我们查阅相关文献，得到一些共识，对任务型教学和教学任务进行了一些综述。

问题二，有一种课堂情境，想来教师们不会感到陌生：教师面对全班学生提出问题，学生一个一个地回答；或者给出一个句子，叫学生一个一个地模仿；再或者给出一个新句型，在教师做出示范以后，叫学生一个一个地仿照造句。除回答问题的学生外，其他学生则只是在听。这个程序进行几轮以后，有些学生开始厌烦了，不太聚精会神地去听。一是重复太多，比较单调；二是比较机械，引不起兴趣。活动中要么学生语言的产出大同小异，要么句型的操练机械。

对于这一问题，我们来进行活动效果分析。这种课堂活动的效果之一是效率低，一次一个学生讲话，其他人旁听，其实听10遍也不如自己说一遍。这种形式下教师当然不会让全班每个学生轮流一次，都做完的话剩下的时间也就不多了。这种课堂活动的效果之二是形式单一。这种活动的内容不可能太难，否则很多学生做不好，教师一纠正、协助，费时更多；如果偏容易，中等以上的学生的学习动力难以保持。这种课堂活动的效果之三是学生的课堂参与度不高，一节课下来，学生参与的机会不多，练习和使用的机会也太少。

如何改变这种费时低效的做法呢？如何彻底解决这个问题呢？这些都值得我们再思考。

问题三，课堂上有时候学生比较活跃，积极参与课堂活动，有时候却不积极参与。听课老师发现学生提不起兴趣，低头听讲或跟读，与教师或其他同学没有目光接触。

这与课堂活动的性质有关。课堂活动根据性质可以分为：机械练习（mechanic）、有意义练习（meaningful）、交际练习（communicative）。机械练习是为了熟悉语言形式反复、机械地重复，以使行为自动化（automatic），即达到脱口而出的效果。有意义练习虽然比机械练习少了一些机械程度，但仍然不能完全调动学生的积极性。有可能课堂上交际活动的量还不够多，使得学生的参与度不高。增加课堂任务活动可能是一种不错的选择。

问题四，形成性评价完全使用终结性评价的题型(高考题型)，致使学生感觉天天在为最终的考试(中考、高考)而学习。这种做法不仅严重挫伤了学生学习的积极性，而且即使有些题型练得十分熟练，语言水平也并未显著提高，对考试成绩贡献不大。

终极性评价的题型和真实的语言交际活动关系不大，交际性、协商性都不够，特别是在评价中不检测语言的使用(language use)，那在教学中教师还会重视语言使用吗?

以上问题和思考是我读书反思的初步结果，随时记录下来，敦促自己设法解决这些问题。这就是我经历的阅读过程：阅读—反思—发现问题—解决问题。

这些是我再次阅读《语言教学的流派》得出的点滴体会，最大的感觉是这本教学法的专著似乎是教学的一个宝库，里面有取之不尽、用之不竭的内容供我们思考。其实仔细想想就可以知道，原来这里所呈现的是无数外语教师百年来在外语教学中探索、研究的轨迹，确实值得我们再细细品读。回顾过去，想想现在，我们对未来是不是更有信心了?

内容型教学法与高中英语教学

——读《语言教学的流派》

张晋芳

一、内容型教学法概述

内容型教学法(content-based instruction，简称 CBI)，又译为“以内容为基础的教学模式”“基于内容的教学(法)”“内容教学法”。根据克拉恩克(Krahnke)给出的定义，内容型教学法“是一种以某个内容或主题信息为中心，而不是围绕语言本身组织教学的一种二语习得方法”，换言之，它是一种同时关注语言和内容、将语言教学同学科内容相结合的一种教学模式。

其中“内容”(content)虽然没有特别具体的界定，但通常指的是我们通过语言习得的某一方面的题材或知识(subject matter or the substance)，而非语言本身。该教学法中的教学内容范围比较广泛，既可以是学生感兴趣的某一领域的话题或主题，也可以是学生在语言学习之外所需要的专业领域知识，如物理、化学、历史、文学、生物等。因此，内容型教学法主张课堂教学应该将真实的交际和信息交流作为核心，而不是传统地把讲授和练习语法、语言点当成教学重点。在内容型教学法的指导下，学生的需求和兴趣能够最大化地得到满足，多种语言技能的发展也是自然的结果。

按照 Krahnke 的看法，不同内容型教学法的侧重点和教学内容会有所不同，但它们都有一个共同的特点，那就是语言和内容的共生关系，即通过对内容的学习可以促进语言的学习，对语言的掌握可以让学习者更好地掌握内容。

二、新课标与内容型教学法

高中英语新课标将发展学生的学科核心素养，即语言能力、文化意识、思维品质和学习能力作为英语学科教育教学活动的基本依据和育人目标。为落实此目标，高中英语教学从教学情境的创设、教学内容的选择到教学活动的设计、教学效果的评价，都要围绕学生核心素养的有效形成和提升来开展。

根据《语言教学的流派》中对内容型教学法的介绍，新课标理念下的高中英语教学活动可以借鉴该教学法中对教学内容的处理和选择、学生和教师的角色界定来落实学科核心素养的培养。

1. 内容型教学法中"内容"的特征

内容型教学法有两条核心原则：一、当语言作为获取信息的工具，而不是学习目标时，第二语言学习更为成功；二、内容型教学更能反映第二语言学习者的需求。基于上述原则，内容型教学法中的教学内容具备以下特征：

(1)语言是习得内容的工具，教学的核心是如何通过文本和语篇传达意义和信息；语言单位不局限于句子，而应是以口头或书面文本形式呈现的连续语篇。

在英语学科核心素养中，对学生语言能力的培养是基础要素，也是培养其他三大素养的重要依托。为了有效地落实学生的语言能力培养，成熟的连续体语篇应是英语课堂教学素材的主体。学习英语实际上就是学习如何用英语建构意义的过程，学生在高中阶段最好的学习素材应该是成熟的连续体语篇。在现行的高中英语课堂教学中，教材作为满足全体学生基本学习需求的权威教学材料，包含了话题丰富、体裁多样、语言功能全面的各种语篇，是开展各种教学活动的基础文本。但为了满足不同水平的学生的个性化需求，教师就不得不对教材以外的教学材料进行选择和处理，同时也使上文提到的两条原则能够得到满足。

以我校高一年级上学期的校本教学材料为例，在现行的北师大版教材之外，我们还分别选择了《21 世纪英文报》(*TEENS*)进行精读和泛读，以原版小说《穿条纹睡衣的男孩》(*The Boy in the Striped Pajamas*)开展精读教学，以《精选美文欣赏》及《TED 讲演集》(*TED Speeches*)进行拓展阅读和听说训练。上述材料在话题上从人文、时政到社会、科学，无所不包，在体裁上涵盖了说明文、记叙文、散文以及议论文，兼顾口头和书面等多模态形式。无论是对教材的讲解还是对补充教学材料的处理，我们都以理解语篇的主题内容为核心和基础，配备适量相关的语言学习活动，有效地减轻了学生对语言学习的焦虑，极大地提高了学生学习英语的兴趣。

(2)语用以培养学习者的综合技能为目标。内容型教学法认为基于话题或主题的文本能够为学习者提供培养多种技能的连续体语篇，而非割裂开的语言碎片，在学习过程中，学习者的知识、语言以及思维能力都能得到一定的提升。

这一点和新课标中提出的“对语篇的学习需要以探究语篇的主题意义为导向，分析语篇承载的丰富意义和内涵，分析具体语篇是如何布局和有效运用语言素材来建构其意义和内涵的”学习任务目标不谋而合。要想有效地完成这样的任务，教师需要提升观念，践行“指向学科核心素养的英语学习活动观，明确活动是英语学习的基本形式，是学习者学习和尝试运用语言理解与表达意义、发展多元思维、培养文化意识、形成学习能力的主要途径”。基于此，教师需要通过设计基于语篇主题情境和围绕主题意义探究的多层次、有针对性和连贯性的英语活动，从而给学生创设学习英语和尝试使用英语的机会。

在设计原版小说《穿条纹睡衣的男孩》系列精读教学活动的过程中，我以小说的章节为教学单位，深入剖析每一章节除情节之外的多种语篇特征，如该章节中所涉及的主要人物特点有哪些？文中是如何体现的？该章节中的景色描写有何作用？文中未能完整呈现的内容会是什么？为何要这样处理？等等。学习活动的设置可以分为：

①读前问题(pre-reading questions)，旨在让学生能够根据已有经验和逻辑推理能力预测下文；

②读后任务(post-reading tasks)，由学生在自主阅读后根据自己的理解和分析完成相应的任务，如回答问题、归纳总结、设计思维导图、画出图像等；

③课上讨论(while-reading discussion)，由教师在课上引导学生在自主阅读的基础上深入探讨角色分析、主题意义、语言赏析等深层次问题；

④课后拓展(after-class assignment)，以该章节中某一片段为参照，就其描写手法、主题或句型结构进行仿写，或以其中某一特定场景为依托，进行合理的扩写或续写。

在学期末全本小说阅读完成后，总结提升的活动包括：

①观看基于小说改编的电影，思考并总结出电影和小说在哪些片段的表现手法上有差异，以及这样改编的优点或缺点是什么。

②以自愿结组、自主选择章节的方式进行小说片段的剧本改编及表演。

上述一系列教学活动贯穿了整个学期，每周1课时，每课1—2个章节，教学活动的设计不同程度地涉及了学生感知与领悟、解释与赏析、比较与判断、概括与建构、批判与创新、合作与探究等全方位多方面的能力，有效地践行了英语学习活动观，极大地激发了学生对阅读原版小说的兴趣。

2. 内容型教学法中学生和教师的角色

内容型教学法的目标之一是让学习者变得自主，从而更好地理解自身的语言学习过程，且从一开始就掌控自己的学习。大多数内容型教学课程还希望学生能够在合作型学习模式中相互支持，这对于习惯于集体学习或个体学习模式的学生来说无疑是个较大的挑战。这种教学法还支持学习者参与到学习话题和学习活动的选择中来，但此种做法只适用于那些在心理上和认知能力上准备得更充分的学习者。

英语学科核心素养中，英语学习能力被赋予了无可替代的重要意义，是学生掌握学习方法、实现全人发展和终身学习、更好地适应学习型社会的必备素质。依据新课标对英语学习能力目标的界定，在实际的教学过程中要注重培养学生的自主学习、合作学习、探究学习等方面的能力，同时培养并提高学生学习策略的使用能力和效果。内容型教学法所强调的“自主”“合作”以及“选择”都与学习能力的要求不谋而合。

在教授北师大版教材“节日”(*Festivals*)①一课时，我要求学生在教材所提供的中秋节、元宵节、端午节的简要介绍的基础上，以小组为单位自主选择一个中国传统节日做课堂展示，内容须包括起源、习俗、食物、意义等方面，组员分头搜集资料，筛选措辞，制作PPT，最后集体在班级内呈现成果。在这个过程中，学生能够根据自己的兴趣自主选择想要介绍的传统节日及其相关信息，然后把自己搜集到的信息与组员进行整合梳理，最终反复练习磨合，在合作中体验相互启发的成就感。

此外，内容型教学法对教师的传统角色也提出了挑战：“教师应不仅仅是优秀的语言教授者，他们必须在相应的学科领域博闻多识，能够激发出学生的既有经验和知识。”具体来讲，教师要负责挑选并改编教学中使用的真实地道的语言材料，分析学生的需求，并创造出真正以学习者为核心的课堂。

课程标准对学生文化意识的培养和教师综合素质的提升也提出了更高

---

① Module 1 Unit 3 Celebration Lesson 1。

的要求。教师在教学过程中，应充分利用语篇所载的文化和育人价值，通过深度学习和活动，与学生共同对主题和语篇展开探究，在发展学生文化鉴赏力的同时，促进积极的情感态度和正确的价值观的形成。这就使得教师不能满足于教授语言乃至语篇内容本身，而要不断增强教书育人的自觉性，通过显性的教学活动和隐性的潜移默化，引导和帮助学生不断增强文化意识养成的自觉性。

随着新课标对学科核心素养的深入解读和推广，英语教师更应认真反思自己在教学中应承担的角色、该角色所承载的责任，以及如何充实自我才能担得起新时代"师者"二字。具体来说，就是要尝试行动研究，运用内容型教学法改进教学。

增强语篇意识，攻破阅读篇章结构题

——读《二语习得引论》

宋　薇

《二语习得引论》全书的结构安排为：第一、二章是概论，第三至五章是对语言学、心理学和社会文化三种理论视角下主要研究的梳理和介绍，第六、七章是对研究成果的整合和总结。这三部分回答了二语习得习得什么、如何习得以及习得者差异的问题。这些研究为一线英语教师指明了方向，为我们的教学提供了理论支持和方法论，下面我以第六章"走向整合"板块为理论依据，谈谈我在教学上的一些做法。

第六章主要从语言使用角度看第二语言的习得，提出了"语言知识由词汇、词法、语音、句法和语篇法(信息组织法)构成，学习者通过参与接受性活动(听和读)和产出性活动(说和写)获得语言知识"，"基于对二语使用的需要，即学习目的而划分的两种最重要的使用能力，即学术交流能力和人际间交流能力导致学习者获得的语言和文化知识不同，表现为它们在词汇、词法、语音、句法、篇章等各个层次有不同的重点，在听、说、读、写活动相对重要性的排序上也不同"。这让我联想到最近几年新课标一直在强调的"语篇"概念，书中指出："语篇从狭义上说指的是表示顺序的词如'first，second'，逻辑词如'however，furthermore'和其他等使文章连贯的表现手法；从广义上说则超出了语言学的层面转而关注不同文体的组织特征以及交际策略；不管是狭义还是广义都要在语言知识和内容、文化和语境的融合中统一起来。""语篇"是近几年高考的一个重要考点，甚至因此派生出了专门考查语篇能力的"篇章结构题"，笔者认为本章对"语篇"的解读对攻破高考阅读篇章结构题很有帮助，下面用实例进行说明。

Why College Is Not Home

The college years are supposed to be a time for important growth in autonomy(自主性) and the development of adult identity. However, now they are becoming an extended period of adolescence, during which many of today's students are not shouldered with adult responsibilities.

For previous generations, college was a decisive break from parental control; guidance and support needed to come from people of the same age and from within. In the past two decades, however, continued connection with and dependence on family, thanks to cellphones, email and social media, have increased significantly. Some parents go so far as to help with coursework. Instead of promoting the idea of college as a passage from the shelter of the family to autonomy and adult responsibility, universities have given in to the idea that they should provide the same environment as that of the home.

To prepare for increased autonomy and responsibility, college needs to be a time of exploration and experimentation. This process involves "trying on" new ways of thinking about oneself both intellectually(在思维方面) and personally. While we should provide "safe spaces" within colleges, we must also make it safe to express opinions and challenge majority views. Intellectual growth and flexibility are fostered by strict debate and questioning.

Learning to deal with the social world is equally important. Because a college community (群体) differs from the family, many students will struggle to find a sense of belonging. If students rely on administrators to regulate their social behavior and thinking pattern, they are not facing the challenge of finding an identity within a larger and complex community.

Moreover, the tendency for universities to monitor and shape student behavior runs up against another characteristic of young adults: the response to being controlled by their elders. If acceptable social behavior is too strictly defined (规定) and controlled, the insensitive or aggressive behavior that administrators are seeking to minimize may actually be encouraged.

It is not surprising that young people are likely to burst out, particularly when there are reasons to do so. Our generation once joined hands and stood firm at times of national emergency. What is lacking today is the conflict between adolescent's desire for autonomy and their understanding of an unsafe world. Therefore, there is the desire for their dorms to be replacement homes and not places to experience intellectual growth.

Every college discussion about community values, social climate and behavior should include recognition of the developmental importance of student autonomy and self-regulation, of the necessary tension between safety and self-discovery.

70. Which of the following shows the development of ideas in the passage?

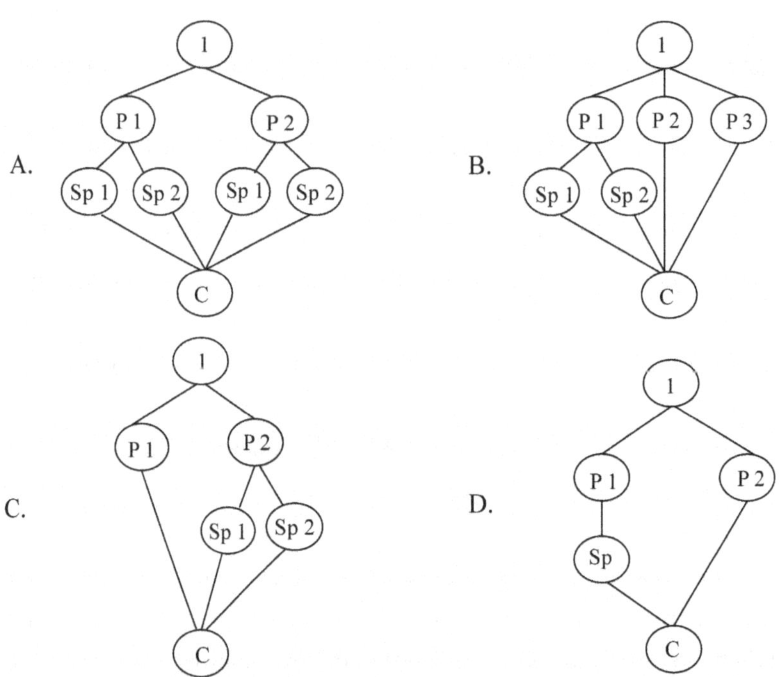

2016年的北京高考阅读D篇“Why College Is Not Home”的第70题是典型的篇章结构题，也是一道很多学生失分的难题。说实话，我第一次和第二次做这篇文章的时候都不会做这道题，或者说都没有真正搞懂这道

题，请其他老师为我讲解也是听得云里雾里，还好前几次做这道题都是自己研究，不需要给学生讲解，否则就不知如何自圆其说了。今天我再次拿出这篇文章，用篇章法再次做这道题，突然就豁然开朗了。

首先，我从宏观上再看这篇文章的文体，从题目“*Why College is Not Home*”看，十有八九是议论文，而议论文的三要素(中英文都相通)就是论点、论据和论证。议论文的结构则一般由引论、本论、结论三部分构成，文章布局基本就是总—分—总结构，即：提出问题—分析问题—解决问题。假设这篇文章论证“大学不是家”的论点，再看看首尾段进行确认，头两段的两个“however”，以及倒数第二段的“therefore”都提示我是在提出论点和总结重申论点，所以可以确定这篇文章是议论文(这个是粗读的结论，后面将会重推这个观点)。

《二语习得引论》第六章还提到，英语习惯于用明确的逻辑词来表示逻辑关系，但是中文和韩语等语言是不大习惯用逻辑词的，这也是英语作为第二语言令许多学习者头疼的问题之一。首先，作为以中文为母语的学习者，我们不习惯去关注连词，而是倾向于读懂大意后判断逻辑关系。当篇章结构题出现，我们就不得不遵从英语行文的习惯去更多地关注英语逻辑词。下面我从微观上来看看这篇文章的顺序词和逻辑词，除了刚才提到的“however”和“therefore”，这篇文章最明显的逻辑词是第四段的“equally”和第五段的“moreover”，根据《二语习得引论》第六章 Halliday 和 Hasan (1976)关于英语行文连贯技法种类的表格，“moreover”和“equally”都应该属于“additive”(递进)类的，所以想到这里，我想当然地就想选 B，感觉此处有三个并列的观点。但是我又注意到 B 选项的第一个论点下还有两个分论点，为了找到这两个分论点我去回读第三段，关注到了“while”这个表示“adversative”(转折)的连词，所以我就认定此处可以有两个分论点，所以在高考考场上压力山大、时间紧迫的情况下，很多同学就模模糊糊地错选了 B。还有一个原因也是基于中文习惯，就是我们习惯于按照自然段去划分论点，所以隐隐觉得“moreover”这一段应该单独成为一个论点。殊不知，我们还应该关注代名词、词汇对应、替换和省略等其他使文章连贯的表现手法。英语习惯开门见山的写作手法，再仔细读读第四段首句“Learning to deal with the social world is equally important.”“Learning to deal with the social world”和什么一样重要呢？我回看第三段首句“To prepare for increased autonomy and responsibility, college needs to be a time of exploration and experimentation.”再次比对，我发现这两点肯定是并列的。而再读第五段“Moreover…”首句，似乎感受不到同样强烈的并列关系，而且我还关注到一个代名词“another”，根据“one…another”这个英语习惯搭配，我想到那是不是前面应该有一个“one”？所以是不是可以接着猜测“Moreover…”这段应该跟上一段有更加紧密的联系？再次细读第四、五两段，我发现“social”这个关键词的重复，也就是 Halliday 和 Hasan(1976)关于英语行文连贯技法种类的表格中词汇层面同一个词汇的重复。当然读到这里，我也已经读出了其实第四、五两段都是在讲大学生应该学会处理社会生活。而“moreover”确实是表示递进，但是表示的是分论点之间的递进关系，所以选项 C 才是正确答案。

为了确保正确理解，我还是应该反过来捋一捋整篇文章的篇章结构。文章的第一、二段其实是总起，提出了问题——如今的大学不再是从依靠家人到自我发展和肩负成人责任的过渡，而是成了家的替代物。第一、二段的连续性我可以从“autonomy”等词的重复上，第一段的“now”和第二段的“For previous generations”“In the past two decades”等顺序词的应用上得到印证。第三至五段有两个论点。第三段是论点一，大学是对自主性和责任感的探索和实践阶段；第四、五段是论点二，大学是学习社交生活的地方。先前我说文章的最后两段是总结，“therefore”这个逻辑词似乎给了我们明确的提示，但细读 therefore 这个句子，发现它的意思是说“因此有这样的欲望使大学宿舍成为家的替代而不是去经历智力成长的地方”。奇怪吗？这不是与论点相悖了吗？论点是说“大学不是家的替代啊”，那么这倒数第二段到底是干什么的呢？它肯定不是跟最后一段在一起的总结了。再读第六段，发现第六段其实是第三至五段的延伸，尤其是首句“It is not surprising that young people are likely to burst out, particularly when there are reasons to do so.”这段其实是讲原因，什么的原因呢？再看“therefore”这句总结，其实这段讲的是大学变成了家的原因。所以这篇议论文的结构其实是这样的，第一、二段讲的是一个现象，大学变成了家；而第三至五段讲的是大学应该是什么样的(或者说大学不应该是家)；第六段讲的是大学为什么变成了家；最后一段是总结，在谈到大学的问题时，应从两个方面考虑，一是对学生自主能力(论点一)和自我调控(论点二)发展重要性的认识，一是对人身安全和自我探索之间矛盾(原因)的认识。可在结构图中我们并不能找到一个把第六段单提出来的答案，思前想后，我还是只能把它和最后一段归到总结中，毕竟它是对第三至五段整体上的延伸。再从议论文“提出问题—分析问题—解决问题”的角度来类比这篇文章，发现这篇文章真正的难点是没有完全按照这个套路来写，它如果直接总起写大学不是家，然后分析大学不是家，最后总结大学是成长的地方就会清楚很多。

通过以上例子，我发现要攻破高考阅读篇章结构题，就一定要对篇章法有深入的学习，不能知其一而不知其二，不能只关注逻辑词；要关注代名词、词汇对应、替换和省略等使文章连贯的表现手法；要关注文体特征，但也不能想当然地用第一语言，即中文的惯性思维去习得英文。

《二语习得引论》第六章还提到，提高语篇分析能力需要大量的有意义的文本输入，还需要在社会交际中去体会，所以在以后的教学中，以及在对英语的习得中，我会更多地关注语篇，转变以往经常自下而上(bottom-up)的思维方式，多尝试用自上而下(top-down)的思维方式去思考问题，尤其是遇到难题时，换个思路，也许就柳暗花明了。

任务型教学法中的教师

——读《语言教学的流派》

赵　娟

任务型教学法，一个不同于传统二语教学的层面，在第二语言教学领域显得格外突出。其提出的新的挑战在于对教师在教学过程中的地位与作用的改变：教师的地位不仅没有减弱，反而更加突出，主要原因在于教师在任务型教学法中的角色不断转换，引导第二语言学习者习得语言的教学驾驭能力更强了。这也是我阅读《语言教学的流派》一书后最大的感慨。

一、任务型教学法概述

根据语言习得理论，设计任务与基于第二语言习得者习得语言与语言学习的参与程度有密切联系。其目的在于能让学生在做中学，积极主动地交流于语言活动中，用自己已掌握的或正在学习的语言知识或结构来表达自己的思想，习得第二语言。

任务型教学法其实是交际教学法的一种延伸，任务主要是指人们日常生活中需要运用语言来做事。一个个任务活动被第二语言习得者结合日常生活中可能遇到的语言表达设计出来，应用于课堂，使第二语言学习者学会运用语言在课堂教学环境中交流交际。它充分体现了“要用语言做事情”和“做中学”的教学理念。

根据学生的兴趣、爱好、生活经历，以及能力水平设计任务，引导学生进入相对真实的语言环境，学生可以谈自己感兴趣的话题或者是与自己生活经历相接近的话题。课堂的参与度和完成度都很高，学生乐于进行这样的课堂学习。

可见，学生在课堂教学中的主体地位被凸显，教师的主导性地位与作用却也并未消解。教师表面的隐退实质上是在不断地转换角色，以更好地发挥指导作用。教师的指导性话语是学生最爱听的助力语言，由此建立起的良好的师生关系使得教师在学生心中的地位更加突出。

二、实施任务型教学法中教师的角色转换

教师要从学习者、分析设计者、引导者、监控者等方面不断进行角色转换。

1. 学习者

教师应加强学习，更透彻地理解什么是任务型教学法，结合自己的情况做好实施任务型教学法的准备工作。应该设计贴近学生生活的话题，让教材中的对话、单词、短语、句型自由使用，让它们围绕学生本单元交际的话题需要呈现，甚至在练习中，也以这些任务为中心，让学生在完成任务的过程中学会运用第二语言表达。我们教师只有通过自己的内化学习才能掌握任务型教学法。

2. 分析设计者

在学习掌握任务型教学法之后，教师应不要急于草率地设计任务，要考虑到完成任务的主体——学生，比如他们的知识背景、语言兴趣、生活经历，班级规模大小，如何分组，组内学生的个性怎样，平时哪些学生更情愿在一起合作交流，用哪些方法和任务去除内向的学生的焦虑，如何引导外向的学生在组内发挥更大作用。同时，还要分析考虑教材，设计任务侧重的技能、具体衔接等。比如，以英语作为第二语言的学习者在日常生活中常常会聊到节日，那么设计一个有关 festivals 的话题，是以英语作为第二语言学习者学习的需要。但是教师在设计任务时要考虑到学生的知识背景与本国本民族节日，学生在谈论时可能会用到哪些词汇，他们是否已经掌握了这些词汇知识，这就要观察学生的日常生活，预设他们会涉及哪些本国本民族节日。在设计时就应分析并把这些可能涉及的词汇充分设计到任务之中，学生在语言环境的刺激下，可以自然而然地学会新词汇，让新知识的学习自然发生。班容量较大时，在任务型教学课堂上，教师可以采用合作学习的方式分组进行学习，个性互补的同学成为一组，让积极的带动个性内向的，正向鼓励，使得他们敢于去用语言做事情。

3. 引导者

扮演好引导者角色举足轻重。在这一阶段，教师要培养学生的兴趣和积极性，引起每个学生完成任务的渴望。在课堂上，不断刺激、引导学生进入真实的语言环境中，用他们乐于接受的方式介绍主题并用清晰的指令交代清楚任务。例如，在教以英语作为第二语言学习者学习如何运用英语

去宾馆预订房间这一任务之前，教师可以先用多媒体设备展示一下中国的许多旅游景点、周围的饮食居住情况等，以激起学生外出旅游的愿望，此时教师要引导学生再次思考外出旅游需要做哪些准备工作，从而引出本课话题。之后让学生分组，在预定任务里担任不同的角色，有些作为游客，有些作为宾馆接待员等。学生在课堂环境下放松自己，并对教师引导交代的语言实践任务充满兴趣，乐于主动去准备实施活动以及完成好任务。真实的语言任务正是教师作为引导者需要格外注意的一点。

4. 监控者

接下来，作为监控者，教师根据各个小组内成员完成任务的情况，要反思自己的语输出是偏向于书面语还是口语，是相对正式还是很随意；同时要对学生在完成活动过程中是否有语言错误，要不要纠错，何时纠错，学生运用第二语言的流利性如何等问题进行把控和指导。任务型教学是一种交际教学，教师还应注意到学生谈话的技巧，即学生说话时用了怎样的交际策略，是否善于用会话常用语。教师作为监控者，既要肯定学生灵活机智的处理方法，也要找适当机会让学生在运用语言做事的过程中发现自己语言知识点的欠缺并加以改正、提升。总之，教师要监控学生在用语言完成任务过程中的各个细节。

下面以阅读圈教学活动加以说明。

阅读圈的教学活动任务是体现教师各种角色的充分证明。阅读圈活动可以关注语言、文化、思维和合作学习能力等不同层面，促使学生从不同方面增强与文本的互动，提高学生的合作能力、思维能力、学习兴趣、交际能力。

依照英语学习程度、合作情况和对文本的理解，阅读圈教学活动将学生分为每组4—6人的小组。设置组长(discussion leader)、文本员(passage person)、词汇员(word master)、总结员(summarizer)、联系员(connector)和文化员(culture collector)。组长的职责为提出问题，组织讨论；文本员来提取重要和有趣的信息，并且加以说明；词汇员挑出对理解内容非常重要的好词好句；总结员进行概括总结；联系员联系生活；文化员进行文化异同的对比。

例如在“Earthquake”的教学活动中，具体步骤如下：首先(阅读1活动)，图片导入，教师引导学生就自然灾害提3个问题，设计活动预测文章内容。然后进行表层理解：画出结构图并解释，教师补充或追问。其次(阅读2活动)，请学生提取关键信息，丰富mind map，组内交流，黑板上进行点评和阐释。这些活动中，教师的引导和监控从未松懈。最后，进行深层次理解，即阅读3活动。在小组中，discussion leader 提出两个问题，给出答案；word master 则找出与主题有关的词或短语并加以解释；discussion leader 提问：假设你有机会见到作者，并能问他两个问题，那么你会问什么问题呢？connector 发表读后感，如联想到什么及对生活有什么样的启示。无论是课前教师本身对于文本的学习，还是课前教师对于阅读圈活动所需的学生任务职责的训练和对于阅读任务的分析与设计，抑或是在课上学习任务进行中对学生的引导与监控，教师都起着举足轻重的作用。那看似自然的流程，是长期培训学生与精心设计任务的必然结果；那明晰的小组分工与每个学生学习任务的较好完成，更是教师引导的体现；对于教学的评价和时时的教学指导，更是体现了教师的教学把控。

教师的作用贯穿了第二语言习得者的整个任务教学过程中。教师在课堂上少说话，少操控，少占时间，这种看似隐退的方式可以更好地把握和监控第二语言学习者的语言学习。这体现的是教师更高的教育教学能力，这样的角色转变使得教师在第二语言教学中的地位更突出，使得教学达成更真实的正向的效果。

任务型教学法的初衷应该是扭转课堂，变以教师中心为以学生为中心，实现真实的、目的性强的、有效的教学，进而实现生命教学，对个体的学习能力进行最大化的培养。

教师角色的改变在任务教学中充分发挥积极作用。学生的学，应该先行于教师的教。在教学上，教师不应做操纵木偶的人，而应做放风筝的人。线在教师的手中，风筝想飞多高就飞多高，就像学生的思维，他们想到哪里就到哪里。

性别差异对二语习得的影响与对策

——读《二语习得引论》

赵 娟

在英语教学中，教师要意识到一种情况，那就是女生语言能力明显优于男生。虽然男女在学习上各有优点，女性更适合于语言学习，然而，语言上的优势并不能代表整体能力上的优势。教师要根据男女两种性别语言上的差异设计课堂教学，切忌形成对男生的偏见，给学生消极的暗示。通过调查影响语言学习的因素以及性别差异后发现，这些因素包括：生理、性格、记忆能力以及学习策略等方面。在研究这些因素的性别差异的基础上，提出了“因性别有针对性施教”的教育理念，讨论了利用性别差异让学生在学习英语时扬长避短、提高英语学习成绩的一些相应的对策。对此教师应分析并设计各种教学活动，充分发挥男女生各自的优势和潜能，最终达到提高英语交际能力的目的。

一、引言

在多年的高中英语教学中，我们发现女生的英语学习成绩明显优于男生。从20世纪末开始，在英语教学上，教育研究者的视角开始从“怎样教”转为“怎样学”。他们开始从学生的角度探讨影响英语学习的各种原因。然而，外语学习是一个非常复杂的习得过程，它涉及诸多因素。Altman就此提出12种学习者个体变量：性别、学习经历、本族语水平、人格因素、语言学能、态度与动机、学习者策略等。Ellis(1994)把这些因素划分为学习者个体差异因素和情境社会因素两大类。本文所关注的是其中一个较少关注的因素——性别。语言学家对性别的语义范畴有不同的界定。在英文中，更是使用“sex”与“gender”来表达不同的含义。前者被认为是男女学生生理上的差异；后者被认为是男女社会性的差异。使用“gender”这一术语，是近年来一些社会语言学家所钟情的，因为它更强调男女的社会属性。为了促进男女学生在英语学习方面获得共同进步，研究男女学生在语言学习方面的性别差异意义重大。本文从性别差异的先天特征及后天社会环境来探讨性别差异对英语学习的影响，并提出相关对策，从而为二语习得策略的设计提供依据。

由此，我们明确：男女性别差异是指不同性别所表现出来的稳定的、独特的心理特征。其实，人类对性别差异的研究由来已久，但对于如何界定性别差异问题却众说纷纭。从有利于实际教学的角度出发，我们还是比较同意艾根(P. D. Eggen，1992)等人的意见。艾根将性别差异界定为"男生与女生之间影响教学与学习过程的差别"。正是由于对男女学生性别差异的不同认识，才产生教师对男女学生的不同处理方式。高中英语教师只有充分考虑到这种性别差异，才能恰当选择教育教学方式。依据性别差异开展教学，既应"扬长"，更应"补短"，缩小由于社会要求不当而人为造成的性别差异，这是当今实施全面育人教育的重要方面。

二、男女学生语言能力差异情况

1. 生理

根据已有的神经语言学研究成果，人的大脑两半球各有分工，而语言处理是在左脑进行的。两个脑半球功能的分化和发展在性别上的差异在于：女孩左半球发育早，比男孩更早确定语言优势。女性左脑的较早发育有助于她们的语言发展。这种生理意义上的语言优势是女性二语习得的物质条件，这就使她们更具基础优越性。

2. 性格

在高中英语学习阶段，性格反映到英语学习上，男生多属于冲动型，女生多属于内省型。在教学上，归纳法是中国教师大量采用的，这样的教学法对内省型学生较为有利，因此女生受益较多。这些性别方面的差异日益成为人们研究的重点，因为探讨语言中的性别差异现象，不仅是语言学的任务，而且是社会发展的必然要求，这也是提升教学对象学习主体地位的具体要求。

3. 学习策略

奥马利和查莫特(O'Malley & Chamot)把学习策略定义为：学习者采取的技巧、方法或行动，主要是为了增强理解、促进学习、加深记忆，并明确指出策略是有目的、有意识的活动。无论国内外，相关研究都表明，女性比男性使用更多的学习策略，而且女生使用学习策略比男生更频繁。

因此女生的策略意识整体高于男生。

三、相关对策

基于以上各种因素，教师应充分考虑到性别差异对英语学习策略及成绩的影响，对症下药以弥补教学中的不足。

其一，要树立正确的观点，既要承认性别差异，又要明确男女学生智力发展可能达到的高度是相同的，关键是教育要切合学生实际，有效促进其发展。实施因材施教、因性别施教，教师应多了解学生，以承认和尊重男女学生的心理差异为出发点，善于从心理发展的角度分析男女学生的心理特点，采取相应的措施因性施教，使每个学生都能各尽其能、学有所获。只有这样才能全方位地提高教学效率，打破教育不平衡的状态。

其二，要切实把握学生学习过程中的特点，做到扬长补短，培养学生成为策略型的学习者。在实际教学过程中，教师应坚持知识的传授与应用能力的培养相结合的原则，帮助他们养成良好的学习习惯。另外，要激发学生学习英语的热情，提高英语教学质量，重视学生情感上的释放和情绪的表达，以诚恳、接受、理解的态度对待学生。要把思想教育工作做得深入，使男女学生都有远大理想，富有社会责任感，自立、自强，不因某一阶段成绩不佳而气馁，要有自信心，积极上进。

具体策略如下：

1. 激励动机

尽管现代行为学家关于个人动机的理论和分类方法五花八门，但他们都不否认个人动机是分层次的。人们的动机会随着环境的变化而变换形式或提高层次。一个优秀的教师之所以优秀，就在于他(她)善于激发学生不同层次的动机，帮助学生实现他们的追求，并因势利导去提高他们的动机层次。一个理智健全的人要在社会上生存，首先要满足自立及自尊的需求。教师可借用这种需求为教学服务，不断将经济发展呼唤外语人才的信息反馈给学生，这对于提高他们的学习积极性大有帮助。一言以蔽之，就是要将学生的内驱力唤醒，使他们自发产生源源不断的动力，高中阶段正是青年学子立志的好时机。

2. 因性别施教

既然学习者的性别差异如此确凿，那么针对不同性别采用不同的教育就具有普遍意义。女生学习动机强烈，兴趣浓，但她们偏重于教材范围内的学习，课外知识涉猎较少，知识面较窄，这妨碍了她们的发展。那么，针对她们认真完成作业的特点，教师给她们布置一些思考题、讨论题，引导她们有目的地查阅文献资料以开阔视野，对于挖掘她们的潜力意义重大。而对于男生，既要指出他们与女生的差距及造成差距的原因，又要让他们了解自身的优势并充分发挥这些优势。针对他们对课本范围内的知识掌握不牢固的特点，可在布置背诵、复述、阅读、问答等作业后采取管理手段，有督促，有检查，落到实处。这种管理手段不需花多少时间，关键是要管理到人，有效的监控必不可少。

3. 教学管理

作为教师，尤其是高中教师，要经常对学生的学习行为和学习策略进行管理。“管”，即提要求，对知识及能力的要求有难点定位；“理”，即整理，要将学生的进步情况及时总结并反馈给学生，让他们及时了解自己取得的进步，以此作为强化手段，激发他们做出更大的努力的愿望。一个不实施管理的教师，即使教学水平再高，也不能将自己的知识与能力变成学习者的，所以管理策略对教师和学习者同样重要。

四、结语

高中阶段的学生们，其性别差异与二语习得能力之间有明显的联系。具体体现在女生二语习得能力明显高于男生。但是笔者需要指出的是：二语习得能力只是影响二语习得成就的因素之一。与此同时，二语习得成就还受到家庭、学校、社会环境、方言、启蒙教师以及非智力因素等相关变量的影响。这当中有些影响对于个人终身的学习和工作是至关重要的。在我们高中的英语教学中，教师要认识到男女学生在学习上各有优点，女生更适合于语言学习，但语言上的优势并不能代表整体能力上的优势。高中英语教师要根据男女学生语言上的差异设计课堂教学，而不能形成对男生的偏见，要争取让男女学生都对课堂内容的学习产生兴趣且都取得良好的学习效果。

创造独特的导入，开启成功的课堂

——读《二语习得引论》

曹巍巍

一、从二语习得的社会环境看课堂教学

想要了解二语习得的社会环境，首先要了解什么是二语习得。二语习得是综合了语言学、神经语言学、语言教育学、社会学等多种学科，逐渐发展的一门新学科。在二语习得的众多理论中，环境论是很重要的一个。我的理解是第二语言习得就是克服旧的语言习惯（即母语）的干扰，培养新的语言习惯（即第二语言）的过程。学习者想要学好第二语言，就务必要了解目的语的社会环境，对目的语保持开放心态。不仅如此，还要了解目的语社会的生活方式和价值观念。总之，第二语言习得取决于学习者对目的语文化的接触、接受、适应和趋同程度。

二语习得的社会环境包括微观因素和宏观因素两个方面。在微观环境中，学校环境是影响学生二语习得的最重要的因素。从宏观因素方面看，环境因素与学习者的关系也是十分微妙的，学习者学习的成效与过程受到各种社会因素的影响和制约。迄今为止，第二语言的习得主要依靠课堂进行，第二语言的获得也主要依赖于课堂实现。课堂教学能充分利用语言本身和语言教学的研究成果，通过精心安排，进行集中的、有目的的、有计划的教学活动，收到相对来说短期速成的效果。同时，课堂教学的重点往往是语言形式的掌握，强调教授语言规则，符合人的思维特点和学习特点。再者说，课堂教学有经验丰富的教师指导，可以迅速提供反馈，及时纠正错误，加快语言学习速度。但是，课堂教学接触目的语的时间有限，目的语的输入量也无法与自然习得相比，且教学提供的不都是真实的语言材料，与实际生活中的语言有一定距离。不仅如此，课堂教学侧重语言形式，但不可能教给学生所有的语法规则。最重要的是，课堂教学最根本的缺陷在于难以提供真实的交际情境，也难以进行真正的交际活动。因此，

为了使学生更好地学习目的语，我们就要为学生创造符合他们心智特点和学习特点的环境，创设适合学生的二语习得环境。

二、创造良好的学习环境从设计好的导入开始

新课导入是课堂教学中一个不可忽视的重要环节，常言道："好的开始是成功的一半。"英语课堂教学的第一步是把学生引入特定的英语语言环境之中。因此，如何激发学生的学习兴趣，使之进入并保持良好的学习心态，顺利完成学习任务，是实现英语教学目标的关键所在。北师大版《高中英语》教材内容丰富多样，课文材料紧跟时代，能引起学生学习的兴趣。但是，有些材料难度较大，课文偏长，文本所给的导入性问题偏复杂。这就要求导入要新颖，要在短时间内吸引学生，为文本有效服务。导入的方法多种多样，现以北师大版《高中英语》(必修 1—必修 5)的课文导入为例加以分析。

1. 合理运用道具，直观形象导入

直观导入法是在新课之前把先前学过的与本课教学内容相关的知识点以板画、图像等形式呈现给学生，师生借助直观教具所提供的情景进行自由交谈、操练和表演。直观教具包括实物、教学挂图、幻灯片、投影仪、多媒体课件等。直观导入法常以看"图"说话的形式出现，切入新课主题快速高效。大部分的课文材料都可以采取这一方法，例如：北师大版《高中英语》(必修 4) Unit 10 Lesson 4 *Advertisements*，这一课的主要内容是广告，教师用一个或两个产品实物导入，比如婴儿马桶圈、有趣的文具，或者可以展示有趣的广告视频。我在课堂上给学生展示脑白金和依云矿泉水广告的视频，对两个视频加以对比讨论，使学生迅速进入主题，调动学生的学习兴趣，活跃课堂气氛。

2. 灵活自由交谈，自然流畅导入

谈话导入法是指在新课内容呈现之前，师生围绕一个和多个话题，使用英语"自由"交谈。师生在谈话中不知不觉地进入新课主题，这样的导入活动自然而流畅，通过师生间的真实交流，既调动了学生原有的知识技能，又为新知识技能的发展做好了铺垫。例如：北师大版《高中英语》(必修 1) Unit 1 Lesson 2 *Relaxing*，此话题与生活相关，教师可以就"What things do you find relaxing"这一问题和学生展开交谈，引导学生畅所欲言，成功导入课文。

3. 积极挖掘前后联系，创造性地传授新知

复习旧知识导入新课，要求教师在备课时努力挖掘新旧知识的相互联系，找准新旧知识的联结点，通过有针对性的复习为学习新知识做好铺垫；通过巧妙设疑，引发学生的求知欲，创造传授新知识的契机。例如：北师大版《高中英语》(必修 2) Unit 4 Lesson 2 *Websites* 和 Lesson 3 *Virtual Reality* 之间的关系很紧密。Lesson 2 讨论的是网站的问题，Lesson 3 讨论的是虚拟现实的问题。在讲授第三课的时候，教师可以先复习第二课的知识，引导学生谈论最喜欢的网站，以此导出本课话题，提问："Which website do you think is real?" "Would you like to visit the Science Museum website? Why or why not?" 教师自然地建立起了两节课的关联，不仅复习了旧知识，也轻松过渡到新知识的学习，达到了事半功倍的效果。

4. 组织生动游戏，引导学生参与

游戏导入法就是在呈现新知识前组织生动有趣的英语游戏，通过游戏调动已有的知识和技能，为新课教学做好铺垫。游戏能引起学生的注意，变枯燥的复习为丰富多彩的游戏活动，使学生在玩中学，在学中玩，达到寓教于乐的教学效果。例如：教师在讲授北师大版《高中英语》(必修 3) Unit 9 Lesson 4 *Car Culture* 时，采取了游戏的方式来讲授新词。教师在黑板上写出与本课相关的 8 个单词的首字母，让学生进行联想和游戏，比赛哪个小组在最短的时间内想出的最多。8 个字母分别为：C、P、H、R、O、U、F、Z。学生以小组合作的方式猜词，最终猜出：crossroad，pavement，highway，roundabout，pedestrian overpass，underpass，flyover 和 zebra crossing。游戏的环节使学生的参与度大大提高，学生在游戏中进行了联想和学习，记忆新单词也格外有效。英语游戏导入法符合中学生的生理和心理特征，它既能活跃课堂气氛，又能激发学生主体参与课堂活动的积极性，是深受学生欢迎的导入方式。

5. 创设合理情景，呈现铺设环境

情景导入是指利用形象、直观的教学手段创设情景，把认知活动与其发生的实际生活情景有机结合起来。情景导入法是英语教学中最常用、最重要的一种导入新课的方法。一般来讲，中学阶段的英语对话和课文多出现在一定的情景中。教师可以在新课起始阶段，借助动作、手势和表情等体态语，运用直观教学，通过师生的一系列活动将教学内容的情景生动地再现出来，为新材料的呈现铺设环境，使学生在一定的语境中感知、理解新语言材料的意义、用法、功能及作用，理解具体情景中语言所传递的信息。例如：北师大版《高中英语》(必修 4) Unit 10 Lesson 2 *The Right Price* 这一课主要讨论的是商品价格和讨价还价的内容。在导入的过程中，教师创设一个讨价还价的情景，引导学生就这一情景进行 *pair work*，编演对话，直接引入本课话题，对接下来的听力练习是一个有效的铺垫。

6. 制造悬念，激发学习动机

悬念导入法是指教师根据课文内容的需要故意设疑，制造悬念，引发学生追根溯源的心理，从而激发学生的学习动机。恰当的悬念是一种兴奋剂。教师在课堂的开始就给学生设下悬念，能引起学生强烈的破疑愿望。巧设悬念，创设情境学习新知是一种特殊的情、知相伴的认知过程，这个过程包含着属于非智力因素范畴的情感，情、知交融有利于激发学生学习的内驱力，培养学生独立思考的能力和习惯，促进学生智力的全面发展。例如：北师大版《高中英语》(必修 1) Unit 2 Lesson 4 *Superhero*，在这一课中，教师可以先摆出两张照片，一张是超人电影(*Superman*)当中 Christopher Reeve 的剧照，另一张是他后来坐轮椅时的照片。用两张照片加以对比，设下一个悬疑的问题，勾起学生的兴趣，学生猜测并带着问题阅读文章，使得本来较难的文章变得易懂，同时也增加了阅读的乐趣。

7. 简笔绘画导入，增加课堂色彩

上课伊始适时地画些简笔画，会给课堂增添色彩，同时还能锻炼学生的观察力，培养学生的思维能力，使学生一上课就能在一种快乐的心境中学习。例如：北师大版《高中英语》(必修 3) Unit 9 Lesson 1 的话题是自行车，教师在上课初始先在黑板上画一个圆，让学生猜测这可能是什么；然后在它旁边再画一个圆，再让同学们猜测。用此方法，逐渐把自行车这一形象画完。这样的做法能够在锻炼学生观察力的同时，激发学生的想象力，调动其阅读的积极性。

8. 输入文化背景，排除思维障碍

在英语学习过程中，背景知识和常识的欠缺及文化的差异常常使中学生读不懂或听不懂语言材料所表达的意义，以致形成学习过程中的思维障碍，影响学习效果。因此，在呈现新材料之前，教师应向学生介绍一些与新材料相关的背景知识，以帮助学生排除思维障碍。例如：北师大版《高中英语》(必修 5) Unit 15 Lesson 2 *Different School* 这一课中涉及英美等西方国家的学校教育模式和教育理念，在听听力之前，教师应将英美等西方学校的教育模式和理念以及文化背景介绍给学生，让学生带着初步的了解和认识进行听力练习。

三、结语

教学有法，但无定法，贵在得法。导入的方法和形式多种多样，没有固定的模式。各种导入方法异曲同工，在具体运用时常常是相互交叉的。在教学中，教师要根据教学内容、教学目标、学生的年龄、生理特征以及学习英语的实际情况，灵活设计导语。新课标倡导教师应该是学习对象的激活者、示范者、指挥者和管理者，教师设计精彩的导入，充分体现了教师激活者的这一身份。只有教师精心设计每一个教学环节，我们的学生才能从中受益，才能更热爱我们的课堂，也只有这样，我们才能达到我们最终的目标——帮助学生形成开放、包容的性格，发展跨文化交流的意识与能力，促进思维发展，形成正确的人生观、价值观和良好的人文素养。

浅谈全身反应法与英语听说教学

——读《语言教学的流派》

曹巍巍

一、全身反应法概述

全身反应法（Total Physical Response，简称 TPR）是一种将言语和动作相结合的教学法。这是由美国心理学家 James Asher 于 20 世纪 60 年代后期提出的。全身反应法倡导把语言和行为联系在一起，通过身体动作教授语言。这种方法使孩子们可以水到渠成地完成从听到说的学习过程。创立“全身反应法”的依据是幼儿习得母语的过程。这种教学法试图通过肢体动作传授语言，达到理解先于开口的境界。

二、现阶段英语听说口语教学出现的问题

在传统英语口语教学中，很多教师采用的仍旧是传统的语法翻译法和听说法。语法知识的讲解和操练是传统外语教学的主要内容。学生们学习口语基本上都是按照教材给定的对话进行练习，并未深刻领会其中的含义。因此就不难发现这种现行的口语教学模式其实存在很多问题。首先，我国的口语教学大多是以死记硬背的方式展开，它强调通过背诵实现两种语言之间词汇、句法等方面的对译。其次，学生羞于主动开口说话，一方面是因为学生本身缺乏自信以及无法理解整个对话情景，另一方面则是因为老师经常喜欢在课堂上当即纠正错误，这样会令一些学生觉得很没有面子，久而久之就会变得不敢主动说话。最后，现在的口语教学过分追求速成，好大喜功，缺少对于简单的语言的理解、消化、吸收的环节。

三、从新课标看当下听说口语教学

新课标指出，语言能力指在社会情境中，以听、说、读、看、写等方

式理解和表达意义的能力，以及在学习和使用语言的过程中形成的语言意识和语感。听说口语最重要的就是要培养学生的语言能力，而培养语言能力的第一步就是获取语言知识。语言知识包括语音、词汇、语法、语篇和语用知识。听说口语教学应该在教学的整体设计中包含这些内容，而不是单一地学习词汇和语法，也不是仅仅纠正语音，而是要实现从语音、词汇、语法到语篇、语用的完整统一。新课标指出，高中阶段的语音知识学习应侧重在有意义的语境中，通过学习和运用语言，感知语音的表意功能，逐步学会恰当地运用语音知识达到有效交际的目的。对于词汇的学习，新课标也指出，要在语境中传递信息，要在语篇中理解和表达与主题相关的信息和观点。对于语法的要求，新课标强调，在语言的使用中，语法知识是“形式—意义—使用”的统一体。不难看出，这些都与语篇有紧密的联系，只有准确地分析语篇，了解语篇的构成，知晓语篇是如何表达意义的，以及在交流的过程中如何使用语篇，才能最终达到语用的目标。第二步，在获取了语言知识后，还要关注语言技能的培养和训练。在语言的运用过程中，各种语言技能往往不是单独使用的，在设计听说口语教学活动时，教师既要关注具体技能的训练，也要关注技能的综合运用。在综合性的语言实践活动中，关注学生认知的水平，既要选择贴近学生生活经验的主题，也要思考是否实现了促进学生在活动中反思、表达情感态度和观点的目的。

四、全身反应法与现阶段英语听说口语教学

结合现阶段英语听说口语的现状以及新课标的要求，我认为适当地使用全身反应法有利于促进学生听说口语的发展。在听说口语教学中引入全身反应法的优点如下：

第一，全身反应法强调学生要先听，把听到的内容动作化，强化对内容的理解。听是一个输入的过程，而做出动作是一个输出的过程，在输入与输出之间就自然地产生了语言知识的学习和理解。这一方法特别适合处于语言学习初级阶段的学生。如，在初中阶段，我们让学生学习五官的表达。五官的表达这一内容并不是新知识，小学多有涉及，但其中也有必须要掌握的新知识。在这一内容的设计中，可以让学生边听边做动作，如听到“pat your head”就用手轻拍头部，听到“stamp your feet”就站起来跺脚。这样学生不仅复习了身体各个部分的英文名称，也记住了相关的动词。不仅关注了程度较弱的学生，也考虑到了程度较好的学生的知识获得，强化

了对内容的理解。

第二，全身反应法应用于听说口语教学，有利于吸引学生的注意力和提高学生的学习兴趣。我们在讲授听力课时经常会出现学生迷迷糊糊、睡倒一片、两眼无神、精神涣散的情况。一节好好的课就这样被"糟蹋"了。这个时候，教师往往会把责任推给学生，批评学生不尊重课堂、懈怠、没有精气神儿，等等。但学习了全身反应法后我们不难发现，这并不单单是学生的问题，更重要的是教师在设计课堂内容时忽略了学生的具体情况和需求，没能在适当的情况下使用正确的方法来吸引学生的注意力。听力的过程本身是很枯燥的，对于那些学习有困难的学生更是难上加难，这就需要学生有高度的注意力。不仅如此，由于听力材料的文体内容的限制，很多内容比较老套、枯燥，因此，怎样帮助学生才是我们要做的工作。全身反应法可以解决这个问题，那就是根据学生的需求，安排适当的动作任务，让听和行为联系在一起，从而提高学生的注意力。游戏的环节就是不错的选择，在听的过程中加入游戏的环节，也可以是小组竞赛的方式，都可以起到既提高注意力又提高兴趣的目的。对于高中的学生，加入一些小组合作和竞赛的机制可以促进学习，也可以增进学生之间的关系。虽然听力貌似是一个需要独立完成的任务，但适当的"合作"也是有好处的，这样，枯燥的听力课也变得有趣起来了。如，在北师大高中英语(必修 3)Unit 8 Lesson 2 *Extreme Sports* 这一课当中，Part 10 是一个听说内容，听两个人谈论英美运动的差别。其实这并非本课的核心听力材料，很多老师在课时不够的情况下干脆舍弃了这一内容，认为这一内容比较简单，做个回答问题就可以了。我在设计这个环节时则运用全身反应法的知识，设计了"竞赛"的环节，也就是先让孩子们听两遍材料，然后给每个小组一张彩纸，拿到红色彩纸的小组写美国运动，拿到黄色彩纸的小组写英国运动，每人只有 20 秒时间，然后传给下一个小组的成员，小组成员间写的信息不能重复，看看哪个小组最后写出的关键信息和句子最多，写出关键信息最多、表达最流畅的小组得到表扬或奖励。这一任务的设置有效地调动了学生学习的积极性，使枯燥无味的听力材料变得有意思起来。

第三，全身反应法对于塑造学生健康心理、减少学生紧张情绪、为学生创造舒适环境起了很大作用。由于全身反应法充分考虑到学生的学习和心理因素，注重情感因素，减少学生的紧张和压力感，并且规定使用该教学法的教师不要苛求完美，这些都有助于学生在一种轻松的状态下尽情发挥自己的才能。在实际教学的过程中，教师总是认为自己是非常重要的，觉得一个课堂应该由教师本身来充当主导，在听说的过程中，尤其是在说的过程中总是愿意去纠正学生的错误，如发音的错误、表达的错误等，这就使得一些学生失去了说的意愿，势必也就影响了听的动机。不仅如此，有的学生还会产生焦虑的情绪，抵触表达，产生负面的影响。全身反应法倡导教师不要刻意纠正学生的错误，给每一个学生创造一个安全、轻松、舒适的环境。同时，教师也不要强迫学生发言，要给足学生准备的时间，在充分准备、多次训练、掌握知识后再进行发言。这样，学生可以消除紧张的情绪，在一个不用害怕、没有挫败感的环境中学习和交流。

第四，全身反应法强调讲授内容要贴近学生生活，与实际生活紧密相连，促进学生思维的发展。在听说教学中，我们总会遇到与学生生活有距离的材料，有些学生没有材料里描述的经历，有些学生甚至都没有这方面的知识，这就严重影响了听说课的效果。对于一些听力材料教师要适时地使用、适当地删减、适度地发挥。如初中英语北师大版七年级下Unit 4 Lesson 11 *Weather Around the World* 这一课的话题是 weather around the world。本单元前后两课主要围绕北京的天气情况和暑期旅游计划而展开。本课介于中间位置，起到承上启下的作用。本课用天气预报的语言，播报了四个世界著名城市纽约、伦敦、上海和悉尼的天气情况，语言简洁、地道，结构清楚。但通过分析课文，我发现本课听力材料有些简单，同时在书中设计的题目中出现了天气图标的概念。不仅如此，我还发现真正的播报天气预报的语言在本课材料中没有完全展现。根据以上的分析，我把听力材料和教学过程进行了整合和调整。首先，我选用大量世界城市天气图片引入形容词和天气图标，引导学生思考、联想、猜测、回忆，起到了活跃思维的作用。其次，设计表格，引导学生通过听的过程提炼、获取信息，达到锻炼思维的目的。最后，在设计中加工整合听力材料，把书后 workbook 的内容选用进来，补充新的世界城市和所需要的表达天气的重要信息，如温度、风力、湿度、穿衣等。通过引导学生提炼句型、复述等方式对信息进行内化，实现对主题的内化和优化，形成新的知识结构，最终实现让学生播报出第二天世界城市天气情况的迁移创新。这样的设计有效地将教材与教材后的学习资源进行了整合，补充了三个主要城市的天气情况，在补充材料的过程中也对材料进行了再加工，扩充了学生表达天气所需要的词汇和句型，增加了天气预报的相关表达，为完整、真实的天气播报做了充分的铺垫，使学生的学习从简单的关于天气晴好的描述转入到生活中真实完整的天气播报，进而过渡到天气对生活的影响，完成了从表层学习到深度学习的转变。

随着学习的深入，我们能看到，理论的学习离不开实践，实践也需要有理论的依托。教学的路还很漫长，想做一名有深度的教师、有思想的教师，就要不断站在新的高度思考问题，真正地以学生为主题，更好地完善自己的教学，成为学生成长的引路人。

第二语言习得的心理学

——读《二语习得引论》

建　新

英语课堂是学生学习第二语言的主场，更是学生与教师之间以及学生之间相互交流的教学平台。在每一节英语课上，在英语课上的每一分钟里，都是学生对这门语言体会、理解、内化、运用的一个过程。因此，学生们对这门语言掌握得深浅、强弱都会对学生的心理造成一定的影响。通过对《二语习得引论》第四章的学习，我深刻理解到这种心理影响对学生们来说是意义深远的，通过对这种心理影响的进一步研究，我意识到：如果能将这种心理学上的理论研究结果运用到课堂教学中，能否从某种层面上提高学生学习英语的兴趣，改善课堂效果，从而提高我们的教学成绩？我相信答案是肯定的。以下就是《二语习得引论》第四章带给我的教学启示。

这一章中，作者通过调查研究，根据关注点的先后顺序从三个方面进行了分析。

一、语言与大脑(Languages and the Brain)

在这一部分中，从事外科及神经科领域的两名专家——保罗·皮埃尔·布洛卡以及维尼克分别验证了人的左脑与听说能力有关，不管是说出来的语言还是聋哑人的手语，都是左脑支配的，它相当于我们人类语言的一个加工中心。一些研究也确实表明了学习有敏感期或者关键期的存在，在敏感期或关键期内，学习某种能力更为容易；而一旦错过了敏感期或关键期，学习会较为困难，发展也较为缓慢。也就是说，在我们教学的初始阶段，我们要根据科学的研究结果，相信并接受有一部分学生的语言敏感期已经过去了，在学习第二语言的时候会吃力一些。那么，这一类学生在英语方面就彻底没救了吗？当然不是。《二语习得引论》提到了四个未解开的问题，其中第三个问题引起了我的思考：第二语言的学习跟学习的年龄相关，与学习方法和熟练程度等因素就无关了吗？对于这一问题，我相信答案是否定的。作为一名教师，我们当然挑战不了学生先天的缺陷，但是我们一定能够因材施教，面对不同的学生，我们一定也可以有不同的方法，还有比天赋更重要的因素，比如学生学习英语的兴趣等。

二、学习加工(Learning Processes)

教育心理学家加涅认为：学习是一个有始有终的过程，这一过程可分为若干阶段，每一阶段需要进行不同的信息加工。《二语习得引论》提到的两个理论框架，都是为了证明学习语言就如同学习其他领域的知识一样，都是同一种脑力加工的过程。加涅认为，每个学习动作可以分解成八个阶段：激发动机—把目标告诉学生—指导注意—刺激回忆—提供学习指导—增强保持—促进学习迁移—让学生做作业(提供反馈)。学生内部的学习过程一环接一环，学习阶段把这些内部过程与构成教学的外部事件联系起来了。

并且，在这其中的每一个阶段，学习者的头脑内部都进行着信息加工，使信息从一种形态变成另一种形态，直到学习者用作业或者测试的方式反映出来为止。在学习的过程中，学生从学到学会是需要一个过程的，有时候这个过程还可能会比较长，在这个过程当中，教师的任务则是不仅要知道学生的内部信息加工进行到了哪一步，更要配合所到的步骤创设真实的情景和语境，设置合理的教学活动，促进学生有效地学习。

三、学习者的区别(Differences in Learners)

在这一部分中，作者又从以下诸多方面深入细致地分析了学习者的区别。

1. 年龄

在这一研究上，其实人们是有分歧的，有的人认为年龄大的学习者有优势，因为学习能力强、分析能力强、真实世界知识丰富、一语习得好；但也有人认为，年龄小的学习者有优势，因为其大脑可塑性强、受抑制少。这就是为什么有的教师觉得小学生要好教得多，因为年龄小，大脑就像一张白纸，老师教成什么样子，就能成为什么样子，但是也正是因为年龄小，有些知识只能讲到表面层次，因为深了孩子也理解不了；而年龄偏大的中学生有了自己相对成熟的思想，在分析问题方面有了自己独立的想法，很多东西都可以跳出知识表面，还能挖掘深一层次的理解，但也是因为年龄偏长一些的缘故，有些学生的思想会有些偏激，教师很难改变其想法。

2. 性别

这个角度就比较容易理解了，因为我们周围很多人都觉得女性更擅长记忆复杂形式，男士更擅长动手操作等方面，这也是为什么到高中分文理学科的时候，女生多偏文科，而男生则多偏理科。

3. 资质

"资质"这个概念，包含了多种维度的能力，书中提到的资质包括几个方面的内容，如：语音解码能力、归纳语言能力、语法的敏感性、记忆力等。有了资质这个方面的考虑，也许就能更清晰地分析出学生到底在哪个领域更擅长，将来也更有可能取得成功。

4. 动机

"动机"在语言学习中，我觉得应该是个中性词，或者更偏向于褒义词。我们学习第二语言也应该有动机，但不能只是为了应试，更不能是因为它是一个学科，而是应该把它作为一门语言交流的工具，有了这个工具，我们能在将来与人沟通时站到更高的高度。

5. 认知方式

关于认知层次，书中提到这与每个人的性格和学习策略有关系，我也非常同意。学生们的认知方式各有不同，举个很简单的例子，性格较强的学生或者独立性较强的学生在完成课堂活动时更愿意选择挑大梁、当 leader 的角色，更坚信自己的想法是正确的，是有说服力的；而性格相对中庸的学生则更愿意完成 group work，甚至有时候会有一些"墙头草，两边倒"的依赖感。关于性格与学习策略，书中还分别进行了细致的分析，这里不再展开。

6. 性格

对于第二语言的学习，在一线任教的老师们会深有体会。英语与其他学科的区别就在于它很有逻辑性，但是想用英语表达出来有时候却成了学生们的难题。有些学生在学习初期有开口说话的焦虑，特别是在课堂上，众目睽睽之下，人越多越焦虑，越焦虑越表达不好；相反的，还有一些学生敢于在任何情况下用英语表达自己的观点，即使错了也不怕，这也许就是性格使然吧。

7. 学习策略

随着中高考改革的推进，似乎"学习策略"这四个字越来越得不到支持了，因为这四个字往往让人觉得有些功利性，总让人将其与“考试策略”联系在一起。其实，我觉得并不是这样，学习策略的定义是学习者在学习中采用的行为和技巧，众多的学习者并没有某一种固定的策略，并且某一种策略也未必适合所有学生，甚至有的策略对某些学生来说还会起到相反的作用。

总而言之，在没有深入学习《二语习得引论》之前，我总觉得英语就是一门语言学科，掌握语言学习的规律，想尽办法调动起学生的学习兴趣和积极性，采取各种教学方式和手段就能取到“真经”了。在此之前，我从来没有考虑过我所谓的方式方法是否尊重了科学发展的规律，是否有理论依据。然而，第二语言的学习不是一蹴而就的，我们不能用很长的学习过程，拿学生的将来去冒险，去试探我们的努力有没有用，而是要将教育心理学家们经过反复调查、研究所得出的结论作为依据开展教学。

高中英语写作模板化现象的再思考

——读《二语习得引论》

李书梅

《二语习得引论》是一部介绍第二语言习得研究的普及性学术专著。在本书中，作者从语言学、心理学和社会学三个视角分别提炼二语习得的主要研究成果(第三到五章)，并进一步探究了不同理论框架下研究间的整合(integration)，作者不仅从习得和使用二语知识之间的联系找到了整合的纽带(第六章)，而且从对 What、How、Why 三个问题的回答中找到了整合的依据(第七章)。

本书第六章《从语言使用的角度看第二语言知识的习得》中，作者指出："对于二语学习者来说，写作是一项最重要的产出性活动，它可以使学习者最大限度地挑战、突破自己现有的语言水平极限，从而有利于促进学习者语法能力的提升。按照固定的模式进行写作能够降低初学者的畏惧感，对促进学习者的写作能力具有一定价值，但其并没有促进学习者突破自己的语言极限，而且二语写作中过度依赖固定模式会使得学习者走近甚至跨过剽窃的界限。"这段阐述引发了我对当前高中英语写作教学中模板化现象的思考。

一、高中英语写作模板化现状

高中英语作文模板多数为 introduction—body—conclusion 三段式，根据文章体裁或话题列出主题句、连接词和一些较为高级的词句。学生在这个框架的基础上根据写作任务补充具体内容就可以快速拼凑成一篇结构看似合理、内容较为完整的作文。究其成因，高考的压力及试题特点在某种程度上催生了英语写作的模板化。纵观北京市近十年的高考试题，可见书面表达的题型、体裁和话题变化不大，主要为记叙文和应用文，其形式包括看图写话、要点提示等；内容主要涉及传统文化、校园生活、环境保护、业余爱好、社会热点等。

当前书面表达模板化之风在高中英语教学中愈演愈烈。网络上五花八门的“万能作文”、高考写作“独家秘籍”随处可见，甚至有教师在高考前也为学生整理出各种模板，要求学生背诵、按照模板进行写作练习。可见，作文模板俨然已经成为英语写作训练和应考的“捷径”。

二、模板的利与弊

对于模板的争论一直没有停止且褒贬不一。读过《二语习得引论》之后，重新思考写作模板现象，笔者认为：作文模板作为一种提升学生写作能力的途径利弊共存，关键在于教师如何利用和引导。

高中阶段大多数学生并未经历过系统的英语写作训练，在写作方面存在很大的困难，所以对于高中生来讲模板具有其优势。首先，使用模板能提高写作的成就感。因为作文模板实用性强，降低了学生用英语写作的难度，多数学生经过适量练习就可以应用，尤其在高中学业负担较重的阶段能够大大提升学生写作的安全感和成就感。其次，模板结构清晰、重点突出，模仿西方人的思维方式构建语篇，即使不具备英语思维的人也能完成写作任务，避免母语思维及中西语言习惯差异导致的错误。因此，我们必须肯定通过模仿、背诵模板进行英语写作教学的积极作用。语言的学习都是以模仿为基础的，模仿语言是创造性地使用语言的起点。

然而，依赖模板也带来了一些明显的问题。首先，模板限制了学生思维的发展。由于模板使用固定的结构、固定的句式，按固定套路写出的作文形式单一、内容空洞，违背了写作“创造性思维输出”的本质，使学生思维固化，缺乏创新。其次，模板限制了学生写作能力本质上的提升。套用模板写出作文的能力与真正的英语写作能力是有本质不同的，虽然模板能够为语言基础薄弱、缺乏写作技能的学习者提供一条貌似能成功输出语言的捷径，但其并不能真正从本质上提升学习者的写作能力，而仅仅是一种急功近利的应试手段。长此以往，会导致学习者错误地认为套用模板的能力就等于写作能力，不再继续突破自己的极限以提高他们的英语写作能力，甚至会影响其创造力。

三、英语作文模板化现象对高中英语写作教学的启示

模板作为一种提升学生写作能力的途径利弊共存，对此，教师应该理性对待，并基于学情有效指导学生的写作活动，以摆脱对模板的依赖，切

实提高学生的写作能力。笔者在教学实践中将模板与过程教学法相结合，形成“五步成文”的写作教学方法，逐步引导学生基于模板、突破模板，逐步提高自己的英语写作水平。

1. 充分讨论，发散思维

对于高中生来讲，要避免模板带来的负面效应，写作前的充分讨论至关重要。在这一环节，教师可以采用头脑风暴的方式引导学生进行讨论，学生们突破模板，互相启发思维，深入讨论文章的内容要点、结构安排、人称、时态以及运用什么样的句式和词汇。在讨论的过程中，可以利用思维导图记录关键内容，列出写作的提纲。

2. 独立成文，自我修改

通过写前的小组讨论，学生互相启发，明确了要写什么、怎么写。因此在独立写作的时候面临的困难会大大减少，多数同学可以把握住内容要点并按照一定的结构形式将写作任务呈现出来，其语言的表达也会更为准确、恰当。但是由于写作能力等诸多原因，写出来的文章依然存在很多问题。因此，初稿之后的“自我修改”是提升作文质量必不可少的一步。实践证明：学生自己发现英语作文当中的问题并改正问题是一个突破自己极限、从本质上提升英语写作能力的关键环节。

3. 注重合作，小组互改

经过了作者本人多次认真修改，文章的质量会有所提升，此时采用小组合作互批互改作文的方式再次对文章进行修改，是提升学生写作能力的极好途径。小组成员集思广益，从不同的角度对如何把文章变得更加充实、连贯、优美等方面提出建议，能够帮助学生突破模板所带来的思维定式、有效提高写作能力。

4. 教师面批，具体指导

通过学生自我修改与小组修改之后，教师的权威评价尤为重要，教师面批作文是一种有效的写作教学方法。不过，在进行面批英语作文的时候，教师不能仅仅就学生的作文进行改错，而是应该和学生一起讨论文章，让学生自己分析文章当中写得好的地方，教师给予肯定和具体表扬；对作文中的问题要引导学生自己分析出错原因，找到修改的方法，避免再出现类似的问题。教师和学生当面讨论作文的时候要关注学生的最近发展区，结合学生的实际情况进行批改，避免学生在批改的过程中脱离自己的实际水平，盲目追求“高、大、上”的批改效果，徒劳而无功。面批英语作文具有很强的针对性，所以经过教师面批作文之后，学生在写作能力、写作技巧和写作方法等方面都会受益匪浅。

5. 反思定稿，背诵范文

通过自己多次修改、小组成员共同探讨尤其是教师的当面指导，学生需要对于自己的整个写作过程做更为深入的反思，比如怎样进行作文的立意选材、如何进行文章的谋篇布局、怎么用准确的语言进行表达。在斟酌和反思之后对文章进行再次修改，修改之后可以再次进行同伴批改和教师批改活动，直到写出满意的高水平的美文后将作文定稿。

经过多次修改的作文在各方面都得到了提高，已经成为一篇高质量的文章。因此，通过背诵自己的作文，学生能够将大量高质量的语言内化于心，为转化成写作能力打下坚实基础。

四、结语

写作作为一种独立的语言活动需要大量的练习才能达到自动化，模板的最根本弊端在于它让学生停留在模板所带来的舒适区，而停止通过不断练习来突破自己的极限，从而从本质上提升自己的写作能力。实践证明：五步成文的英语写作教学模式能够引导学生关注写作过程，并通过多元评改反馈，使学生发现写作中存在的问题，通过自己的努力解决这些问题，不断挑战自己的极限、突破极限，建立模板、突破模板，避免模板所带来的负面效应，激发英语写作的兴趣。

“全语言”观的实践解读

——读《语言教学的流派》

孙　玲

《语言教学的流派》一书作为一本介绍第二语言教学领域教学流派和方法的专著，分三大部分介绍了20世纪语言教学的主要趋势、非传统流派教学法和当前的交际法流派。本文重在介绍非传统流派教学法中的全语言法(whole language)。

“全语言”概念在20世纪80年代由美国教育家提出，该方法起源于小学母语阅读教学，发展到初、高中英语作为第二语言的教学阶段。该方法反对将活生生的语言分割成语法、词汇和语音，而是应该将语言作为整体进行教授。全语言方法强调自然阅读和写作，享受其带来的乐趣。全语言强调教与学过程中语言的意义，因此它与交际语言教学法有共同之处；它采用母语教学方式帮助各年龄段二语学习者，因此它又与自然法紧密相关。

阅读《语言教学的流派》中关于全语言的章节，不断回想个人教学过程中的一些尝试和经验，对于很多想法笔者特别认同，全语言理论帮助教师进一步确认了一些教学活动设计的科学性和合理性。

一、对全语言框架下语言和学习理论的理解

全语言从心理语言学角度，将语言看作一种内在“互动”的工具，于是语言就成了传达意义、承载功能的工具。全语言是地道的、个体化的、自我主导的、合作生发和多元的。在此理论框架下，构建型的学习者应当“创造意义”“在做中学”，开展的是“基于共同项目下混合小组活动”的合作学习；不以“讲完课程”为目标，而是要聚焦学习者的体验、需求、兴趣和志向。

全语言理论与《普通高中英语课程标准(2017年版)》倡导的“指向学科

核心素养的英语学习活动观和自主学习、合作学习、探究学习等学习方式”思路一致。英语学习活动观是指学生在主题意义的引领下，通过学习理解、应用实践、迁移创新等一系列体现综合性、关联性和实践性等特点的英语学习活动，使学生基于已有的知识，依托不同类型的语篇，在分析问题和解决问题的过程中，促进自身语言知识学习、语言技能发展、文化内涵理解、多元思维发展、价值取向判断和学习策略运用。这一过程既是语言知识与语言技能整合发展的过程，也是思维品质不断提升、文化意识不断增强、学习能力不断提高的过程。

回想教学中，全语言理论与新课标指导下的实践无处不在。例如 lifestyle 主题下，从课本中 workaholic 和 potato coach 生活方式的对比，引领学生交流个人、家人生活方式，进一步谈论理想的生活方式；hero 主题下，从课本中英雄人物谈起，进一步谈论伟人、偶像的生活方式；culture difference 主题下，从课本中美式英语、英式英语的典型区别，进一步谈论世界各国不同的生活方式。这些都是对主题进行层层深入，在语言使用中，不断深入思考，互动交流，使学生树立积极的正向价值观。再如，festival 主题教学中，笔者曾在 Halloween 当天，将创设节日真实体验与词汇、阅读教学相结合，使得学生在积累语言知识的同时，体验英语文化差异。该课程内容丰富，包含了笔者亲身经历美国万圣节的照片与视频的解读、万圣节趣味脑筋急转弯竞赛、热追美剧万圣节片段理解、共同阅读爱伦坡知名恐怖故事等。课程结束很久后，依旧有很多学生和我聊起此次课，感到“深刻而真实”地体验了万圣节的趣味和文化。

二、全语言理论下的课程设计

全语言课程设计遵循以下原则：使用地道的文学素材；聚焦真实的自然事件，阅读与学生经历相关的故事；阅读选取吸引学生的素材，尤其是文学作品；为理解真实的意义而阅读；针对真实的读者写作，绝不仅仅是为了练习写作技能而写作；让写作成为学习者探究和发现意义的过程；使用学生产出的文本而不是教师产出的文本；将读、写和其他技能融合起来；学生选择读写材料，赋予学生理解世界的能力；和其他学习者合作读、写；鼓励冒险与尝试，接受错误是学习的标志而非失败的标志。

在这些原则的引领下，教师成了真正意义上的学习社区中的协调者和积极的参与者。教师创造了合作学习的氛围，而学习者则是同伴的合作者，同时也是彼此的评价者，以及学习资料和材料的选择者。

我所在的学校在英语阅读教学材料的设置上做出了三年规划。首先，结合高中 24 个话题，全组老师合力寻找、筛选适合高中生阅读的补充阅读材料，并根据学生层次、文理科喜好下发阅读材料，明确阅读任务。如针对 Frontiers 话题，学生会读到 5G 发展、google science fair 参赛活动介绍、克隆技术现状、科学伦理观等文章。其次，每个年级也会有文学作品阅读必读书目及来自历届学生的自由阅读推荐书目，比如 *The Giver*，*The Boy in the Striped Pajama*，*The Call of the Wild*，*The House on the Mango Street*，*Tuesdays with Morrie*，*To Kill a Mocking Bird* 等书是共同必读书目，而学生喜欢的 *Twilight*，*Charlotte's Web*，*The Kite Runner*，*Confession of a Shopaholic* 等书也已作为"民间"推荐书籍在学生中流传。阅读后，学生章节读后感创作、阅读终结海报制作、小组合作展示、小说片段表演等读后活动，更是使读写相互促进，将创造性的语言应用和学生合作学习落到实处。同时，教研组里的每位老师也会结合各自学生的特点、喜好有选择地积累阅读素材。如笔者个人曾在开学之际带领学生朗读"奥巴马开学演讲"；在学生无法克服惰性时共同阅读"*On Idleness*"；通过一些短小而震撼心灵的英语美文，给学生以进取的动力和人生的指引……阅读教学过程中留下了很多不仅提高语言能力，更发展思维和增进情感的难忘故事。

三、小结

全语言理论与今天提倡的新课标下提高学生核心素养的理念相辅相成。该理论鼓励使用原版学习资料；鼓励学生在多种课内外活动下实现"做中学"；提倡语言学习完整性的同时，更尊重以学生为中心，教师则作为促进者、参与者。全语言理论对于核心素养落地课堂具有极强的指导作用。

第四编

教师研究:行动研究

导论：教师研究报告

林　立

一、教师研究的意义

教师研究常常也可以称为行动研究，教师做的研究旨在改进教学，解决教学中的实际问题，探索解决问题的路径。教师研究和专门的理论研究的本质区别体现在研究过程的诸方面。另外，教师研究的问题是教学中有待解决的实际问题。

二、教师研究报告的模式

教师研究报告要记述教师研究的全过程。教师研究的一般模式是提出问题—描述问题—分析问题的性质—确定解决问题的方法—设计实施方案—展示研究的结果—分析、解释研究的结果—提出进一步研究的设想。

三、教师研究报告的启示

教师研究报告旨在说明研究的问题有没有得到很好的解决，解决到什么程度，还存在什么问题，为下一轮教学行动提供依据。教学中的行动研究不是一次性的研究，是反复循环的研究，即通过一次次不断的探索逐步解决问题，当问题彻底解决之后，还要面对新出现的问题继续研究。

前面提到教师研究又称行动研究，这个说法主要是区别教师做的研究和非教师做的研究。非教师包括理论工作者、教育管理者等。教师研究选题多来自自己教学中的具体问题，目的往往是改进自己的教学，而改进教学又需要采取教学行动，所以教师研究有时又称为行动研究。非教师做的有关教育教学的研究往往从理论视角、宏观的规律视角出发，不一定采取教学行动直接解决教学中的具体问题。因此他们的研究多偏向于理论，采用理论推导、文献研究、分析对比、历史研究等方法，而教师研究往往采取行动研究的方法。然而并非所有的教师研究都是行动研究，比如有的教师研究是总结经验，不需要采取任何教学行动；有的教师研究是教学反思，也不需要采取任何教学行动；还有的教师研究是分析、评价、思考教学问题，也不需要采取任何教学行动。也就是说，这一类的非教师人员与专职的研究员、理论工作者、教育行政人员做的研究和非行动研究的教师研究有相似之处，即他们都偏向于抽象的理论探究，导致这些研究不采取解决问题的行动研究，而采取理论导向的研究。概括而言，教师研究有别于非教师的理论研究者的研究，而教师研究中的行动研究有别于教师所做的非行动类的研究，比如经验总结类、反思类，等等。教师做的行动研究有几个特点：①教师做的行动研究研究的是自己教学中的具体问题。②通过改善教学的行动进行研究，看看所采取的行动是否有效等。③教师做的行动研究对于存在的问题描述得十分清晰，尝试设计教学行动去解决问题。④根据研究的结果决定下一步研究的问题和方向。⑤行动研究有利于教师发现教学问题、解决问题，提高教师教学的信心，积累经验，不断提高专业技能。

本编的研究论文作者是教师，他们做的研究既有行动研究，又有非行动研究，比如使用反思、总结、思考教育教学的方法。关于行动研究的论著有很多，可以帮助老师们理解行动研究，做好行动研究，这里不再赘述。

英文小说阅读与高中生思维

马　悦

一、思维品质及作用

思维品质是英语学科核心素养的一个方面。它指的是思维具有的逻辑性、批判性、创新性等特点。通过对思维品质的培养，学习者能够：分类、概括信息，建构新概念；分析、推断信息的逻辑关系；正确评判各种思想观点，理性表达自己的观点，并初步用英语进行思考。一个拥有良好思维品质的人能够准确有效地处理信息，客观全面地看待问题，并条理清晰、思路严谨地用英语表达观点。这种能力对高中生未来的生活和学习有深远的积极影响，因此，思维品质培养是高中英语教学的一个重要领域。本文介绍如何通过阅读当代英文小说培养和提升高中生的思维品质。

二、阅读材料的选择

选用当代英文小说作为阅读材料，是因为它与其他体裁的文学作品相比，有着独到的优势。首先，小说有着极强的故事性，能够引人入胜，开启阅读之门。其次，经历了时间和读者考验的优秀作品，都具备较强的逻辑性、丰富的人文性和思想性，是思维训练的好素材。再者，相比于文学经典而言(譬如《苔丝》《双城记》等)，当代小说在语言难度及用词习惯上更容易被高中生接受；同时，小说的选材及故事背景往往也更贴近高中生的认知范畴。最后，有研究表明，以小说为主的阅读能够为学习者呈现世界文化的多元性，并增强其分析、处理问题的能力(Krashen，2015)。这一点与我们培养学生思维品质的教学目标是不谋而合的。

在以上理论框架的指导下，笔者在高二年级的日常英语教学中，进行了以英文小说为阅读素材、以思维品质培养为主要目标的教学实践，收效良好。需要指出的是，笔者所教授的班级，英语相对同龄人而言属良好/

优秀水平，因此阅读材料的选择和教学流程的设计是针对这个层次的高中学生的(至于英语水平相对较低的学生的教学设计，可在这个基础上进行调整)，接下来对三个成功的教学案例进行阐述与解析。

三、案例分析

1. 设计原则

三个案例涉及三本小说：《群山回荡》(*And the Mountains Echoed*)、《在我睡觉之前》(*Before I Go to Sleep*)和《黑暗的地方》(*Dark Places*)。作者分别是 Khaled Hosseini，S. J. Watson 和 Gillian Flynn。教学设计遵循《泛读教学的十个首要原则》(Day & Bamford，1998)，主要体现在：

(1)选择的小说需内容有趣、话题多样。《群山回荡》讲述一对兄妹因贫穷和战争而经历60年的悲欢离合。在时代更迭动荡的背景下，持久而绵长的亲情、爱情、友情在这本书中都有浓墨重彩的描写和刻画。《在我睡觉之前》和《黑暗的地方》都是悬疑小说。前者讲述一个每天早上起床都不记得昨天发生了什么的女人，如何一点一点寻回失去的记忆，并在这个过程中发觉有关自己的所有一切或许都是虚构的人生故事。它是一本让人欲罢不能、一气呵成读完的书(笔者连续花了7个小时读完)。后者则是从一桩全家人都在一个夜晚被残忍杀害、只有一个小姑娘侥幸逃脱的案件开始，抽丝剥茧，真相大白的同时也是人性的极善与极恶、智慧和愚昧重扣读者心门的时刻。

(2)所选小说需语言相对简单。这三部小说中，后两部小说的语言难度不大，学生戏称“刷故事”，阅读起来较为通畅。第一部稍难一些，但在读完第一章节、浸入故事情节之后，对文本理解的有效性和阅读的流畅性基本都能实现。

(3)每周拿出一节课的时间给学生阅读。在课上，老师不打断学生阅读的过程；同时，老师自己也阅读同本小说，做学生阅读的榜样。当然，每周一堂课的阅读时间是远远不够的，学生还需要自己拿出课下时间来阅读。由于小说长短不一，学生个人能力存在差异，所以在整本小说的完成时间上，教师只给一个大致期限：《群山回荡》八周，《在我睡觉之前》两周，《黑暗的地方》四周。

2. 操作流程

(1)《群山回荡》——重述故事

①学生用一堂课40分钟完成本书第一章的阅读。阅读材料由教师打印

书籍的电子版然后下发给学生。

第一章讲述一个非常完整的童话故事。故事涉及一个贫瘠小山村里的一位勤劳朴实的父亲，他终年劳作，却由于资源匮乏、家庭人口众多，只能常年承受贫穷之苦。虽然如此，家人互相支持，倒也其乐融融，尤其是机灵可爱的小儿子给这位父亲带来了无穷的快乐与安慰。突然有一天，村里来了一个怪物，要求村中被挑中的家长交出一名子女由他带走，否则全村的孩子都要被怪物吃掉。很不幸，这一家被挑中了。经过痛苦思考，这位父亲与妻子决定以抽签的方式选择交出哪个孩子，结果小儿子被抽中了。之后的情节一波三折，最终父亲和小儿子都失去了对这一段时光的记忆，但这些都来自这个怪物的馈赠。

②学生完成一项写作作业：重写这个故事。原文以第三人称叙述。学生需选择故事里的任何一个人物：父亲、怪物、小儿子等，作为叙事者，重新将这个故事讲一遍。不限字数。

③学生上交写作作业，教师阅读。教师批阅重点关注内容：故事的条理性、逻辑性、创新性等。

④教师批阅之后，班内每四人一组交换阅读；此外，教师选择部分优秀文章，在全班范围内共享阅读。

这项作业的设计，是基于以下考虑：a. 在思维品质的培养中，学生需要分类、概括信息，分析、推断信息的逻辑关系。而重新讲述一个故事，意味着学生必然需要先将原信息消化、整理、归纳、建构，然后方可有条理地讲述出来。在这个过程中，这些处理信息的能力得到了锻炼与强化。b. 思维品质有助于培养学生使用英语进行多元思维的能力，而这在“换角色叙事”这项写作要求上得到了充分的体验和训练。因为一旦需要选择某一个角色作为叙事者，便要求写作者必须将自己放在这个角色的位置上，感同身受，去体会、想象、思考、琢磨这个角色在整个故事中的心路历程、他(她)的情感变化以及看待事件的角度。选择父亲，或许故事的节奏是低沉缓慢的，情感是激烈却压抑的；选择小儿子，由于其失去部分记忆，会有更多创作想象的空间，或许故事的节奏是明快却迟疑的，情感是鲜明却又带有惆怅的……这些都是学生在完成这项写作任务的过程中必经的思索过程。这些不正是思维的多元性、创新性的体现吗？

Hosseini 无疑是一位讲故事的大师，这个开篇是一个非常精彩的故事。记得当时 40 分钟下课铃响的时候，学生们也基本读完了第一章，班里一阵赞叹之声，大家都还沉浸在这个情节曲折、既煽情又将人生哲理娓娓道来的故事里。当听到布置的别出心裁的写作任务时更是兴致倍增、跃跃欲试。有了这个好的开端，不少学生主动以各种方式获得此书，并完成这本小说余下部分的全部阅读。由于这本书很长，情节较为复杂，对于非常优秀的学习者，老师鼓励其读完；对于余下的学习者，建议读到3/4即可，不要求读完。

(2)《在我睡觉之前》——续写故事

①学生用一堂课40分钟的时间，完成本书前64页的阅读。阅读材料由老师将电子版打印出来发给学生。因此，学生初读时，并没有整本书。

②学生完成写作作业：根据现有章节，想象故事的发展、高潮及结局，续写故事，不限字数。

③学生上交写作作业。教师批阅重点关注内容：注重故事的条理性、逻辑性、创新性等。语言准确性放在第二位考虑，只要不影响意思的理解即可。

④教师批阅后，班内每四人一组交换阅读；此外，教师选择部分优秀文章，在全班范围内共享阅读。

为了完成此项作业，学生需要厘清现有故事的线索，并在此基础上进行推断、预测、大胆创新、建构，直至最终定稿。在这个过程中，思维的逻辑性与创新性得到了训练、强化及拓展。这种一半控制、一半开放的写作任务，既保证了思维的严谨性，又给学生打开思路、天马行空的创作提供了足够的空间。

(3)《黑暗的地方》——推销故事

①学生利用寒假或暑假时间，完成一本自选小说的阅读。

②学生在假期制作一份英文演示文稿(PPT)，开学后做5分钟的展示(presentation)，幻灯片和演讲的主题为：推销你的小说(Sell on your novel)。如何在5分钟的时间内，将你读过的这部小说引荐给大家，力争达到的效果是：大家在你的推销演讲后，对小说产生兴趣和好奇，决定在新学期里读你推荐的这本小说。

③开学后的一个半月里，每节课前5分钟，学生演讲，推销他/她的小说，教师根据学生演讲的质量打分，计入平时成绩。所有学生演讲结束后，班内统计吸引最多位同学读其推荐小说的同学，并给予额外的奖励。

此项作业从单纯以文字的形式呈现转化为形式更为丰富的幻灯片；从读者大部分情况下仅为老师及周边同学等少数几人转化为面对全体同学；从以写为主转化为需要在全班同学面前激情满怀地推销。在这次任务中，类似商业模式的引入激发了学生的兴趣点，学生完成课件的热情很高，呈现出的演讲非常直观地反映出不同学生的整合、推断、建构、评判等思维特征和水平。

《黑暗的地方》是班里一位同学选择的小说，书中人物角色众多，关系复杂。这位同学借助直观的图片及标志，清晰地厘出众多线索，成功地将本书推介给同学们，同时留有悬念，起到了非常好的推销效果。

四、结语

阅读小说，从本质上说，是一个放松而享受的过程。引用语言学家斯蒂芬·克拉申(Stephen Krashen)信奉并推广的一条理念：若想使阅读在最大限度上起到促进语言、思维能力的作用，那么，就为了乐趣而读吧(Read for pleasure)！这说明无论教学设计如何周密，后续任务多么严谨，在小说阅读的教学上，最核心的仍然是：这本书学生得喜欢读。由于中学生自身能力、时间和资源等方面的限制，在很多时候，他们期待教师推荐阅读书目。这需要教师自己做阅读的榜样，大量阅读，细心甄别，尽可能地为学生们挑选到适合他们阅读的有趣的书。有了第一本能让他们如痴如醉阅读的英文小说，我们便为他们开启了英语文学终身阅读的美妙旅程。

高中英语阅读教学中的思辨能力

李书梅

一、引言

《普通高中英语课程标准(2017 年版)》提出英语学科核心素养主要包括语言能力、文化品格、思维品质和学习能力四方面。培养学生的思维品质是高中英语教学的任务之一。思维品质指思维具有的逻辑性、批判性、创新性等特征。提高学生的批判性思维能力是培养学生思维品质的组成部分。

英语阅读是英语教学的组成部分，是培养学生批判性思维的途径。目前高中英语阅读教学处在教学理念的变革中，教师关注表层信息的获取，忽视批判性思维能力的培养；教师对于批判性思维理解不深，批判性阅读处于盲目无序的状态。高中学生缺乏批判意识，对所阅读的信息不加分析全面接受，很少提出自己的见解和观点。在信息爆炸的时代，培养学生的批判性思维能力具有重要意义。

二、相关文献回顾

批判性思维(critical thinking)可以追溯到苏格拉底的“问答法”。他强调通过不断采取诘问的方式引起学生对教学内容的深入思考，而不仅仅单纯地接受被普遍奉为真理的知识。

现代意义上批判性思维概念的提出，从杜威的反思性思维(reflective thinking)开始，他主张大胆质疑、谨慎断言。Pasch 和 Norsworthy (2001) 认为批判性思维是思维的一种完整方式，是解决问题、难题和数据的一种方式。Aloqaili(2012) 则认为批判性思维是读者为建构意义而进行理性和反思性思考的过程。Pasch 和 Norsworthy (2001) 提出批判性思维涉及的核心能力：分析、综合、评价。Facione(1990)认为批判性思维是一种有目的的、自我管理的过程，它包括解读、分析、评价、推断和解释。从这个角度看，批判性思维被当成一种不可或缺的能力，包含一系列的认知技能。Facione(1990)提出：批判性思维包括批判性思维技能(critical thinking skills) 和批判性思维倾向(critical thinking disposition)两个方面。批判性思维技能包括诠释、分析、评价、推理、解释、自我调节；批判性思维倾向则包括寻找真理、开放思想、分析能力、系统化能力、自信心、探究能力、认知成熟度。陈则航(2015)指出："发展批判性思维既要鼓励学生的批判性思维倾向(即批判精神)，也要培养他们的批判性思维技能，使学生在日常生活中不盲从、不盲信，而是具有批判性精神，对所遇到的事情以及所读到或听到的观点和方法等有自己的看法，并具有分析问题、形成观点和策略以及自我纠正等能力。"

批判性阅读(critical reading)是基于批判性思维的阅读模式。所谓的批判性阅读，Richard 在《批判性阅读，批判性思维：当代问题方法》(*Critical Reading*, *Critical Thinking*: *A Contemporary Issues Approach*)一书中指出：批判性阅读是"对文本的高层次理解，它包括释义和评价的技能，可以使读者分辨重要的和非重要的信息，把事实与观点区分开，并且确定作者的目的和语气。同时，要通过推理推导出言外之意，填补信息上的空白部分，得出符合逻辑的结论"。批判性阅读并不仅仅要理解文章内容、分析文章结构、总结主题思想，更注重判断、分析和评价作者的观点、论证过程、写作目的和语气，以此来明确作者要传达的观点并形成自己对某个问题的看法。Axelrod(2005)提出了批判性阅读的六个主要策略：预测、评注、概述、总结、分析与评价。

陈则航(2015)指出：关注思辨能力培养的阅读就是批判性阅读。批判性阅读不是粗略接受、被动接受和记忆文本内容，而是对文本的高层次理解，是对观点、倾向、假设进行分析、整合和评析的阅读策略。批判性阅读有如下三个层面：

①文本内(within the text)：信息加工与处理、理解大意、处理语言等。

②文本外(beyond the text)：与已有知识、自己的生活经验建立联系，思主人公所想，推断隐含的意义等。

③文本赏析(about the text)：欣赏语言、分析结构、评价内容、思考作者的意图、提出质疑等。

Axelrod(2005)提出批判性阅读者(critical reader)所具备的能力：总结

文章概要；对文章进行评价，从而判断文章所持观点的准确性、权威性和说服力；比较同一主题的不同文章中的观点并对这些观点进行归纳整理；形成自己对这一问题的总体看法。

综上所述，国内外对于批判性思维理解差别很大，目前国内普遍认为批判性思维技能包括：解释(interpretation)、分析(analysis)、评估(evaluation)、推论(inference)、说明(explanation)和自我校准(self-regulation)。批判性思维不能片面理解为负面的、否定的批判，而是在辩证、理性和开放精神的指导下，通过对事实做客观、理性分析形成有理有据的判断。

三、批判性阅读教学的尝试

笔者结合自身阅读教学实践，尝试对如何在高中英语阅读教学中进行批判性阅读以提升学生的批判性思维能力进行研究，下面从研究问题、研究步骤、研究反思三方面分别加以讨论。

1. 研究问题

本研究聚焦如何在阅读教学的各环节开展批判性阅读，将批判性思维中的解释(interpretation)、分析(analysis)、评估 (evaluation)、推论(inference)、说明(explanation)和自我校准(self-regulation)六项技能应用到阅读的阅读前、阅读中和阅读后的教学任务中，从而提升学生的批判性思维能力。

2. 研究步骤

阅读教学可以分为阅读前、阅读中、阅读后三个步骤，每个步骤与批判性思维的六项技能紧密相关。下面具体介绍如何以高中课内外阅读材料为内容，在阅读的各个环节落实学生的批判性思维能力的培养。

(1)阅读前：积极预测、发散思维

文章的标题通常是对文章的高度概括，凝练着文本最为核心的内容，所以根据标题进行预测可以帮助学生快速把握文章主要内容。以人教版《高中英语》(必修 2) Unit 5 为例，其标题为：*The Band That Wasn't*。在阅读前，笔者让学生根据文章标题预测：这篇文章的主要内容可能是什么？为什么这个乐队被称为“The band that wasn't”？通过读前预测活动，学生对“不是乐队的乐队”充满好奇，他们假设出多种原因，产生进一步阅读的强烈欲望。

再如，笔者在一篇有关社会传媒(social media)的议论文的教学设计中，阅读之前首先引导学生关注文章的插图(微信和 QQ 的图片)，让学生以头脑风暴的方式预测文章可能谈及的话题，接着导入作者在驳论部分(第一段)的话题：The biggest criticism of social networking is that our young people are losing their offline friends to online friends，然后引导学生发表自己对于这一观点的看法，并要求学生用具体理由支持自己的观点。这样不仅学生的预测、论证能力得到了锻炼，也为阅读后评价作者观点打下了基础。

可见，教师需要基于阅读材料的特点进行读前教学活动设计。可以通过文章标题、图片或者讨论、提问等途径预测文章内容、文体、出处、背景知识或者作者的观点等，并让学生表达自己对这一话题的看法和理由，由此可以培养学生推断、假设的思维能力，发展学生的想象力和对事物的敏感性，以便学生在阅读中、阅读后环节进行更深层次的思考。

(2)阅读中：多次阅读、深化理解

在学生对文章进行充分预测的基础上，阅读中环节可以采用“思维导图 ＋ 问题链”的模式引导学生进行多次批判性阅读。

例如一篇介绍虚拟现实技术(VR)的说明文中，第一段引入虚拟现实技术的定义，第二段简述 VR 发展历史，第三、四段分别说明虚拟现实技术的应用和负面影响，第五段进行总结，为非常清楚的总—分—总结构，而且每一段都有明确的主题句(topic sentence)。基于本篇文章的特点，教师首先给足时间让学生开始第一遍整体阅读，要求学生画出每段的主题句，之后提炼每段的关键词，以理解文章的表层信息，并为下一步绘制思维导图进行铺垫。然后教师通过提问“How are these paragraphs organized”，让学生再次阅读，思考文章脉络，并绘制思维导图以呈现段与段、句与句的逻辑关系。在之后的分享展示环节，教师通过追问引导学生理解文章细节，例如通过上下文对生词“desensitization”的意义进行推测、解释。通过两次阅读，学生不仅理解了文本，更通过思维导图将其对文本的理解表达出来，使其思维过程可视化，迅速看清文章作者的思维及推理过程。

在帮助学生梳理完文章结构之后，教师设计如下问题链引导学生再次进行批判性阅读：

Why does the author ask a question at the beginning of the passage?

Why are the five people mentioned in para. 2?

How does the author explain the positive & negative effects of VR?

What is the writer's attitude towards VR?

What is the style of the passage?

在以上问题链的引导下，学生再次阅读文本，通过关注作者的写作目的、观点态度、写作方法等来锻炼其提炼、归纳、比较、分析等批判性思维能力。

再如人教版《高中英语》(必修 2) Unit 5 的阅读，笔者先让学生通过第一遍阅读填写流程图呈现普通乐队的成功之路，再让学生绘制流程图呈现门基乐队的形成和发展之路。在借助两个流程图梳理文章表层信息之后，引导学生对比两个流程图，进行第二遍阅读并思考如下问题链：

What are the differences?

How do you understand the title "The Band That Wasn't"?

What helped the Monkees to become a real band?

What do you think of "the Monkees"? Choose the adjectives that you think best describe them. Give reasons.

这个问题链中的四个问题互为踏板、层层深入。学生思考问题 1，总结出门基乐队和普通乐队的诸多不同之后，能够更为充分地理解问题 2，也就是“课文标题的深层含义”，然后就会自然而然地思考问题 3，也就是“什么原因让门基乐队成了一个真正的乐队?”通过对比流程图，学生找出门基乐队成功的关键因素是他们严肃认真的态度(serious attitude)。此时学生对于门基乐队必然是心生崇拜，于是问题 4“对于门基乐队发表自己的看法”的回答便水到渠成。

阅读中环节为阅读课最为重要的环节，学生需进行不同目的、逐层深入的多次批判性阅读。“思维导图＋问题链”帮读者理清文本信息(within the text)，同时获取文本外信息(beyond the text)，使得学生对文本不断深入思考，学生的分析、比较、解释、评价等能力得到训练。

(3)阅读后：评价创新、建构表达

批判性阅读教学方法鼓励学生质疑和反驳课文内容，这被公认为批判性阅读的精髓，而议论文则是批判性阅读极好的阅读材料。例如，在关于社会传媒的这篇议论文的读后环节，笔者基于议论文的文体特征引导学生将作者的观点与自己的观点进行对比，评价作者的观点，并基于文本内容分析作者论证过程的逻辑性、合理性和连贯性等，从而有理有据地进行评价(Are you persuaded by the writer or not? Why or why not?)。之后，笔者以家庭作业的方式给学生布置笔头输出任务，要求学生就本文所论述的社会传媒这一话题发表自己的观点并阐述理由，使得学生的批判性思维结果可以得到清晰的体现，从而不断发展自己的批判性阅读能力和批判性思维。

另外，还可以结合社会热点话题对语篇的主题意义进行讨论，以提升学生的批判性思维能力。例如人教版《高中英语》(必修 2) Unit 5 介绍了门基乐队因为参加电视选秀节目而一夜成名，而我们当前也存在着选秀热潮，并为青少年所追捧，因此引导学生正确看待选秀节目具有深远的现实意义。所以在读后笔者设计了访谈(interview)环节，让学生发表对“电视选秀活动是否是通往成功的捷径”的观点，并要求学生具体论证自己的观点。

可见，在读后环节教师可以基于不同的切入点设计读后的批判阅读活动，通过精心设计问题引导学生进一步进行文本赏析(about the text)层面的批判性阅读，以提升学生分析观点、比较、解释、评价、反思、论证等能力。

3. 研究反思

经过多次反复的批判性阅读实践，笔者认为批判性思维的培养需要以正确的理念为导向，以思维训练为主线，以有效的问题为引导，以恰当的形式为载体。

(1) 转变观念，理解批判性思维，树立批判性阅读观念

如今教师对批判性思维的误解依然存在，有的教师认为批判性思维等同于全面否定和批评。实际上，批判性思维不仅是一种方法，更是一种思考问题的习惯；它培养的不是“争辩”能力，而是多角度看问题的能力；它强调谨慎反思和创造，强调不要盲目接受现成的观点，不要墨守成规。教师要转变传统的阅读教学策略，从关注词汇、语法的碎片化阅读转向关注思维品质培养的阅读教学。

(2) 批判性思维贯穿读前、读中、读后环节

批判性阅读并不仅仅是在阅读后设置一个开放性的问题让学生进行讨论而已，也不仅仅是理解文章内容、分析文章结构、总结文章主题思想，还要更注重判断、分析和评价作者的观点、论证过程、写作目的和语气，以此明确作者要传达的观点并形成自己对问题的看法。总之，批判性思维的训练要落实于读前、读中、读后各环节，始终运用分析、总结、推断、质疑、评判等方法来进行阅读。

(3)培养批判性思维能力，高质量的问题链是关键

杜威指出：“思维是由问题开始的。”Ping Shen (2012) 采用个案研究

的方法探究大学英语阅读课堂中教师的提问和学生批判性思维的培养，发现过度提问低层次的认知性问题不利于学生批判性思维能力的发展；有逻辑、有深度的问题链可以帮助学生搭建思维路径。而高质量的问题链来源于教师对文本内容的把握和解读。因此，教师需要深入解读文本，挖掘文本所蕴含的丰富信息，读出文本的逻辑关系、内在思想情感，通过设计有思辨性的问题链引导学生挖掘内隐于文字背后的信息。这类信息通常在文本中没有现成的答案，需要学生领悟作者的写作意图和品味文本的中心思想，并将生活经验与实际问题相结合，通过质疑、分析和判断，阐述自己的观点，形成批判性思维能力。

(4) 思维导图提升批判性思维能力

思维导图是英国“记忆之父”东尼·博赞发明的大脑图式思维工具。它以可视化的图形将学生对文本的解读及其思维过程展示出来。通过思维导图的绘制，学生可以获取语篇基本信息，厘清句与句、段与段之间的逻辑关系，了解篇章的结构。在此基础上，教师引导学生理解作者的写作意图，分析和评价篇章的内容。在此过程中，批判性思维的培养得以实现。

四、结语

苏格拉底说过：“未经审视的生活不值得度过。”在培养核心素养的背景下，在信息爆炸的时代，培养学生的思维品质尤为重要。教师应选择适当的阅读材料，创造轻松愉悦的课堂氛围，将批判性思维方式应用于英语阅读教学中，打造批判性阅读课堂，培养批判性的阅读者，以逐步提升学生的核心素养。思维品质的培养是漫长的过程，不能一蹴而就，需长久坚持形成思维习惯，这对于高中英语教师来说任重而道远。

英文小说阅读教学的行动研究

宋　薇

一、研究背景

很多英语教师或者学习优秀的学生在分享英语学习方法时，都会推荐英文小说阅读作为一种有效的方法。做学生的时候，我虽然买过不少原版英文小说，但是因为当时感到太难读，没有坚持读下去。开始深入接触英文小说教学是几年前的事，在高一讲授《芒果街上的小屋》(*The House on Mango Street*)这部小说节选的课文[①]时，出于教学的需要，加上有很多市区里的学校也在做英文原版小说阅读的研究，让我再一次思考小说阅读的问题。在备课查阅这部小说的背景知识时，越发觉得它很有意思，就想自己读读整本小说。小说情节充满童趣，结果一下子就爱不释手。从我个人的亲身经历来看，阅读材料的选择和阅读任务的设计是小说阅读教学的关键。为了帮助学生克服阅读困难的问题，我在材料选择和任务设计上做了一些尝试。探究的主要问题集中在两个方向上：

(1)对于学习积极性和语言水平不高的学生，小说阅读的活动是否能够起到促进作用?

(2)什么样的阅读活动效果比较显著?课堂上和课后的阅读活动如何更好地结合?

二、方法步骤

小说阅读教学第一步是选择材料[②]，即选择什么内容的小说、什么难度的小说。第二步是读后的活动设计，即设计什么样的活动才能激发学生

① 出自北师大版《高中英语》(必修 2)第六单元第四课。

② 目前统编教材里文学体裁的文本比较少。

的积极性，促进学生学习。下面以《汤姆·索亚历险记》(*The Adventures of Tom Sawyer*)这篇小说为例，谈谈我在材料选择和任务设计方面的做法。

1. 阅读材料

英文小说是非常好的英语阅读资源，但是英文小说的难度千差万别，小说的内容包罗万象，如何让学生能读下去、喜欢读是一个难题。自从读了《芒果街上的小屋》(*The House on Mango Street*)这本小说，我发现难题也有巧妙方法解决，那就是依托课本去寻找阅读材料。其中最省力的方法就是直接去找课本节选的小说去阅读，因为课本里的小说是专家匠心选择的文本，也比较适合学生的水平，情节也能吸引学生，贴近学生的心理特征。此外，还有一个特别大的优点，就是所选的小说与单元话题高度契合。这点我认为非常重要，因为毕竟小说教学应该与日常教学相辅相成，而不是凭空跳出一个新话题。

我决定选择《汤姆·索亚历险记》(*The Adventures of Tom Sawyer*)，因为教材(王蔷等，2015)有"书籍"(books)的话题，也有对这本书的简介，还有这本小说的节选。

考虑到九年级学生的现有水平，教师尚拿不准这篇小说是否适合学生，于是教师必须要做许多前期的准备。

(1)材料准备

由于纸质书籍价格不菲，我决定给学生找电子版，可是网上很难找到原版小说的电子版。我借助了两个手机软件，一个是"网易云阅读"，一个是"百词斩爱阅读"，还在网上下载了一个 PDF 格式的小说版本，有了这三个资源，我跃跃欲试，蓄势待发，开始了我的阅读教学之旅。

(2)教师阅读

首先开始阅读的是最简化的版本①，该版本把这本小说简化成 15 个章节，每个章节的阅读只需要几分钟的时间，学生大概用 1 个小时的时间就可以读完或听完这本小说的全部内容。我自己找的 PDF 格式版也是简化的版本，但比"百词斩爱阅读"的版本内容丰满一些，共 106 页，包括前言和后记以及较完整的 33 个章节。"网易云阅读"上的版本是原版，包括前言、后记以及中间所有的 35 个章节，毋庸置疑，这个版本也是最难的。

读了三个版本的小说之后，我发现"百词斩爱阅读"的特别简单，初

---

① 来自"百词斩爱阅读"。

一、初二的学生应该就能读，而“网易云阅读”的版本对我的学生来讲太难，一开始他们是读不下去的，而我自己也是在读了头两个较简单的版本后才能读下去，但仍然有许多当时那个年代的词语或者孩子的口语化的语言读不懂，只能读个大意。虽然这个没有任何删减和更改的版本也一定是最有趣的一个版本，可惜它却并不适合我的学生。所以我最终选择了两个较为简单的版本作为教学资源。基础特别差的学生就读“百词斩爱阅读”版，基础好点的就读 PDF 格式的版本。PDF 格式的版本是较好的，因为根据维果茨基的最近发展区(Saville-Troike，2008：112—113)，略高于学生现有水平的层次能更好地挖掘学生的潜在发展水平。这个版本难度大概是初三或者高一的水平，生词不多，大多词语根据上下文能猜出来，小说长度也比较合适，如果连续读，学生大概六七个小时就能够完成。

2. 任务设计

阅读材料确定之后，就要考虑阅读任务的设计。我从三个方面考虑：时间设计、课堂任务、课后任务。

(1)时间设计

小说有短篇、中篇、长篇之分。学校里的小说阅读一般不适合战线拉得太长，因为这样特别容易读后忘前，抓不住要领；也不太适合课上阅读，因为课堂时间有限，且课堂上长时间静默阅读容易疲惫。所以这次阅读 *The Adventures of Tom Sawyer* 的任务，时间安排在“十一”长假，七天时间不长不短，学生每天阅读 40 分钟左右，既不疲惫，也有连续性。

(2)课堂任务

小说阅读如果都在课下进行，课堂没有体现、没有交流，学习效果要大打折扣，于是我设计了在课上基于课文又高于课文的任务。课堂任务我分为四课时，其中两课时是阅读交流课，另外两课时是戏剧展演课。

①阅读交流课

在按照常规阅读教学谈主要内容，确认故事的时间、地点、人物、事件等要素的基础上，我用“问题串”[①]的方式引导学生进行深层阅读，让学生欣赏英语语言的力量和美。比如，关注文章使用的一些修饰语。例如文章的第一章，第一句是“It was a beautiful Saturday morning”，我就问学生“Why is it beautiful?”(Because you are supposed to relax on Saturday)。

① “问题串”：连续提出的两个或两个以上彼此之间存在某种逻辑联系的一系列问题(成青，2011)。

中间部分“Tom kept painting and answered carelessly”，我问为什么用“carelessly”这个词。末尾“Tom slowly gave Ben the paintbrush”，我问为什么用“slowly”这个词，再追问 Tom 是个什么样的人（smart，foxy…）。Ben 在与 Tom 的对话中用了很多反问句，如“Don't you wish you could come instead of work”“Isn't that work”“You can't mean you like it”，Ben 问这些问题是什么意思？反问句有什么功能？再追问 Ben 的性格是什么样的（simple，childish…）。

由于课本的节选同样是一个比较简化的版本，阅读课的第二课时我打印了 PDF 格式的同一个章节的内容，让学生做对比阅读，对比两篇文章的相同点和不同点，尤其是不同点，同时让学生体会 PDF 版是如何把这个故事讲得跃然纸上、引人入胜的。比如课文的第一句“It was a beautiful Saturday morning”在 PDF 版上是“It was Saturday morning. All the summer world was bright and fresh，and full of life. There was cheer on every face and a spring in every step.”我问学生：“作者是如何表达‘beautiful’的，你看了是否觉得很美呢?”再比如课文版只用了一句“along came Ben Rogers with a juicy apple in his hand”，而 PDF 版用了很多的笔墨来描述 Ben 是如何来的，“As he walked along，he was making noises like the sound of a river boat. First he shouted loudly，like a boat captain. Then he said ‘Ding-Dong-Dong’，‘Ding-Dong-Dong’ again and again，like the bell of a riverboat.”我问学生此段描写的作用是什么，再追问学生 Ben 是个什么样的人。此外，PDF 版对课文的开头和结尾都有补充，比如开头交代了 Tom 在想到让 Ben 替他干活这个好主意之前是多么的难受，还有结尾 Tom 最终的收获，不但让更多的孩子替他干活，还收获了很多好玩的东西，以及他发现的人类行为的规律。这些交代是不是让这个人更立体了？

②戏剧展演课

另外两节课，我采用了戏剧表演的形式，其中一节课展演课本的情节，这是放在课本节选阅读课之后的一课时；另一节课是展演学生最喜欢的小说中的一个情节或故事，这是放在对比阅读课本和 PDF 版同一章节的课时之后，以此促进学生认真品读小说。下文将详细对展演课进行介绍。

(3)课后任务

整个阅读教学研究期间，我设计了六个读后任务。

“十一”期间的小说阅读，我给学生布置了两项任务：一是做读书笔记；二是画一张人物关系图。

①做读书笔记

做读书笔记就是让学生积累阅读中的好词好句和抄录词典中查到的生词、好词好句。阅读英语小说，学生最关心的还是语言这个方面，所以设计这个任务的目的是让学生的阅读有所侧重，扩充学生的词汇量和知识面，同时也是把“阅读”这个非笔头作业落实到笔头以检测阅读效果的手段。生词抄录和好词好句积累，不同的学生会有不同的关注、不同的收获，是让学生完成的比较个性化的任务。

②画关系图，厘清人物关系

小说一般都有多个人物，关系错综复杂，所以厘清人物关系是读懂小说的关键。画人物关系图也能检测学生对小说的理解，只有在理解整篇小说意义的基础上，学生才能反过来更好地理解每一个词、每一句话的巧妙和恰到好处。

除做读书笔记和画人物关系图外，我还给学生布置了四项课后任务：戏剧排演；做英文海报；第二次戏剧排演；看电影。

①戏剧排演

课堂讲解后，我给学生布置了课后排剧的任务，让他们在下堂课把故事情节排演出来，加深理解和语言运用。为了让每个学生参与，我把40个学生分成五六个人一组的小组，每组除了两个主演Tom和Ben，还可以有导演、旁白，而且我还把学生引到完整的小说中以便更好地体会课本中节选的情节。其实除了Ben替Tom刷篱笆墙以外，还有其他的孩子替他做了，学生可以把Tom是如何诱导其他孩子刷墙的情节演出来(这个部分PDF版也只是概况地写了其他孩子也来用玩具“贿赂”Tom替Tom刷墙，需要学生基于对整篇小说的理解并基于Tom的性格特征等进行合理想象)，这样小组中就可以出现三号、四号演员。

②做英文海报

在戏剧表演结束后，我又给学生布置了一个周末任务——做一张英文海报。海报的内容包括三个部分：对整本书的简介；对作者的简介；你最喜欢的章节或故事的简介并简要说说为什么喜欢。我还特意告诉学生：这个海报是为我们下周下一轮的戏剧表演做基础，因为下一轮的戏剧表演将会排演同学们最喜欢的章节或故事。那为何要在第一次戏剧表演之后设计这个任务？因为戏剧表演把整个小说教学推向了高潮，正如我前面所说，学生为了演好戏剧，额外做了很多工作，比如很明显很多学生把课本中的小说章节又重新读了一遍，所以他们才能更好地增编或者改编剧本。那么为了下一个戏剧表演，学生们一定会再次认真阅读，这样做起海报来也一定更认真，然后我们再把海报在班级的文化墙上展出，再次把小说阅读推向一个高潮。

③第二次戏剧排演

第二次戏剧表演是在第二个课堂阅读课时之后，这次让学生选取自己最喜欢的章节。其实这个选择的过程我也是动了脑筋的。这次我还是规定原表演小组一起表演，这样他们就必须协商到底演哪一章节或情节，他们就要说服对方自己最喜欢的章节是最好的。这样做，学生对小说的理解和对语言的运用就更深一层了。

④看电影

在小说学习结束之后，利用两个午自习的时间，我给学生播放了1938年版的《汤姆·索亚历险记》的电影，让学生再次感受小说的魅力。

三、探索效果

针对最初提到的两个研究问题，笔者采用了访谈的形式进行跟踪，最后得出如下结论：第一，对于学习积极性和语言水平不高的学生，小说阅读的活动可以起到促进作用。比如受访学生普遍反映学习英语的兴趣增强了，其中L同学反映英文小说让他从一个不喜欢英语的人变成了喜欢英语的人，他说："兴趣大大增强了，说实话，我初中不喜欢学英语，我觉得没意思，但是这次读小说，我觉得英语也挺有意思的，英语的语言也挺美的，尤其是也可以有'All the summer world was bright and fresh''Waves of happiness went over him'这么美的句子，我以前没见过。"第二，学生普遍最喜欢戏剧展演活动，还提到戏剧展演活动有帮助记单词、让自己读得更细致、加深对情节的记忆、更好地剖析人物性格以及开展小组合作等优点。所有同学均表示愿意继续坚持阅读英文小说，提到了小说阅读对记单词、了解西方文化、增强语感、增加阅读欲望、增强学习信心等诸多方面的好处。对于如何更好地把课堂和课后的阅读活动相结合，可能是因为笔者的访谈问题设置得有些问题，学生没有给出建议，只回答了最喜欢哪个任务设计。从笔者实践的经验看，活动越丰富越受学生的喜欢，因为学生喜欢从不同的角度学习，因此，应尽可能多地刺激学生不同的感官，设计不同层次、不同难度的活动，让学生们都有所收获。

从学生课堂和课后的表现以及任务完成情况来看，此次 *The Adventures of Tom Sawyer* 阅读收到了良好的效果，主要归结为三个方面。

(1)多方面促成了学习的发生

比如，从语言学习的角度来说，学生的读书笔记各不相同、有多有少，但都是学生阅读的痕迹，最长的有写了七八页的，积累了“There was cheer on every face and a spring in every step”“His mind was busy with other things”等又美又实用的句子。

从文本理解的角度来说，对于人物关系图，多数同学动手动脑捋出了主要人物：Tom 的阿姨 Aunt Polly、Tom 的好朋友 Huckleberry Finn 和 Joe Harper、Tom 的女朋友 Becky Thatcher、Tom 看到的杀人犯 Injun Joe、被杀的 Doctor Robinson 和被冤枉的 Muff Potter。有些同学画人物关系图分了几个层次，如 Tom 的家人、Tom 的朋友、其他村民。还有些同学把人物之间错综复杂的关系都用箭头做了标注，比如 Mary 是 Tom 的堂姐，也是 Aunt Polly 的女儿；Huckleberry 是 Tom 的好朋友，最后被寡妇 Mrs Douglas 收养等。课堂活动中的小说阅读课促进了学生的深度阅读，老师的步步追问让学生思考和欣赏了英语的语言美和文学美，分析出了小说中主要人物的性格特征和小说的时代意义等。

(2)增强了团队合作

小说阅读中有许多任务，其中课堂讨论、课后戏剧展演是需要学生通过团队合作才能完成的。通过观察我发现，即使是英语最差的学生也会出于对团队的责任感或对表演的热爱而积极投入活动当中。比如有几个学生为了演好演出彩，把小说的相关章节进行了回读；也有几个孩子“十一”假期没有认真阅读或者只读了百词斩爱阅版的版本，后来因为演剧和做海报的需要又认真阅读了 PDF 版本。

戏剧展演这个任务特别受学生的欢迎，两次准备的时间都很短，学生们一整天都在上课，第二天就要演出，但是学生们却超级漂亮地完成了任务。简单的舞台布景、渲染气氛的背景音乐、丰富的肢体语言、抑扬顿挫的台词、额外地增编改编，把故事演绎得生动有趣，把人物诠释得惟妙惟肖，让我啧啧赞叹。这背后无疑体现着团队合作的强大力量。

(3)学生多方面的潜能得到了挖掘

如果英语学习不仅能学习英语还能激发学生其他能力的发展，那应该是最好的效果了吧？首先，在海报的制作中，很多喜欢美术的同学施展了才华，美术才能得到了发展。其次，在戏剧表演的过程中，很多有表演天赋的同学得到了锻炼，很多有组织能力的学生过了导演瘾，很多有文笔或有想法的同学充当了编剧，很多有动手能力的孩子高效精巧地做了道具，很多有音乐细胞的同学创设了渲染气氛的背景音乐，甚至有一个同学用口技配乐……在短短的不到一天的时间里，学生能把课本中节选的小说内容排演出精美绝伦的一台戏，让我真切地感觉到学生的能力无限。有两组学生想到把故事里面Ben吃的苹果拟人化，为此还给演苹果的演员加了台词："Eat me! I'm sweet."有多组同学把黑板当成了Tom刷的篱笆，把扫帚或抹布当成了刷子，把水桶里的水当成涂料，在"篱笆"上又是涂，又是画，又是点，又是勾勒，或者直接就涂鸦各种形状，以体现刷篱笆其实就是一门"艺术"。还有一组同学把Tom的刷子拟人化，干脆就揪着演刷子的同学后背的衣服拽来拽去，演刷子的同学举着手"顺从地"左移右挪，那一幕真是太滑稽、太有创造力了，后来演刷子的同学还被学生评为最佳演员！最后，学生其他能力的发展又会反过来提升学生英语学习的热情，何乐而不为？比如一班的某同学是因为缺乏自信和兴趣而不爱学英语，他通过自己擅长表演的特长在团队合作中为小组争了光，全班同学为他鼓掌喝彩，之后他变得更加自信，第二次戏剧展演他又带给大家一次惊喜。同学们说他为了表演得更好，反复练习台词，我感觉他学习英语的态度有了明显的积极的改变。

四、研究反思

综上所述，在实施英文小说阅读时，我认为需要注意两点：一是要选择适合学生水平、贴近学生生活的读本；二是要将课堂、课后的任务驱动相结合，并且要基于课程标准提出的"英语学习活动观"设计不同层次的活动让学生去参与，从而发挥学生的主体作用。

回顾这次阅读教学，还有几个地方我做得不够好，比如"脚手架"搭得不够，在第一次表演中我发现有些孩子的单词发音不准，比如"fence"这个词就有几个同学发音不准；还有的同学剧本扩编或改编得不够合理，比如有一组为了增加笑点把后边的情节发挥成了替Tom刷篱笆的孩子最后都觉得又累又烦受骗了，其实Tom的计策用得非常成功，他的朋友们应该是不会看出纰漏的。所以老师应该在设计戏剧表演任务之前给学生充分的支持，给学生机会问问题，也应在阅读课上深挖主旨，引导学生合理地改编或扩编剧本，抑或是在戏剧表演之后的评价环节提出更好的建议。

这次尝试让我对英语小说阅读有了更深入的思考，正如汪艳老师所说的："语言是思想的载体。要在做中学英语，在用中学英语。"当英语教学变得不那么功利，学习就自然而然地发生了。我们总担心学生这也做不好，那也做不好。之前，我一直担心自己给的准备时间这么少，学生一定演不好，其实学生远比我们预估的要优秀得多，只要我们信任他们，让他们放手去做，当然也要投其所好，给他们铺设台阶，他们一定会让我们惊喜。我现在似乎也明白了汪艳老师所说的，要想做一个好的英语教师，最重要的是观念上的转变，学多少种方法都抵不过理念的更新，不能畏首畏尾、故步自封，要勇敢地去尝试，做着做着想法就多起来了。

课堂提问的选择：封闭还是开放?

曹巍巍

一、研究目的与意义

课堂听评课时，我们会看到这样的场景：教师提出一个问题，全班同学或沉默不语，或用一两个简单词汇回答。提问并没有像教师预想的那样促进学生思维。由于提问的设置，很多课堂气氛沉闷，教师话语量大大超过学生的话语量。在这样的课堂，教师的语气、节奏很急促，渴望学生迅速给出一个符合教师期望的判断；当学生想要说出一个与教师预设不一致的回答时，教师会不假思索地否定学生，“纠正”学生，让其说出教师心目中的“理想答案”。此外，还有另一种课堂：课堂上学生思维闪现如泉涌一般，在教师的引导下不断迸发出“火花”，学生畅所欲言，甚至还有辩论。为什么会有两种不同的课堂呢？关键在于教师设置的问题是封闭的还是开放的。

本研究着眼于对课堂教学中两种不同类型的问题的研究。简单定义一下两类问题，第一种是封闭性问题，也就是我们常说的“是非问题”(yes-no question)；第二种是开放性问题(open-ended question)。什么是是非问题呢？是非问题指只需要用“是”或”否”来回答的问题(It refers to a question that only requires a yes or no answer)。什么是开放性问题呢？开放性问题没有唯一的答案，一般需要学生谈自己的观点、感受和理解。

这两类问题的形式不同、作用不同、使用场合不同、使用效果也不同。有必要对这两类问题做一番探究，发现其异同，以便教师在恰当的场合选择使用。新修订的《普通高中英语课程标准》提出学科核心素养的四个维度，思维品质是其中之一。不同类型的问题会对学生的思维产生不同程度的影响，这也是我们必须要研究这一问题的原因之一。

二、两类问题的分析

通过观察课堂发现，封闭性问题和开放性问题产生的课堂效果是完全不同的。为什么很多教师的课堂问题设置还是不尽如人意呢？归根结底是因为教师们对这两类问题的认识不够，不能定义、区别，甚至分辨出哪些问题是封闭的，哪些问题是开放的。

第一，从语言形式上看，封闭式问题大多是一般疑问句、选择疑问句或答案唯一的特殊疑问句。问题比较简短，包含的内容层次比较单一，答案是唯一的。如：

Do you like it?

Yes or no?

Agree or disagree?

Are you for or against it?

Which one do you like better?

而开放性问题多半是以 why，how，what 等开头的特殊疑问句。开放性问题的句子一般长于封闭性问题的句子，设置的内容层面较广，需要学生用一句或几句话进行阐述和说明。如：

Why do you think so?

What's your feeling when…?

How do you explain the fact that…?

What effect do you see in the implementation?

因此，我们可以准确地从语言形式上区分这两类问题，并对它们加以研究。

第二，从使用问题的环节上看，封闭性问题多出现于课堂的起始环节，如 warm-up、prediction、pre-reading/listening/writing 等环节，起到推定、探测或诱导性的作用。同时，封闭性问题还出现于回答事实性问题的环节，如阅读完文章后向学生提问：How many people are there in this story?

经过观察发现，开放性问题多出现于教学的 while-reading/listening/writing 和 post-reading/listening/writing 环节，能够达到从被询问者那里获取更多的附加信息的目的。如：

Can you tell the further clue?

Would you like to give me some examples?

第三，从语言能力的培养来看，封闭性问题的语言输出量大大低于开放性问题的语言输出量。封闭性问题的回答都很简短，语言输出较少，用yes/no或几个单词即可解决。回答不需要深层的解释，基本上是对事实进行判断。学生不需要调动大脑中已有的大量词汇和语言来进行综合的分析和运用，对于语言能力的培养是有局限性的。开放性问题的语言输出量较多，一般需要用几个句子才能解释和表达清楚，有的还需加入学生个人的经历和情感态度才能说清，这样一来，就给使用语言提供了更多的机会。学生结合自身经历，调动已有的词汇和句型，有层次地对问题进行解释说明，可以激发学生产出更多语言，促进学生思维的发展。

第四，从思维层次的角度来看，封闭性问题和开放性问题分属于不同的思维层次。下面我们根据布鲁姆分类学来分析一下这两类问题对应的思维层次。布鲁姆分类学是美国教育心理学家本杰明·布鲁姆于1956年在芝加哥大学所提出的分类法，它把教育者的教学目标分类，以便更有效地达成各个目标。布鲁姆分类学把知识分为三个范畴，即认知范畴、技巧范畴和态度范畴。认知范畴又分成六个层次，即记忆、理解、运用、分析、评价、创新。如图1所示：（从下面的记忆remember到顶端的创造create，由低到高排序）

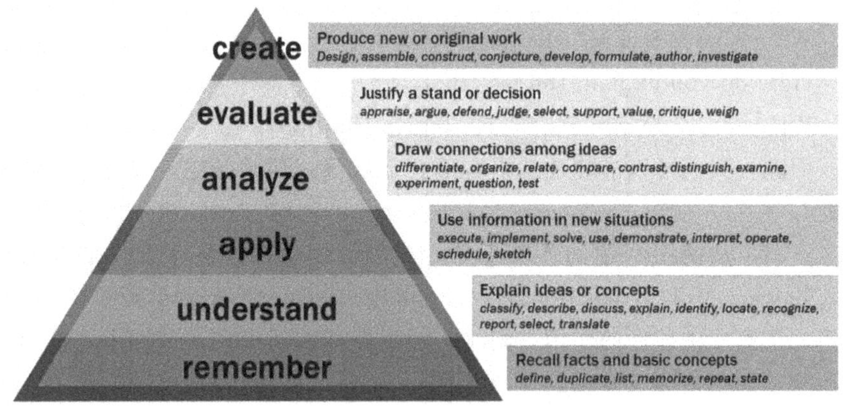

图1 布鲁姆分类学认知范畴

根据这一分类方法，我们不难看出封闭性问题从分属和运用思维的层次来说，属于比较低层次的思维，即简单事实判断，属于记忆知识（remember）和理解知识的层次（understand）。而开放性提问在分属和运用思维层次方面可以涉及更高的层次，即运用（apply）、分析（analyze）、评价

(evaluate)、创新(create)。因此我们也可以得出这样的结论，那就是开放性的问题更有利于批判性思维、创造性思维等高层次思维的形成和培养。

三、两类问题的使用

当我们在观摩和分析的基础上，一定程度地理解了封闭性问题和开放性问题的基本定义和架构后，我们就需要思考一下我们的课堂应该怎样设置问题，考虑封闭性问题和开放性问题的优缺点。封闭式问题能准确地获得信息，快速有效地起到推定、探测或诱导作用。在提问和回答的过程中用时少，教师能够顺利地掌控局面，更不会失去话语权，提问者能够掌握询问节奏、方向，甚至掌握回答人的情绪和态度，引导课堂向提问者希望的方向发展。虽然优点不少，但缺点也极为突出。封闭性问题实际上是一个思维反应不完全的过程，在回答封闭性问题的同时，提问人(教师)往往还需继续提问，才能将所需要的答案问清。这就导致回答人(学生)回答的信息不完整，也可能因为提问者(教师)的引导而阻碍、限制回答者(学生)的思维，更有可能会导致误导性的假设和结论，即教师所问出的答案并非学生的真实想法。

开放性问题的提出是为了从被询问者那里获取更多的附加信息，被询问者很难用一到两个词语回答这个问题。因此开放性问题有时又被称为无限响应问题或不饱和问题。回答者(学生)要调动词汇和原有知识对所提出的问题进行思考和分析，以求能够表达清楚自己的想法。开放性问题有助于得到大量信息和事实细节，有助于激发回答者的谈话热情并调动其积极性，更有助于建立提问者(教师)与回答者(学生)双方的信任感，建立和谐环境，达到提问者和回答者思想上的共鸣。但是，开放性问题就没有缺点吗？当然有缺点。开放性问题的缺点是教师心知肚明的，这也是为什么很多教师知道设置开放性问题的好处却不太敢于挑战它的原因。首先，开放性问题在回答时间上是不可控的，可能会导致不必要的时间浪费。对于一节 45 分钟的英语课堂来说，时间是非常宝贵的。如果我们设置了很多开放性的问题，就很有可能导致我们完不成教学任务，这是十分要命的。其次，开放性问题可能会导致不必要的信息的产生。我们都知道教师在备课的过程中会对所讲的内容有预判，即本节课要实现的目标、教学的基本环节以及学生的基本反应，也有可能再添加上教师个人的观点和态度。学生把自己的思维大量地表达出来，有可能产生与课堂无关的信息，甚至有可能是与教师观点相悖的信息。这就对教师提出了很大的挑战。而大多数教师在处理这种情况的时候缺乏经验，一部分教师为了课堂效果忽略学生的表达重点；一部分教师为了使课堂“无偏差”地进行，急于纠正学生的观点；更有一部分教师没有能力处理这种突发情况，导致课堂教学的“断节”，使所谓的讨论成了摆设。这也是教师在课堂上不选择开放性问题的原因。最后，开放性问题可能使部分学生失去话语权。当学生的回答与教师所期望的答案相左时，有的教师会使用权威“拨乱反正”，最终导致学生对开放性问题的讨论失去兴趣。

但通过我们的观察和分析，我们看到开放性问题在课堂上引发的所谓“缺点”，实际上是与教师个人能力和对课堂的把控有关的。我们看出，开放性问题所引发的“问题”归根结底是教师如何设置开放性问题的问题，这就给我们解决这个问题提供了方向。

四、解决问题的方法

课堂提问是选择封闭性问题还是开放性问题？如何克服这两种问题各自的不足？在对教师们的课堂进行观察和与教师开展座谈后，我们找到了两个解决方法。

（1）减少和避免封闭性问题的不足

在这里我们要强调，不是不使用封闭性问题，而是要选择性地、控制性地、指导性地使用封闭性问题。

①巧妙地设计句式，控制一般疑问句的产出。前面了解了封闭式问题的语言形式特点，那么在设计问题时，我们要尽可能少地使用简单的一般疑问句，在必须使用的时候再用。

②在提问时充分考虑学生的感受，少问“Do you understand?”“Are you clear?”“It's good, right?”这一类的问题，减少学生的机械式回答以及不需要语言的输出，只要点头即可的问答。

③在设计提问时，在必须使用封闭式问题获得实时信息的情况下，教师也应该仔细考量，不提过于简单的问题。这种一眼就能从文中发现答案的问题对于学生的思维是没有促进作用的，学生对这样的问题丝毫提不起兴趣，课堂会因此陷入“翻书本—画答案—念出来”的乏味教学。

④设计问题时可选用多种形式，甚至可以不采用问问题的方式。可以用一些描述性词汇或指示性词汇来解决这一问题。如：describe、talk about、tell me about、give me some clues 等，引导学生说出更多的信息、补充更多的证据。

(2)设计有效的、高质量的开放性问题

①提问理解性的问题(comprehension questions)。理解性的问题是指经过思维、判断、消化后产生的答案，这一类问题不属于一眼能看出答案的问题，都需要学生经过思考和整合进行回答。如：北师大版《高中英语》(必修 4) Unit10 Lesson 4 *Advertisements* 这一课中，教师提出了这样的问题：

T：We can see advertisements everywhere. Talk about whether you like advertisements or not，and tell me why. Who would like to answer this question? OK，now Yang Changjian please.

S1：I like it because I think some advertisements can let us know the product.

T：OK，thank you so much.

S1：And call the public attention.

T：Thank you，good answers. And volunteers? Chen Wentao please?

S2：I like it because it can delight our daily life.

T：Thank you，thank you so much. And anyone else? Now Kang Di please?

S3：I don't like it because when I watch some TV programmes it always disturbs me and it is long and boring.

T：OK，thank you. Kang Di said it was long and boring and wasted our time. Maybe! OK! Then I will show you two videos，and we'll see whether you like advertisements or not，OK? Now let's begin.

通过这一段对话我们不难看出，从问题的提出到观察话语量，学生的思维是开放的、发散的，答案是不唯一的。教师在这一环节中通过提问，鼓励学生说出自己的想法，且教师没有加以限制，学生通过课堂前期的引入和初步阅读文章形成自己的观点和态度，起到了促进思维的作用。

②提问实践性的问题 (practical questions)。实践性问题是与学生生活相关联的问题，或者是学生通过观察、讨论、动手、实操可以解决的问题。如：在讲授 *Five Secrets of Success* 这节课时，教师给出了以下材料：

Tom needs help!

Tom is feeling depressed and hopeless recently because he has failed to pass the ranking exam for his instrument again. He loves playing the trumpet but he is recently obsessed with computer games，which has taken up a lot of his spare time. The next ranking exam is in January, but he is not sure whether he should take it, because he is afraid to fail again.

之后，教师向学生提问：How can you encourage him? What advice can you give him to help him become successful? Please role-play a conversation between you and Tom.

我们不难看出，这是一个很典型的实践性问题。学生在听完教材本身的听力材料后，产生了对“决定成功的五要素”的深层理解。当教师提出这些实践性问题时，学生能立刻产生共鸣并结合已有知识表达观点、进行实践操作。

③提出个性化的问题(personalized questions)。在我看来，个性化的问题是基于全体学生的水平，针对不同层次学生的需求提出的问题。如：在北师大版《高中英语》(必修 2) Unit 5 lesson 1 *Alanis—A True Performer* 这一课当中，教师提出以下问题：Why did the author use “true” to describe Alanis? According to your experiences, talk about your understanding about the “true”.

我们看到，学生对于“true”这个词的理解是不同的，学生根据以往经验，结合自身道德素质能说出很多不同的理解。教师通过这样的提问环节能够更加了解学生，看到学生的认知。学生通过回答这一问题锻炼了整合思维的能力、表达的能力和分辨能力。师生在讨论的过程中既对文中“true=professional”这一结论达成了一致，也讨论了生活中怎样做“true people”的问题，达到了道德素养的提升。

④提出主观性的问题(subjective questions)。主观性问题是人对某件事物的一种思维看法，是随着人的认识的不断深化而发展变化的。在设计 *The Boy in the Striped Pyjamas* 这一小说的阅读学案时，我提出了以下问题：

In the Anticipation Guide that follows, write “T” in the “Before Reading” column if the statement is true in your opinion. Write “F” if you feel the statement is false. After completing the book, mark your answers again in the “After Reading” column to see if your opinion has changed. And talk about why your opinions change.

Statements	Before reading	After reading
It is difficult to adjust to living in a new place.		
When you see someone being mistreated, you should always try to help.		
Sometimes it is better not to know if something horrible is going on around you.		
It is difficult for children to see the faults of their parents.		
A person can be kind to some people and cruel to others.		
Betrayal of a friend is unforgivable.		
People are more alike than they are different.		
It is possible to judge someone even before you get to know that person as an individual.		

在这一环节的设计中我们不难看出，这一环节带有强烈的主观性。在小说阅读未开始阶段，学生通过主观性判断完成对这些问题的回答。在小说阅读结束后，学生结合阅读理解的内容再次回看这些问题，审视自己前后观点的差异，谈论理由和思维变化的过程，这是一种很主观的判断过程。这样的一种思维变化过程就是学生自我反思的过程，更融入了对小说内容的批判性思考，非常有利于学生的表达和思维的发展。

五、研究后的思考

在本次研究中我对教师课堂中如何设计问题有了更深层次的理解和认识，对于封闭性的问题和开放性的问题也有了更加客观的认知和评价。归根结底，问题的设计都是围绕思维展开的，我们更多地选择设计开放性问题，无疑是为了锻炼和促进学生的思维，尤其是批判性思维。能够激发、培养学生批判性思维的问题应该满足批判性思维所涵盖的范围，如图 2 所示：

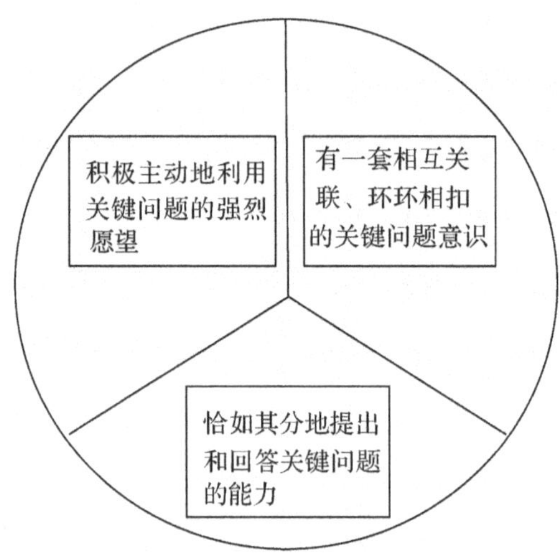

图 2　激发批判性思维的问题

根据图 2 我们看到，设计开放性问题需要围绕批判性思维的要求，既要有“积极主动地利用关键问题的强烈愿望”，也要意识到“要有一套相互关联、环环相扣的关键问题意识”。也就是说，教师在设计问题时要围绕“提高学生批判性思维”这一重点进行。更多地使用较高质量的开放性问题可以提高学生自我审视、自我批判以及促使学生寻找答案的愿望。不仅如此，学生在开放性问题的引导下不断地和自己的阅读素材“互动”，能够批判性地评价所读的材料，在客观评价的基础上得出自己的结论，形成自己的思维，锻炼自己的表达能力。因此，教师要保持积极的态度，努力去设置符合学生思维发展的开放性问题，提高学生语言表达的能力，促进学生思维的发展。

复习课上的思维导图

赵　娟

一、研究目标

本文所研究的思维导图复习法在设计上是基于解决学生在作文复习阶段，尤其是在情景作文中存在的一个比较严重的问题，即：想用句型来写作，尤其喜欢用定语从句，但是一用就错，结果反倒白白失去很多得分点。本文研究的目的在于用学生喜欢的、加深记忆的思维导图节省复习时间，解决这个难题。

二、相关研究及背景分析

思维导图作为一种教学工具和教学策略，有大量的相关研究。研究表明：第一，思维导图可以帮助教师提高教学效率；第二，思维导图可以帮助教师提高课程计划的质量；第三，思维导图作为一种教学策略可以有效降低学生学习的焦虑和紧张感；第四，思维导图可以大幅度地提高学习者的态度；第五，思维导图策略适合于学科课程，在涉及英语学科的各个不同方面，思维导图也均有适用并效果明显。

同时，思维导图作为一种学习工具和学习策略具有如下优势：第一，思维导图可以通过修正学习者的知识结构帮助学习者进行有意义的学习；第二，思维导图可以作为元认知策略对学生进行创造性的训练；第三，思维导图可以作为一种创造性的问题解决工具；第四，思维导图可以作为合作学习的工具，基于计算机的概念图还可以分享不同学习者的认知；第五，思维导图可以作为认知学习工具，影响知识领域内认知能力的获得。

可见，思维导图作为学习的一种策略，可以成倍提高学习效率，增强理解和记忆能力，把学习者的主要精力集中在关键的知识点上，不需要浪费时间在那些无关紧要的内容上，节约了宝贵的学习、复习时间，这尤其适用于毕业前的复习。在实施的过程中，学生对这种新的方式很感兴趣，接受起来也很顺畅。

而且，思维导图具有极大的可伸缩性，它顺应了我们大脑的自然思维模式，是一种高效的右脑学习模式。它可以使我们的学习目的等自然地在图上表达出来，也能够将新旧知识结合起来。学生在高一高二学习新知识的时候总是不能很好地将新旧知识结合，甚至到了高三临考前，还常常以死记硬背的方式学习文科，尤其是英语。对于思维导图的利用不仅是对学生学习的一次革命，也是对学生宝贵复习时间的一大释放！

高中阶段，尤其是高三临考阶段，对于英语写作能力的巩固、提升至关重要。学生在学习了大量的单词、短语和语法后，却经常不能自如地使用。教师单方面地输入，学生却不懂得或无暇体会如何输出，如何学以致用。《普通高中英语课程标准(2017 年版)》规定："写是书面表达和传递信息的重要手段。培养初步写的能力是英语教学的目的之一。"然而它又是最困难的一项，是学生，尤其是考生的薄弱点，也是我们英语教学的瓶颈。因此，我在自己的实际教学中特别重视写作教学，尤其在备考阶段。对于始终难以突破的写作问题，就将难题转化为课题，利用思维导图等好的方式进行写作教学。如本研究所要解决的就是现在凸显的一大写作问题：学生想用句型并开始用，尤其是定语从句，这是优点；但是却很难用对，失了分，这是难题。我将难题转变为我的课题，以期实现高三最后阶段的高效英语课堂。

三、实施过程

教师布置学生思考并绘制思维导图[①](mind-map)一张，目的是反思作文中能用到哪些项目(句型等)。学生进行课前展示，说明作文中可用哪些句型(具体见图 1 至图 5)。

---

① 本文中的思维导图均根据学生的实际导图和内容改编。

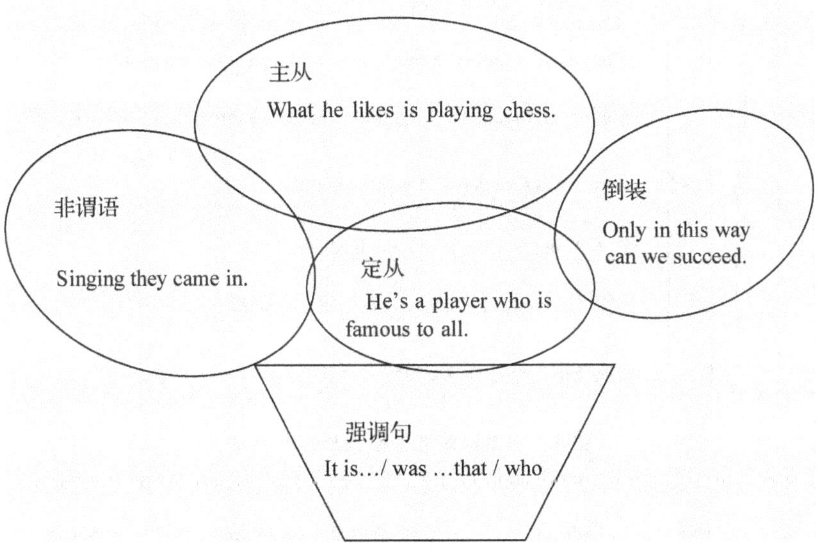

图 1　学生课前准备阶段思维导图 1

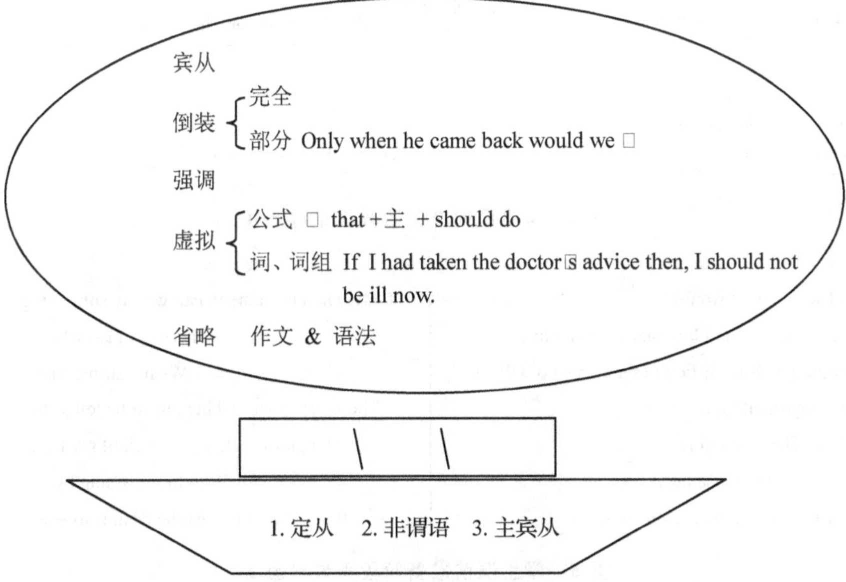

图 2　学生课前准备阶段思维导图 2

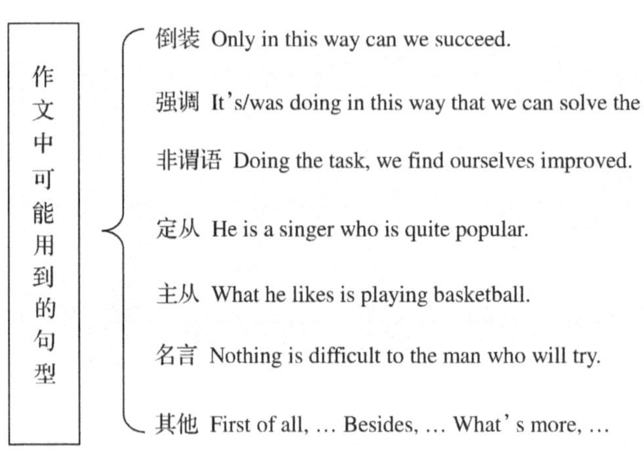

图 3 学生课前准备阶段思维导图 3

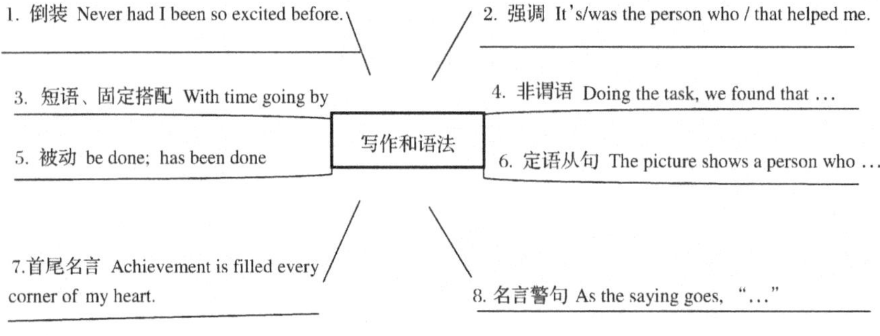

图 4 学生课前准备阶段思维导图 4

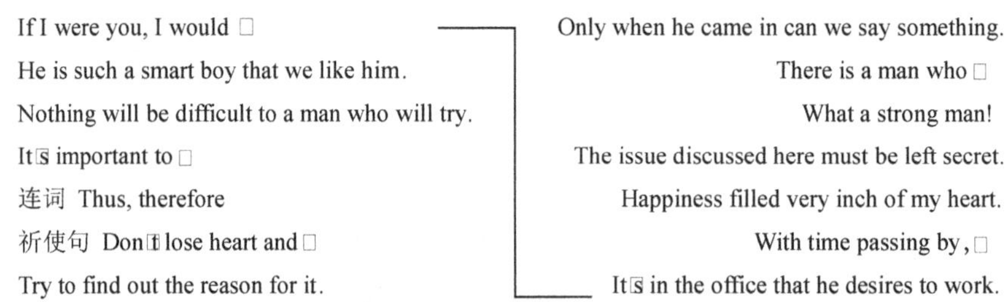

图 5 学生课前准备阶段思维导图 5

第一步：教师展示英语小诗，使学生紧张的神经得到放松，让学生体会诗句的美丽，引导他们找到其中的定语从句。学生齐读、自己读诗，翻译并体会美在何处(美正是因为有定语从句)，从而明确在学生们自己绘制的上述思维导图中，为什么定语从句都是一个重要部分。

第二步：

(1)教师活动

①出示一幅图(情景作文题目)，并出示两组句子，让学生朗读并体会哪组句子更好、可能会带来高分。

②通过让学生做几道单选题来自己简单概述定语从句的主要用法，让学生以思维导图的形式来复习定语从句的做题方法或者书写方法。

(2)学生活动

①观察图并朗读两组句子，比较得出第二组的定语从句在表述上更简明高级，意识到定语从句是作文中，尤其是描述图片很有效的一种方法，是得分点。

②学生通过做几道填关系词的题来主动地复习既有定语从句的知识，并到黑板前完成定语从句解题方法思维导图(见图 6)。

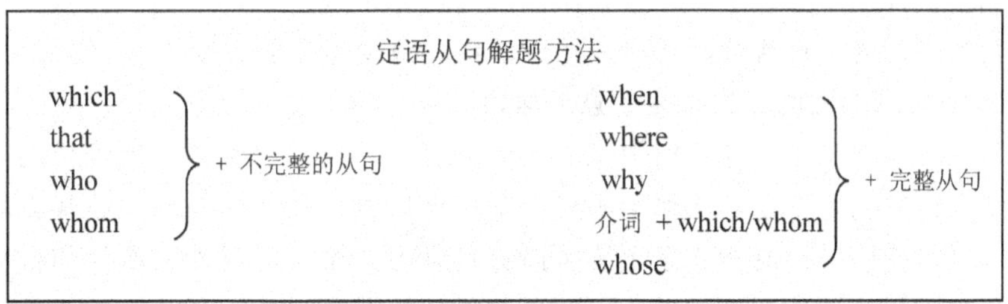

图 6　到黑板前完成定语从句解题方法思维导图

第三步：

(1)教师活动

利用第二步所得出的思维导图引导学生完成四组练习题目。

(2)学生活动

①将学生作文中的两个单句改为含有定语从句的一个复合句。

②改正学生作文句子的错误并将句子翻译成中文。

③试用定语从句来描述作文图景。

④试用定语从句来描述情景作文第一段。

第四步：学生利用思维导图来总结本节课所学知识，应用思维导图(见图 7)实现知识输出。

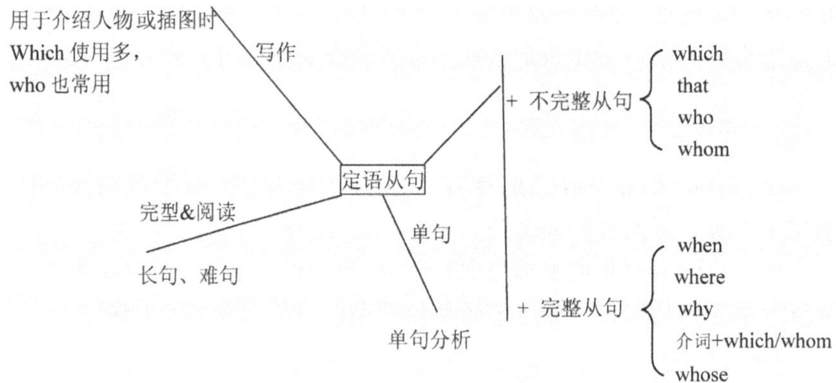

图 7　本节课所学知识思维导图

四、研究反思

总之，在进行应用定语从句的写作教学时，思维导图可以充分调动学生的创造性。要实行学生本位，用思维导图来形成知识网，达到高效写作的目的。同时，思维导图还可应用于词汇、阅读等教学环节。

1. 思维导图能促进学生的意义学习

意义学习指学生在新旧知识间建立联系。本行动研究中，思维导图对于结合语法的写作复习课作用明显，学生可以将以往所学知识与新知识联系起来，这同时也有利于学生按阶段进行学习。学生的反馈表明他们很喜欢这种不枯燥的能调动多种感官的自主学习方式。

2. 思维导图是复习和交流的有效方法

在高三复习阶段，乃至在整个高中英语教学中，教与学双方用思维导图进行交流，可以很直观、清楚地了解对方的主要观点。本研究发现，在写作中可以通过思维导图进行句型、结构的串联，而语法的复习也自然地被加入其中。

研究还发现，在复习阶段，在教学中师生间的交流一般都是“教”跟“学”的关系，教师不清楚学生的想法，学生思维也不活跃。如果师生共同制作思维导图，可以形成良好的师生关系，不但能教学相长，使学生深刻理解学习内容，还能激发学生学习的积极性。

3. 思维导图能促进师生进行反思

写作与语法，这两个高中英语学习的重点和难点，是学生学习输出的主要依托。在针对它们的复习教学中发现，教学反思是教师提高自身素质的有效方法，但是教师一直都没有好的反思工具。制作思维导图不但能使教师更清晰地梳理教学内容间的关系，而且也容易产生更多好的想法。

在写作复习教学中可以采取让学生分组制作思维导图的方法。先让小组内部学生相互讨论、共同绘制思维导图，然后以小组为单位向全班同学讲解自己小组的思维导图，其他组同学可以对其进行修改。

学生在制作思维导图的过程中能够发现自己的薄弱部分，反思自己的学习过程，同时其他同学的想法也会提供好的启发。在这样的复习课堂上，学生参与度高，有很强的学习积极性，一改以往复习课的沉闷与低效。

4. 思维导图使用中需注意的问题

将思维导图引入教学，为教学改革注入了一股新的活力。但是为了进一步科学高效地将思维导图使用于高中英语复习课，需要掌握其使用的条件。本行动研究中，思维导图对情景写作语法句型的总结与复习就非常适用，但即使如此，也要注意细化分支。对于不能划为同类知识的，就不可以生搬硬套。导图的使用一定要基于对知识体系的清晰认识。

另外，思维导图应用于复习，也不必太过拘泥于具体的导图形式，针对不同知识内容可以有不同形式的导图。

总之，学科素养要求我们积极进行学科教学的有益探索，寻求高效的教与学策略，以学生为主体，以“一切为了学生、为了学生的一切”的理念进行教学。通过行动研究，我们发现，思维导图无疑是培养学科素养的助力。在众多课例以及笔者的教学实践中，思维导图发挥了它独有的魅力。它充分体现出基于学情的根本教育理念，能够客观并直观地进行教学反馈，它呈现的不仅仅是知识的掌握和融合，更是学科素养中以学生为本位的人文理念。相信在今后的教学中，思维导图必将进一步展现其魅力。

初中英语泛读：阅读圈

白　雪

一、研究背景

《义务教育英语课程标准(2017年版)》要求初中段学生除教材外，英语课外阅读量累计达到15万词以上。学生完成各科学习之余，还有没有时间进行课外阅读呢？对此我们进行了问卷调查，结果显示：大部分同学在完成作业之余，有课外阅读的时间，但多数同学由于对课外阅读材料的内容不感兴趣以及生词多、读不懂等，致使阅读兴趣不高，没有阅读习惯，能够坚持英语课外阅读的同学更是寥寥无几。

如何解决初中生由于语言能力较低、阅读习惯欠缺和课业负担较重等困难而难以自主泛读的问题呢？我们以学生自主学习为主、教师给予必要指导和督促，这样的课堂泛读教学有利于学生得法于课内、受益于课外，使学生能够在课外自主泛读，解决课堂学习时间不足的问题，将课内和课外学习很好地结合起来。如何提升阅读兴趣呢？我们选择“阅读圈”活动，学生自主阅读、自主讨论与分享。学生根据自己选定的角色，有目的地进行阅读，提高“有意识注意”，提高学习效率。通过不同角色依次汇报、分享和讨论，学生可以有效地对所读内容进行信息加工、思维拓展和深度学习，提升阅读兴趣。“阅读圈”模式在初中英语教学中如何具体操作？能否取得良好的效果？这些是需要探索的问题。

基于以上思考，我开始尝试以“阅读圈”的形式，在英语课堂泛读教学中围绕培养学生阅读兴趣、提升学生英语核心素养展开课堂活动设计。

二、方法步骤

第一步：教师利用课堂时间示范和指导学生独立阅读，同时就阅读时间、阅读内容、最喜欢或印象最深刻的词句、难以理解的词句等做阅读记录；

第二步：根据学生情况每1～2周完成《典范英语》或《书虫》一本书的独立阅读，每周对所读内容进行针对最主要人物、最主要情节的检测反馈；

第三步：每周固定用一课时间组织学生利用“阅读圈”教学法对所读内容进行交流，分享阅读心得。下面以典范英语读物《噢，奥托！》(*Oh*，*Otto*!)为例，谈谈我在实施第三个步骤时的具体做法。

1. 教师阅读

《噢，奥托》是一篇幽默故事，选自《典范英语7》第4册。从故事情节看，主要讲述一个外星孩子奥托在地球学校的有趣经历。奥托能用英语交流，他总是从字面上理解别人的意思，闹出很多笑话。在学校组织的寻宝活动中，他却能够解开线索，击败其他的孩子赢得宝物。最终，善良、包容的奥托赢得大家的喜爱和友谊。该故事发生在学校，这更易于激发学生的阅读兴趣，激活学生已有的知识与感受，从而引发学生与文本产生共鸣，形成积极的互动。从人物形象看，文章塑造了性格鲜明的人物形象：主人公奥托(Otto)善良、有趣，经常犯错，但都是无心之过；查理(Charlie)是个淘气的男孩，因为不开心就故意捉弄奥托，但他敢于承认错误，获得了大家的原谅；安德伍德老师(Miss Underwood)贴心地照顾奥托，严格地要求查理，认真负责，是位好老师。从语言看，诙谐幽默，运用三处双关语(new，right，spell)、两处同音异形词(pair—pear，dear—deer)、两处习语(give someone a hand，lose one’s heads)制造英语幽默。文中使用laugh，giggle，smile，frown，grumble等多个动词表现人物的快乐与不满，生动有趣。从人文性来看，主人公是来自外星球的孩子，和其他孩子比起来，显得与众不同。通过阅读故事，让学生学会面对不同的人、事、物，尝试去理解、去欣赏、去帮助，多一点宽容和善良，让世界更和谐、更温暖、更有趣！

2.“阅读圈”角色的确定

最初开展“阅读圈”教学时，计划设定6个角色：discussion leader，summarizer，connector，word master，passage person和culture collector。但前期教学发现依据学生的现有水平，只能提出when，where，what等细节性问题，很难提出深层次的问题；另外，学生还无法用自己的语言概括文章大意，主要困难体现在无法准确判断哪些是故事的主要情节；以学生现有的阅读和语言表达能力，很难做到赏析文章和收集文化方面的相关信息。

在本节课的教学设计中，我将“阅读圈”中的6个角色删减为4个，这样更适合学生现有的水平。这些任务角色包括：①plot finder负责寻找故事主要情节，是一个过渡角色，学生可以在文中寻找句子或者用自己的语言归纳出what happened，课后作业也布置了写summary的练习，为下一步加入summarizer这个角色做准备；②character analyzer负责在文中寻找supporting details，以此为基础，分析归纳人物性格与品质。人物描写也是本学期课本教学的重点，本课也旨在让学生在阅读中体验并收获人物描写的精要，以此丰富课本教学内容；③word master负责赏析文中的好词好句。在展示环节，教师会根据学生的课堂生成，适时引入英文笑话，在赏析语言的同时渗透文化，体会英语的幽默，也为culture collector这个角色的加入做准备；④connector负责发现文章人物故事与自身经历的关联，理解文章主题。

3. 学生可能遇到的困难

学生在寻找主要情节时可能存在关键信息缺失和不善于概括的问题；学生在分析人物性格时，没有从不同的角度分析人物特点的意识；学生在寻找有趣的词汇时，无法完全理解英语传达出的幽默意味；学生在联系生活时，用英文表达还存在一定的困难。

4. 应对困难预设的活动

以追问的形式帮助学生发现情节中不连贯处，以此补充关键信息；提供范文，让学生体会“概括性文字”和“连接性词语”的作用；追问学生“Charlie的优点是什么”，让学生寻找反面人物的优点；通过品读笑话，指导学生读懂笑话的内涵；要求学生课下认真积极准备，借助字典等工具书自主学习英文表达，课上鼓励学生用英语表达，实在有困难可以用简单的单词或句子，教师可给予语言帮助。

5. 课堂活动

Stage 1. Story review

Step：Students look at the cover of the book and answer questions related to the story.

Q1：What's the title?

Q2：Who wrote the book?

Q3：Who are the main characters?

Q4：Do you like this story? Why?

设计意图：借助图书的封面，以提问的形式帮助学生回顾故事的相关内容(题目、作者和主要人物等)，激活已知内容，调动学生的求知欲，导入本节课学习内容。

Stage 2. Task review

Step 1：Students introduce their different roles in the reading circle.

Step 2：Students make sure they are clear about their jobs in this lesson.

设计意图：明确各小组成员的角色分工及本节课的讨论任务。

教学资源：桌牌展示在“阅读圈”中所承担的不同角色；PPT 展示各小组的讨论任务。

Stage 3. Reading circle (Group discussion)

Step 1：Students have a group discussion.

1. Students express their opinions one by one.

2. Students discuss with one another.

3. Students practice presenting their result of discussion in a team.

Group 1：plot finder

Students decide which events are important to the plot and state the reasons.

Group 2：character analyzer

1. Students choose a character they like most and reread the contents related to the character.

2. Students talk about what kind of person he/she is and find supporting details.

Group 3：word master

1. Students collect some interesting words or sentences to reread, understand and enjoy.

2. Students explain why these expressions are interesting.

Group 4：connector

1. Students connect the story with their lives. It can be sentences or paragraphs.

2. Students share their opinions on “being different”.

设计意图：学生通过小组分享、讨论，确定哪些是故事的主要情节；选择大多数同学喜欢的人物重点分析；分享、讨论故事中有趣的表达法，例如英语笑话、表达情感类的词汇等；联系生活，思考奥托的故事带给我们的启示。

Step 2：Students work together and complete their posters.

Step 3：Students work around the room and see which posters they like best.

设计意图：以小组合作完成海报的形式，培养学生积极与他人合作、共同完成学习任务的学习策略，增强团队意识，激发学生的学习兴趣。在起始阶段，为了更好地完成小组讨论，组长的角色至关重要，需要由具有组织能力、决策能力、团队意识和较好的英语语言能力的同学担任。

Stage 4 Reading circle (Class presentation)

Group 1：plot finder

1. The group share the key events they have found.

2. Listeners give different opinions.

3. The teacher gives comments on advantages and improvements.

4. The teacher provides a possible version to make students pay attention to the summarizing expressions and conjunctions.

设计意图：引导学生学会归纳文章的主要情节，鼓励学生使用高于他们现有水平的概括性词汇并合理使用连词。

Group 2：character analyzer

1. The group introduces someone they like and other students add more describing words.

2. Listeners can talk about their favorite characters or add more describing words or details.

3. Class Discussion：

Q1：Did Charlie have any good qualities?

Q2：Which boy made mistakes unknowingly，Charlie or Otto?

设计意图：引导学生学会关注主要人物，从不同的角度分析人物，认识人物具有两面性。

Group 3：word master

1. The group present interesting sentences or expressions they want to share with the whole class.

2. Listeners talk about which words impressed them most.

3. The teacher introduces the knowledge about English jokes.

4. The teacher shares a group of interesting words：smile，giggle，

laugh, frown and grumble.

设计意图：引导学生读懂故事中的幽默，从多个角度发现并欣赏好词好句。

Group 4: connector

1. The group tell their own experiences.

2. Listeners talk about their opinions.

3. The teacher highlights the theme.

设计意图：鼓励学生从不同角度联系生活，学会正确看待“being different”，升华文章主题。

Stage 5. Reread the title

Students read the title again with emotion and body language to show their understanding.

设计意图：学生结合故事情节，联系自己的体会，以加入肢体表演的方式再读题目，加深对人物形象及故事主题的理解。

三、探究效果

通过学生自我评价表的反馈结果，绝大多数学生认为本节课的学习内容有趣，认可并愿意继续尝试“阅读圈”和分享讨论的教学方式。通过课堂观察，我还发现学生在各个环节的反馈基本达到甚至超出了教学预设，较好地完成了教学内容，达成了教学目标。具体成效如下：

(1)学生获得了语言和学习方法体验

通过 plot finder 环节，学生运用几个关键句总结归纳出故事的主要情节，在老师的追问下，发现情节的不连贯处，发展逻辑思维能力；在 character analyzer 环节，学生借助字典等工具书，给出了 curious, petty, narrow-minded, haggle over every ounce 等词汇分析人物性格，针对奥托聪明与否进行争辩，发现查理也有优点，促进批判性思维的发展；在 word master 环节，学生懂得了如何积累好词好句，在赏析语言的同时，体会英语的幽默，激发学习兴趣；通过 Connector 环节，学生联系自己的生活经历，思维活跃，一名同学发言时还提到奥托的故事让她想到了电视节目“星际迷航”中的外星人，他没有人类情感，却拥有完美的逻辑思维能力。

(2)学生获得了积极、愉悦的情感体验

同学之间密切合作，积极、活跃地投入到课堂讨论活动中，兴趣浓厚。每一位同学都要在小组讨论、展示中发言，并且可以参与分享、补充和争辩。通过生生互动和师生互动等多种形式确保了学生参与活动的广度和深度，课堂气氛活跃。

(3)学生获得了思想认识的提升

本节课由四个小组的展示活动组成，看起来似乎没有联系，但教师借助板书展示，紧紧围绕故事的意义这一主线，一步步地引导学生获取和理解语篇信息，探究语篇的主题意义，从而发现"不同"、分析"不同"、读懂"不同"、感悟"不同"。本节课的最后一个活动设计为"再读'噢，奥托'这个标题"，此时学生们的语调和情感与刚上课时相比有了明显的不同，他们在逐渐地体会文章主题，读懂作者的写作意图。

四、研究反思

初一学年，学生阅读了《典范英语 7》的 18 册书。第一册以表演为主，后面 17 册利用"阅读圈"开展课堂泛读。学生平均课外阅读量积累到了 4 万词左右。

学生开始尝试课外泛读过程中不使用字典等工具书进行持续性默读；在小组讨论中倾听别人的观点，陈述自己的意见，相互合作，共同完成小组展示任务；课堂上开始尝试用英语表达不同的观点；体验了如何寻找故事的主要情节、如何分析人物特征、如何联系生活等；学到了一些生动形象的词语，例如拟声词和情感词的表达。学生阅读兴趣有所提升，表现在跟读《典范英语》时，会经常发笑，这是在课本教学中不太常见的；学生的阅读习惯正在逐渐养成，阅读时不查字典，关注文章主要内容；阅读能力有所提高。在期末复习做阅读表达题的最后一题(分析人物性格)时，能用到"阅读圈"中学到的方法。

通过尝试"阅读圈"教学法，我们发现课堂讨论是一种不错的阅读反馈方式，可以操作，对学生和老师阅读、口语表达、英语思维方面的帮助都很大。大部分同学能在课下自主完成泛读，只有少部分同学做不到，因此在课堂讨论时无法主动参与；不会赏析词汇，绝大多数同学是在单词表中寻找一些，为完成任务而做，不是真心喜欢。学生词汇量低一直是困扰老师教学的大问题，有想法说不出，这在很大程度上影响了课堂讨论的效果。对学生进行阅读方法、习惯等方面的针对性指导，使学生坚持阅读，是扩大学生词汇量的行之有效的方法之一。

北京师范大学顾明远教授认为："教师提出问题固然可以促进学生思考，但总是被动，只有学生思考时产生的疑问才算是积极的。"如何让学生思维的火花在争辩中迸发？如何引导学生在分享中获得阅读的乐趣？在使用“阅读圈”教学法开展阅读分享活动的课堂上，如何根据学生的课堂生成进行课堂反馈？这些都需要教师不断学习，提高自己的专业素养。

五、后续研究

一学期过后，学生对“阅读圈”中的四种角色比较熟悉，新鲜感开始降低，兴趣逐渐减少。下学期我会继续开展行动研究，希望通过对比小说阅读和影视作品的差别，保持学生的阅读兴趣。另外，采用“阅读圈”的阅读方式，坚持每周一次课堂讨论。character analyzer 这个角色可以做得更深入，例如加入诗歌的创作以提升学习兴趣；下学期多选择有文化内涵的读物阅读，为加入 culture collector 的角色做准备。

初中生由于语言能力较低而难以在阅读分享、课堂讨论时自如地运用英语进行口语表达。为解决这一问题，除增加日常语言积累，我们尝试将阅读与写作相结合，在读后活动中引入能够提供智能批改英语作文在线服务的“批改网”。学生在网上提交作文后，系统会根据评分标准立刻给出分数，通过“按句点评”功能，在语法、用词、表达不规范的地方给予反馈提示，给学生修改的建议。另外，学生可反复修改，润色语言，在不断的修改过程中掌握语言，同时也提升自信，使得语言不再成为表达的障碍，激发学生英语写作和表达的兴趣和动力。

英文影视赏析综合实践活动研究

赵　娟

一、研究目标

本研究所尝试的综合实践活动教学法，在设计上基于培养学生自主学习并提升学生思维品质。研究的目的在于用学生喜欢的、与学生学习生活紧密相关的话题与教学方式，让学生真实体验综合实践教学活动，身体力行，收获学习的喜悦。研究课要关注学生情感，激发学习兴趣，建立学习的成就感和自信心；通过感知，发展语言综合运用能力，提高人文素养，增强实践能力；在教师指导下活跃思维、拓展视野。

为达成这些目标，教师提供贴近学生实际的资源，提高学生英语听说能力，增强用英语表达思想的信心，克服和外国友人交流的恐惧，特别是提高日常生活中英语的口语表达能力。为了通过对不同类型的英语影视作品的欣赏，促进学生从不同角度提高语言的运用能力，从而进一步提高学生的审美能力和人文素养，我们开发了“高中英语电影欣赏”课程。本课程以介绍相应影片的故事背景、欣赏经典台词、评析影片所表现的主题为主，通过学习，培养学生掌握影视欣赏的一般方法，能有目的地对影视作品做评论；使学生进一步了解不同国度的文化，记住《毕业生》《角斗士》《阿甘正传》《国王的演讲》等影片中使用的地道英语表达，学习标准的英语口语；通过欣赏影片学会反思，增强感恩生活的意识。

英语电影欣赏教学包括课堂教学和学生自主学习。课堂教学以学生为主体、教师为主导，改变过去以教师为中心的教学模式，注重培养学生的自主学习能力，在教学中开展以任务为中心的形式多样的教学活动。

二、相关研究及背景分析

1. 英语课程标准的要求

随着课程改革和规范办学的不断深入，素质教育步入内涵发展的新阶段。为了推进学校特色建设，提升学校文化品位，开发优质教育资源，全面增强教育教学实力，我区英语组全体教师发扬“善于学习、精于教学、强于研究、勇于创新、乐于奉献”的精神，大力开展多姿多彩的学科特色实践活动。我们以科学的教育思想和先进的办学理念为先导，按照“高标准、高起点；重过程、重创新；实验性、示范性”的总体要求，立足区情、校情，从学生的学习兴趣、生活经验和认知水平出发，倡导体验、实践、合作与交流的学习方式，开展多元化多姿多彩的英语特色实践活动，给学生创设浓郁的英语学习氛围，搭建展示英语才能的舞台，发展学生联系英语与生活进行创新与实践的能力。

2. 高中英语综合实践课的要求

2014 年 11 月，北京市教委正式发布了《中小学学科教学改进意见》(以下简称《意见》)，要求各学科充分落实 10% 的综合实践课程。由此，我区的英语综合实践课步入正轨。根据《意见》的要求，各校每周利用一节英语课进行英语综合实践活动。

3. 意义

(1)配合教学

英语学科特色实践活动被列入课程计划，成为真正的英语第二课堂，要做到有计划、有目的地与课内教学配合，为全面提高教学质量服务。

(2)学以致用、用中提高

英语学科特色实践活动要从学生的生理、心理及年龄特点出发，实施中努力遵循学生的认知规律及语言教学规律，给学生提供更多的语言实践机会，从而弥补课堂教学的不足，提高学生的英语综合运用能力。

(3)活动内容要融知识性、趣味性、思想性于一体。

(4)活动内容要突出优质性、适应性、功能性和发展性。

(5)活动内容要充分发展学生的个性特征。

总之，英语活动课要使英语爱好者和有英语特长的学生有用武之地。通过活动课使他们充实知识、发展能力、增长才干，把他们培养成学习、活动的骨干，去影响、吸引更多的学生积极主动地参与活动。

三、实施过程

1. 实践活动的前期准备

(1)学生

在系列教学综合实践活动之前，学生已经解决了《当幸福来敲门》的创作背景、所获奖项、原著作内容等一些相关的问题，初步了解了影片的梗概和发展过程。通过合作学习初步掌握了有关英语影视作品的知识，如台词、主题、戏剧冲突，并能用英语语言输出知识，表达自己的观点，表演剧情。高二学生学习动机强，理解能力较强，基础知识掌握较好，但缺乏运用英语知识、英语语境的训练。平时教学过程中，该班学生思维活跃，对问题有自己较独特的看法。但由于多数学生处在理科班，学生回答问题时思想顾虑较多，不够积极主动，很多时候要靠老师“点将”使课堂气氛活跃起来；而且有时学生积极的思考不一定能用英语准确表达。

(2)教师

介绍《当幸福来敲门》影片的故事背景，讲解重点词汇和句型，欣赏经典台词，评析影片所表现的主题。对于“幸福”这一较大的主题，教师在前几课时已引导学生联系自身实际生活进行了分析。这一步骤为本综合实践课程中有关幸福生活的辩论做了铺垫。

本节《当幸福来敲门》赏析课前，学生已通过欣赏影片，记录经典台词和剧情，分组讨论影片的主题，初步分析了电影主题。同时，选取经典情节研究台词，讨论并进行了改编。此课教学是在前面的基础上进行的展示提升，为后面的学习做铺垫。

教师对本课英语影片台词进行研读和改编，通过剧情表演、主题探讨等学习方法引导学生通过自主与合作相结合的学习方式初步掌握有关英语影视作品的文化背景、剧情冲突、地道的英语台词知识，用英语语言输出知识，表达自己的观点，表演剧情。利用影视剧剧本资料做铺垫，使解决问题的知识基础回归课本，有利于学生利用已有对于该影片的知识分析问题、解决问题。

2. 实践活动过程

(1)准备活动

① 教师介绍本课背景：教师回顾前面内容，开启本节课的内容。

② 学生回顾影片主要内容。

(2)学生小组活动

学生进行小组活动。首先，学生进行影片的背景介绍；其次，开始展示；最后，组长带领组员进行剧中片段的改编与表演。教师为学生的合作提供合理的帮助。

(3)总结输出

①教师引导学生对影片进行简单评价，感悟主题，引导学生对生活进行反思与感悟。

②进行采访：谈谈学生最近生活幸福与否。目的在于挖掘学生对生活的态度，体现当代中学生的社会态度，实现英语综合实践活动课的目的。

③教师组织学生进行关于幸福话题的辩论，引导学生追求人生幸福，培养他们的语言运用能力，并树立积极正确的人生价值观，鼓励学生发现身边的幸福，懂得感恩。

四、研究反思

1. 本综合实践活动系列课程的重点是解决影视作品学习中的问题，充分利用英语语境学习语言，体现综合实践活动课堂的要求。本节课达到了既定的教学目的。情感目标是激励学生自信自强，努力发挥自己的优点，这一目标也贯穿于综合实践活动课程的始终。

2. 师生交互与学生实践活动方面，教学过程为学生提供了自主学习、合作学习、资源共享等机会，因为新课程的学习评价更关注让学生学会更多的学习策略，是学生形成自我认识、自我教育、自我进步等能力的必要环节。这是综合实践活动课堂的体现。教学中使课堂学习与情景相连，问题由浅入深，引导学生准确思考。在分析、解决影视作品问题中，学会讨论、质疑、反思，实现新课程所提倡的学习方式应该由“独立学习向合作学习转变”。

影视作品新授课程主要作用就是唤起学生的英语兴趣，构建有效的英语语言，以获得高层次的认知能力和情感体验。倡导学生对学习内容进行深入、系统、全面的思考，达到学科内在逻辑与学生认知逻辑的统一。学习指导、教学调控和学生活动，实质上是一种特殊的交往活动。通过这样的综合实践活动，力争为绝大多数学生提供自主思考、平等参与的机会。

3. 信息技术策略实践活动及效果方面，在学生的影视剧表演输出前应用多媒体设备播放该影视作品的一小部分节选内容，引发兴趣，使得学生模仿剧中的表演，以地道的英语为自己的表演服务。结果一般还是不错的，但是在播放影视剧后应该再分析一下书上这部分影片台词中的个别难点，如此，效果一定会更突出。

五、实践活动的评价

本实践活动评价手段多样，还充盈着自评、他评与师生评价。所有的评价都为活动开展奠定了基础。以小组合作形式共同完成影视作品表演和辩论竞赛。合作学习效果评价使用自评表，表分两部分：组内分工(主动承担并完成任务的情况)、组内合作(讨论结果是否全面、具体、准确)。

英语学习活动观指导下小组合作阅读实践

曹巍巍

一、研究的背景与问题

《普通高中英语课程标准(2017年版)》明确提出："活动是英语学习的基本形式，是学习者学习和尝试使用语言理解与表达意义、培养文化意识、发展多元思维、形成学习能力的主要途径。"学习活动的特征是主动参与、主动探究和主动创造，强调重视学习过程、重视通过体验获得直接经验、在探究中学习语言知识，获得文化知识，形成新的认知结构，从而实现能力的提升。新修订的课标提出六要素整合的英语学习活动观，意在将目前高中英语教学中依然存在的以灌输、讲授为主的教学形式转变为以活动为主的学习形式，通过英语学习活动观的提出，来确保学科核心素养能够得到落实。新修订的课标将学习活动分为三个层次，分别是学习理解类活动、应用实践类活动和迁移创新类活动。学习理解类活动是整个课堂学习活动的基础，教师通过对文本的深度解读，设计相关活动，引导学生获取信息，梳理整合，从而为进一步建构新知识、感知和比较文化异同、获得积极的价值观打下基础。

在这一背景下通过观察和反思，我发现现有阅读教学以及学生阅读中存在如下一些问题。

(1)学生对阅读的积极性不高。主要体现在阅读课上个别学生出现困乏、无精打采、眼神呆滞等现象。有时候文章内容非常有趣，但也不能引起学生阅读的兴趣。教师单向的输出无法得到回应，不能产生双向的交流。

(2)学生在阅读课中存在侥幸的心理。在课堂上进行阅读时，教师抛出问题，个别学生往往做出"假装"阅读的姿态，但实际上并没有阅读，学生抱有一种侥幸的心态，想着这么多同学不会这么巧就提问到"我"。因此，长期以来处于“假阅读”的状态，而这种状态是教师不可控的。教师课堂时间十分有限，无法做到提问每一位学生，这就导致教师不能检测每一位学生的阅读效果，给“假阅读”提供了土壤。

(3)阅读停留在表层。我们都知道阅读的三个层次，即 reading for fun，reading for information 和 reading for understanding①。部分学生把阅读行为停留在了第一和第二两个层面，即阅读是为了好玩和阅读是为了获取信息。当然获取信息是很重要的，但有的学生只能抓住几个关键词，甚至是错误的关键词或句子，由于课堂内时间的限制和一对一提问的局限性，教师无法了解到学生的思维过程和思维结果。学生阅读、获取了错误的信息，或者没有真正理解作者的真实意图，使得理解达不到第三个层面，因此也不可能完成后续的应用实践类活动和迁移创新类活动。

(4)阅读过程缺少思维的碰撞。部分学生羞于表达，习惯于听取他人意见，缺乏思辨的能力。这一部分学生较之前三类学生不同，属于能够跟着教师进行学习，态度比较端正认真，但即便他们能够获取一定的信息，也不愿意回答问题，怕出错或羞于表达，更多的是想看看别人怎么说。即便形成了自己的答案，但当他们自己的答案与教师或其他同学的答案不一致时，通常会选择“顺从”。长期的顺从会导致思维的不活跃，对表达也十分不利，思想上也会产生惰性。

针对以上问题，我试着开展以小组合作为基本形式的英语阅读实践活动。

二、研究的对象(学情分析)

在开展此项活动前，我认真研究了班级学生的基本情况。本学期由于走班选科，学生发生了较大变化。新组建的高二(3)班共 29 人，大部分学生选了文科套餐，其中女生占绝大多数，男生只有 6 人。选文科套餐的学生又分为两种情况，一种是特别热爱文科，成绩优异，这样的学生只有 3 人；还有一部分学生是无法适应理科学习，学习有一定困难，这样的学生有 5 人。不仅如此，本班还有两名旁听生和一名上一届因身体原因复读的学生。高二(4)班是美术班，共 18 名同学，其中男生 3 人，班级学生比较安静，思维不是十分活跃。我所任教的两个班级学生整体上十分喜欢英语

① Mortimer J. Adler and Charles Van Droen. 1972. *How to read a book*. New York：Simon and Schuster.

学科，上课纪律很好，比较听话乖巧，但活跃不足，思维不快，有些沉闷。从成绩上看，新组建的(3)班英语平均分与高一年级期末考试年级平均分持平，但两极分化严重；(4)班成绩略低于年级平均分，成绩优异的学生较少。

三、研究的实施

针对阅读教学中发现的问题和学生的基本情况，我计划用小组合作的方式提高阅读的效果和效率，改善学生现有阅读状况，真正做到实践英语活动观，促进核心素养的有效形成。下面我从小组的建立与管理、问题设计、阅读材料的选择等方面予以实验和阐述。

1. 小组的建立与管理

以小组合作为基础的阅读实践探究活动的首要任务就是要把小组建立起来。这不仅仅是单纯地建立小组，还包括了小组的建设、小组的评价以及合作的原则与时机等问题，这里我会一一加以阐述。

(1)小组的建立

结合我所任教的两个班的基本情况，我将高二(3)班分为7个小组，其中6个小组每组4人，1个小组5人。高二(4)班分为4个小组，两个小组每组4人，两个小组每组5人。那么班级学生是如何分组的呢？首先是人数的确定。因为我校为小班教学，班内人数较少，划分小组时如果人数过多，小组数量将会减少，那么在讨论的时候就会缺乏不同意见的碰撞。同时，人数太多也不利于交流，分到每位学生发言和思考的机会较少。因此，结合两个班级的班级人数，我将小组定为4人一组，多出的学生再次分配，个别小组形成5人小组。人数确定后，再考虑小组划分的原则。小组划分应遵循“组内异质，互为补充；组间同质，适当均衡”的基本编组原则。根据学生各自不同的学业成绩、心理特征、性格特点、兴趣爱好、学习能力、家庭情况等，组成学习能力相当的学习小组。组内异质，使小组成员之间具有一定的互补性和个性化；同时保持组与组之间的同质，以便促进组内合作与组间竞争。我将班级学生高一一年的英语成绩做成表格，进行了数据上的统计和分析。按照“S”形将学生成绩排列、分组，使得每个小组的平均成绩相差在2分之内。同时，我向其他教师请教，对未教过的学生加强了解，凭借对已教授学生的印象，在小组成员性格、心理特征、性别差异方面进行微调，最终形成ABBC状态的小组构建，即优等生1名、中等生2名、弱等生1名的模式。

在小组形式上的建立完成后，其实还不能说这个小组就已经建立好了，还要进行小组内部的建设。因此，我让小组成员以小组为单位围坐一起，讨论小组的组名、组训，竞选出小组的组长。学生通过讨论加强了沟通，形成了自己的小组文化，涌现出了一些有创意的小组名称，如 sto(seize the opportunity)小组、tiwwah(this is why we are here)小组等。

(2)小组的评价

在小组评价方面，我采取形成性评价与任务型评价相结合的方式来进行小组评价。

①形成性评价包括：

每日作业上交——全组按时上交不扣分，有一人不按时上交扣 5 分；

每日听写——全对每人加 1 分，不合格每人扣 2 分；

每单元百词——全对每人加 10 分，不合格每人减 5 分；

日常背诵——完成背诵不加分，不完成每人减 1 分；

每周口头翻译——全组按时翻译不扣分，不能按时完成减 5 分。

②任务型评价包括：

课上任务的回答——抢答成功且答案正确的小组依据任务难度的不同加 2—5 分不等；

活动型课程中任务的完成——如配音、表演、海报的制作、演讲、小说阅读的汇报与分享任务，由班级同学投票，获胜前三名加 6—10 分不等；

个别加分——在学校、区、市级各项英语比赛中参与、获奖的同学，加 5—10 分不等。

(3)合作的原则与时机

由于英语学习属于二语习得的范畴，英语课堂的小组合作不能像母语课堂一样，要符合学生学习外语的心理特点和能力范畴，因此合作的原则与时机也是十分重要的。我制定和遵从“先学习、再合作、学习中有合作、合作必真”的原则。实际上，解决合作问题在我看来是解决“关系”问题。首先，在小组合作的最开始实施阶段，我发现有些小组间的合作是“假合作”，而非真合作。形式上大家坐到了一起，但没有引发思维的碰撞，大家“无灵魂”地凑在一起。其次，合作多限于对答案、讨论答案的层面，这是否是合作最根本的目的？我认为这不是真合作，这样的活动不仅浪费时间，还有可能引起成绩弱的同学的自尊心被伤害、不敢发言或盲从组内优秀同学答案的行为出现。因此，教师应妥善、精细地设置小组任务，尽量减少纯核对答案式的小组活动，小组合作讨论的问题应是开放式的问题，促进学生思维的碰撞与交流。同时，设计的任务应与学生生活紧密相连，激发学生兴趣。

2. 问题的设计

想要通过阅读提高学生的思维品质，仅仅依靠阅读的数量和小组合作的形式是远远不够的，更重要的是要提高阅读的质量、提高思考的质量。为了实现最高的阅读层次，教师的引导是非常重要的。因此需要教师设计高质量的、有思维力度的问题，帮助学生实现 reading for fun—reading for information—reading for understanding 的目标。那么，什么样的问题可以算作高质量、有思维力度的问题呢？我认为是开放性的、能引发学生思考讨论的问题。多提 why、how、what 引导的问题，少提用 Yes/No 回答的问题。这样，通过小组合作，小组成员间各抒己见，充分讨论、辩论，引发思想的碰撞。以北师大版《高中英语》(必修 6) Unit16 Lesson 3 *Helen Keller* 为例，这是一篇阅读文章，文字篇幅很长，内容较难。如果仅仅是让学生平淡地阅读，有的学生会放弃阅读，有的学生甚至会睡着。因此我设计了一些开放性的问题，让学生挖掘文章的内涵，梳理 Helen 的老师是如何教她识字、说话的。我在本节课提出了以下问题：

What words can we use to describe Helen's behavior?

How was Helen Keller different from other children?

What do you know about Anne Sullivan?

Why do you think Helen behaved like this?

What is the difference between the two pairs of words?

这些问题的提出使学生们进行了深度的思考，同时也体现出了小组合作的必要性。同学们在交流和“争论”中获得灵感，思维的深度得到了挖掘，思维的广度得到了扩展。

3. 阅读材料的选择

以小组合作的方式帮助学生提高阅读能力和水平，就需要设置相应的课程内容。我设置了以课本精读阅读篇目为基础、以《维克多英语》《英语周报》《21 世纪英文报》中的阅读为辅助，加上每周泛读材料(来源于《经济学人》《科学美国人》和《时代周刊》)以及经典短篇、长篇小说阅读，形成了比较全面、系统的阅读网。

(1)课本精读材料

课本精读材料是经过专家修订、使用了很多年的经典材料。在这些材料中我们可以看到准确的英文表达和规范的语言输出。虽然北师大版高中英语教材已经使用了16年，看起来有些老旧，但我认为从话题到语篇的内容还是有很大参考价值的。认真对待课本是首要任务，教师要基于课本开展好教学，使学生既有知识上的收获，又有能力上的提高。

(2)《维克多英语》《英语周报》《21世纪英文报》

这三份材料是现下高中英语教学的主要辅助材料，具有文章内容与时俱进、话题引人入胜的特点，更可贵的是它们都是教材知识和阅读内容的有效补充，大大拓展了学生的视野，增加了学习课本以外英语材料的趣味性。教师先阅读材料，把有价值的文章推荐给学生作为补充阅读。学生读完后进行小组交流，不仅是交流阅读题目的答案，更是对文章内容的进一步探索和挖掘。这样，也可以增加学生的信息输入，引导学生更深层次地思考和理解问题。

(3)每周泛读材料(来源于《经济学人》《科学美国人》和《时代周刊》)

鉴于最近几年来高考文章呈现出越发趋于专业性、语言越发地道的特点，我精选《经济学人》《科学美国人》和《时代周刊》的美文作为学生每周的泛读材料。挑选的原则是文章不能太长，有一定的生词但不影响对整体文章的理解，同时话题要接近生活，不选过分专业的科研性文章，不选政治敏感度高的文章。如《经济学人》*Dirty work*①中的第一段，语言极为吸引人，是难得一见的好文。

India stinks. If at this misty time of year its capital, Delhi, smells as if something is burning, that is because many things are: the carcinogenic diesel that supplies three quarters of the city's motor fuel, the dirty coal that supplies most of its power, the rice stalks that nearby farmers want to clear after the harvest, the rubbish dumps that perpetually smoulder, the 400,000 trees that feed the city's crematoria each year and so on. All this combustion makes Delhi's air the most noxious of any big city. It chokes on roughly twice as much pm 2.5, fine dust that penetrates deep into lungs, as Beijing.

对于泛读文章，小组是主阵地。因为不涉及做阅读题目的问题，于是

---

① *The Economist*, March 9th, 2019.

学生阅读起来也没有负担。小组长每周一或周二组织大家讨论、交流文章内容，在周三至周五的任何时间组织本小组成员到我的办公室找我翻译整篇文章当中本小组最喜欢的两个段落或者是最读不懂、最有争议的两个段落。学生兴趣很高，讨论得很激烈，学生们也因此而变得格外有阅读的动力。

(4)经典短篇小说和长篇小说

想要深入学习和了解英语，还要进行大量的阅读，经典长短篇小说的阅读是最好的选择。本学期我们制订了每月一篇短篇小说、假期阅读长篇小说的计划。9 月我们阅读了 Ray Bradbury 的 *The Pedestrian*，10 月阅读了 Ray Bradbury 的 *All Summer in a Day*。两篇文章都属于科幻题材的文章，内容新颖，语言有特色，学生十分喜欢。11 月阅读了 Bruce Holland Rogers 的 *Little Brother*。此篇文章也带有科幻的色彩，结尾反转，令人震惊，引发学生的深度思考。每篇小说我都按照学生的实际情况量身设计阅读学案，阅读后引导学生进行小组合作，学生们进一步分析、理解文章。下图是 *All Summer in a Day* 的部分学案。

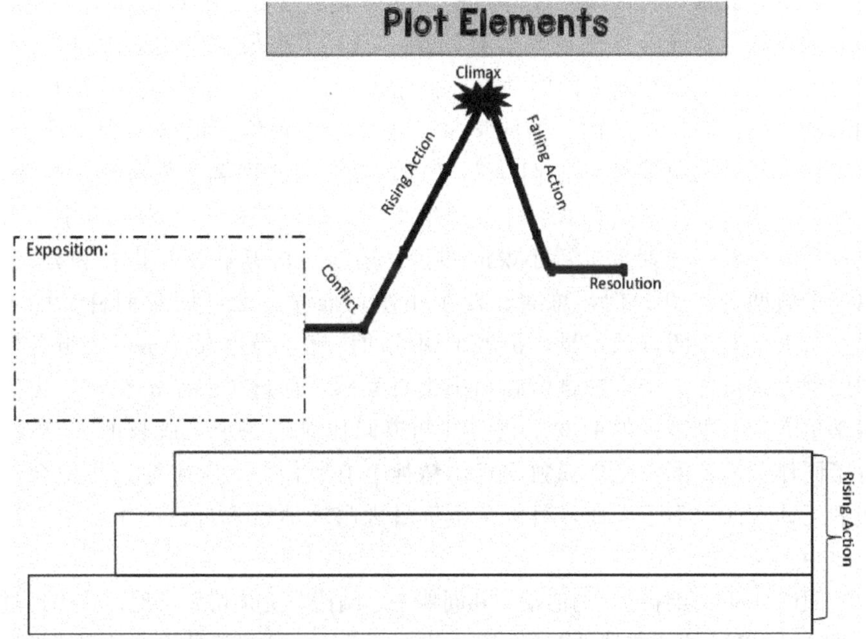

由于课时的限制，长篇小说的阅读我们移到了假期，每个假期我们以小组为单位，开展小说阅读。每周小组成员向组长汇报阅读进度和完成学

案的进度，每周末小组长向教师汇报(通过微信群进行沟通)。同时，小组长统计这一周学生在阅读中出现的问题与疑惑，一般使用微信截屏的方式汇报给教师。教师关注问题，整理、积累、记录，以便开学讲解。开学后，以小组为单位，进行小说阅读的汇报，要求小组成员全员参与，自由定题，对于组间不同观点可以辩论。最后教师拿出1—2课时进行答疑解惑。

四、研究的结论与建议

从2019年7月起开始实施这一探究性活动，学生至今已发生了很大的变化。第一，从词汇量上看，通过小组合作阅读和评价方式，不仅督促学生高效地完成课本词汇的记忆，还识记了不同领域的各种词汇，大大增加了词汇量，词汇拓展量在1000词以上。第二，通过小组合作的探究阅读方式，学生对课本的印象更加深刻。在没有开展小组合作探究阅读方式之前，学生上课不是很兴奋，学过的课文内容很快就会忘记。开展活动之后，学生们反映对于课本的内容记忆更加深刻，有了深层的思考和认识，不觉得学课本是件很无聊的事情了。第三，开展小组合作式的阅读活动解决了学生因文章太长放弃阅读的问题。泛读文章有一定的难度，对于英语学习的困难生来说独立完成确实有困难，但有了小组合作式的阅读机制，使得他们也有机会和优秀的同学一起商量和讨论，这大大鼓励和调动了他们阅读的积极性。对于优秀的同学来说也会存在理解上的偏差和不准确，小组交流和讨论也能帮助他们获得更新、更准确的理解，是双赢。第四，小组合作式阅读的开展有助于分享学生小说阅读的经历和成果。学生不再仅仅依靠教师的推荐来进行小说的阅读，还在组内开展相互推荐和分享。以上个假期美术班为例，总共有四个小组，推荐了七本同学们喜爱的小说，大大扩充了阅读的容量，扩展了阅读的广度。最重要的是，小组合作的阅读方式增强了学生的自信心和小组自豪感，促进了感情的交流，也使得学生交到了更多的好朋友。我们都知道同伴对于一个人成长的重要性，有了同伴我们就不会感到孤独寂寞，精神上有所依靠。学生通过小组合作式的阅读方式加强了沟通，每位学生都最大限度地融入自己的小组中，在小组中互帮互助。

阅读是可以陪伴终生的活动。和同伴一起阅读，更是快乐无比。希望通过开展小组合作式阅读能鼓励更多的学生进行阅读，达到培养学生终身阅读良好习惯的目的。

第五编

教学设计：研究课设计

导论：关于研究课教学设计

林　立

一、什么是研究课

我们觉得研究课是带着某个所要研究的问题而设计的课，比如尝试某个做法，观察其效果如何；或者针对某个问题，看看所采用的方法是否有效、是否可以解决问题，等等。换言之，研究课不同于展示课展示某个理念、展示某个方法，也不同于评优课评选出授课教师的教学技能之高低。也就是说，研究课的目标是研究问题，不是展示理念、评选技能；而且研究课还可能有一定的“风险”，指的是教师所做的尝试未必一定有效，一定成功。这也正是研究课的价值所在，它用课堂的教学实践证明什么可行、什么不可行。

二、研究课与其他研究的区别

研究课与其他研究的共同点是都在做研究，探索教学的规律，解决教学中的问题。研究课与其他研究的区别在于：①解决问题的方式不同。前者用课堂教学去研究一个问题、解决一个问题或者探索一个问题。而后者是通过课堂教学以外的其他方式和途径去回答一个问题、发现一个问题或者探索一个问题。②研究的数据不同。研究课的研究数据来自课堂，其他研究的数据是多样的，虽然也可以来自课堂。③研究的时间不同。研究课按照一节课 45 分钟设计，而其他研究的时间则比较灵活，可长可短。④对研究结果的处理不同。研究课是对研究的过程和结果进行反思，其他研究是对研究的结果进行讨论。⑤研究的方法不同。研究课比较接近行动研究，而其他研究可以采用质性研究方法、定量研究方法或者行动研究的方法。⑥研究结果的呈现方式不同。研究课的两个重要部分是研究设计和教学反思，其他研究的重要组成部分包括文献回顾、研究方法、研究结果、讨论。

三、研究课与教学探究

教学探究是为了发现教学问题、改进教学。探究是一种态度，且应该是一种常态，是一种生活方式。教学需要不断创新，教学需要改革。美国《国家科学教育标准》中对探究的定义是："探究是多层面的活动，包括观察，提出问题，通过浏览书籍和其他信息资源发现什么是已经知道的结论，制订调查研究计划，根据实验证据对已有的结论做出评价，用工具收集、分析、解释数据，提出解答、解释和预测以及交流结果。探究要求确定假设，进行批判的和逻辑的思考，并且考虑其他可以替代的解释。"①

我们所谓的研究课就是探究式的课堂。探究式课堂重视开发学生的智力，发展学生的创造性思维，培养学生的自学能力。教师作为探究式课堂教学的导师，其任务是调动学生的积极性，促使他们自己去获取知识、发展能力，做到自己能发现问题、提出问题、分析问题、解决问题；教师还要为学生的学习设置探究的情境，创设探究的氛围，促进探究活动的开展。探究的情境、氛围的创设需要更多地关注过程而不是结果，更不是唯一正确的答案。评价探究的成败主要不在答案的本身，更重要的是探究的体验、探究的态度，以及探究的乐趣②。

学生作为探究式课堂教学的主人，根据教师提供的条件和任务，明确探究的目标，思考探究的问题，掌握探究的方法，交流、总结探究的结果。探究式课堂教学是教师和学生双方都参与的活动③。

北京市海淀区教师进修学校罗宾老师对研究课有亲身体会，也有深入研究，她说："各种研究课伴我走过了工作的不同阶段。"她认为，纵观当前的研究课，有四个方面的问题还需要改进④：

一是研究课缺乏研究，为了上课而上课，深度不够，不能起到引领、示范作用；二是研究课变成了表演课，过度设计，反复试讲，上课时执行教学设计，却忽略了学生的真正参与，解决问题有形式没有结果；三是研究课的教研止于现场，宝贵的教研成果没有固化下来；四是研究课难以转

---

① 百度百科 https：//baike. baidu. com/item/探究课/815840？fr＝aladdin。

② 同上。

③ 同上。

④ http：//www. 360doc. com/content/18/0410/09/4958641 _ 744373007. shtml。

化为常态课。

关于什么是研究课，罗宾老师的看法是：研究课是教研的一种形式，是一种以教师课堂教学现场为案例的集体研讨式教研。在教研安排中，研究课和教材教法分析、专家讲座、专题研讨、工作坊等并列出现。各个级别的研究课都有，其中以区县级和校级为主。因此，研究课不是一种课型，它和新授课、复习课、试卷讲评课等是不同的。研究课的现场性、互动性、可模仿性以及集体研讨带来的多角度启迪，使得研究课成为老师们非常喜欢的一种教研形式。

关于研究课研究什么，我们的看法和罗宾老师的看法是一致的，即：研究教材、教法，理解教材，提供教学示范。近些年，研究的角度增加了，如：学生学的视角、教师教的视角、课程标准的视角等。视角的转变体现出以学生发展为本的育人理念。所以研究课也是研究教师在改进教学实践中的成长规律、成长策略的重要载体。

本编中收集的研究课设计基本上是尝试性的设计，有研究课的背景介绍和研究的具体聚焦，还特别强调了教学反思，尤其是有针对性地对研究或尝试的问题进行反思。我们可以先看一下研究课设计的一些案例。比如：

白雪老师设计的是一堂英语听说研究课，这节课关注学生思维的发展，这一点是她过去的教学中考虑不多的。研究聚集这次的教学设计与从前的教学设计有何不同之处；通过这堂课回答设计实施效果与期待的效果是否相符合，以及有何不同之处。

孙玲老师设计的听说课以西方绘画为主题，研究设计的焦点问题是：①如何实现核心素养在英语课堂上落地实践？②视觉思维策略（Visual Thinking Strategy，VTS）在以英语作为二语的课堂上能否得以有效应用。

宋薇老师设计的研究课以民间故事为阅读语篇，研究聚焦三个方面：①尝试“问题串”的方式，能否帮助学生对文本做深层挖掘？②课堂实施“问题串”方法后的教学效果如何？③还存在什么问题？

李书梅老师设计的课是议论文阅读课，试图探讨如何基于议论文文体特征进行高中英语阅读教学设计以提升学生的批判性思维能力。

张晋芳老师设计的是一节阅读课，研究的焦点问题有两个：①将教材已有的文本素材与真实的语言应用相结合，教学效果如何？②平衡或取舍教材中的文本与课外补充的文本，教学效果如何？

曹薇薇老师设计的是一节小说阅读课，探讨基于小说的文本特征、采用“文学圈”形式进行阅读 *The Boy in the Striped Pyjamas* 的研究。本节课旨在培养学生良好的阅读习惯、提升学生的批判性思维能力。

马悦老师设计的是一节议论文阅读课，研究方向为：①如何通过语篇分析来提升学生的思辨能力；②意图借助教材文本，引导学生通过语篇分析来识别、推断作者的态度及身份背景，并思考个人身份与个人态度、观点之间的关系，从而锻炼并提升学生的思辨能力。

赵娟老师设计的是一节阅读课，尝试多维度深层理解文本。基于说明文特征并结合本课内容，确立深层教学应不仅仅局限于理解语篇所表达的意思，还应引导学生分析语篇思维模式、语段信息逻辑、文化背景、情感体验等多维度。期待学生、教师、文本语篇三者之间展开思维的对话，提升高中英语说明文阅读教学的课堂效率。

研究课有两个突出的特点：其一，研究课具有尝试性、创新性、开放性，关注尝试不同的做法、新的途径，等等，往往给课堂带来一缕清新的空气。其二，一节研究课往往有一两个关注点或关注问题。关注面虽不太宽，尝试的内容虽不多，但却具体、有所聚焦。

高中英语阅读语篇教学设计

——社会与文化主题语境

赵　娟

一、本研究课聚焦的问题

本节课的主题语境：社会与文化；语篇类型：说明类介绍性文章；授课时长：45分钟。

本节研究课探讨基于说明文文体特征的高中英语阅读教学，进行文本深层次教学。英语说明文是以说明为主要表达方式，以介绍客观事物的特点和性质或阐明事物发生、发展的过程为主要内容，给予读者知识的一种文体。

本节课选择色彩鲜明的几个代表性主题公园作为主题，阐释其特点。材料中充满说明文具有的知识性和信息性，主题清晰、客观性强。

材料的目的是让人们了解主题公园，准确认识主题公园。其中作者的个人感情倾向并不十分明显。在语言上，通俗易懂、简明朴实的语言贯穿全文；科学客观、实事求是的语言风格令人印象深刻。在写作方式上，以说明为主，辅以描写和议论；在篇章结构方面，通常说明文按照一定的顺序介绍，如时间顺序、空间顺序、主次顺序、逻辑顺序，本课材料的篇章结构代表了人们了解、积累知识和信息的过程。

基于以上说明文的特征并结合本课内容，明确本课的深层教学应不仅仅局限于理解语篇所表达的意思，还要引导学生分析语篇思维模式、语段信息逻辑、文化背景、情感体验等多维度，深层理解文本。本节课期待学生、教师、文本语篇三者之间展开思维的对话，探索提升高中英语说明文阅读教学课堂效率的方法与策略。

二、教学内容分析

1. 语篇主题和内容(what)

本课是一篇介绍主题公园的阅读文章。该文首先介绍了主题公园的种类和特色，然后分别介绍了三个不同特色的主题公园，它们是以梦幻乐园为特色的迪士尼乐园、以美国东南部地区文化为特色的多莱坞公园和以中世纪英国亚瑟王宫廷时期历史为特色的卡莫洛特公园。主题公园是一种以围绕一个或多个主题展开的，提供各种方式的游戏、展览、演出的娱乐中心。所举的三个主题公园的例子说明了主题公园的多样性和丰富性。在介绍这三个主题公园时，具体内容侧重于它们的主题和在这个主题公园中可进行的游乐活动，指出人们不仅可以在主题公园中使自己的身心放松并得到娱乐，同时还可以从娱乐中获得知识和有益的体验。

2. 语篇深层含义(作者意图、情感态度与价值观取向)(why)

作者通过介绍性的文字向学生们展示了主题公园，希望他们可以明确建造主题公园的目的，懂得主题公园带给人们的不仅仅是娱乐，还有各种各样的知识和激动人心的新体验，让学生们开阔视野，快乐学习。

3. 语篇文体特征、内容结构和语言特点(文体形式、语篇结构和修辞手段)(how)

本文的标题紧扣文章主题。可以在阅读前请同学们猜出文章标题的含义。阅读课文以提问的形式开始。第一自然段是关于主题公园的种类和特色的一般介绍。然后在第二、三、四段，分别介绍了三个不同特色的主题公园。明线是介绍这三个公园的不同主题，以及在这三个主题公园可以分别进行的娱乐与学习活动，通过 take，see，visit 这三方面来让学生们充分体验它们的异同。暗线是通过对不同主题公园的具体和生动的介绍，来展示不同国家、不同地区的文化，充分丰富学生们的生活，开阔学生们的视野。

同时，本课文词汇较丰富，可以分类和分块进行教学。在这节课上应认知学会的词汇有 various，attraction，fantasy 和 theme。可以在课文文本语境中引出词汇的学习。这样可以生动、直观地了解词汇的意思和用法。本文运用了大量生动的词组和句型介绍，凸显了“主题公园”生动活泼的特性。学生可以感知、模仿并内化为自己表达与写作应用的营养品，应引导他们自主寻找、归纳与总结并加以运用。

三、学情分析

授课学生现阶段处于高一下学期，总体来说，求知欲强，对周围的事物较为敏感，有自己的观点和看法，他们不满足于教科书上的知识，想获得更多的信息。在英语学习上，他们不只是想把英语作为一门死记硬背的课程来学，更希望能学到知识性和趣味性兼而有之的内容，期待从英语学习中获得更多的知识和能力。因此，应结合学生的实际情况，因材施教，激发学生的兴趣，让学生主动学习，在教师引导下开展活动，学有所获，将知识内化为自己真正拥有并能持续运用的。整体看，学生可以达到用英语提取信息、处理信息并能表达观点看法的水平，不过他们归纳总结、深入分析和评判思维的能力还需要进一步提高。

四、教学目标

在本课学习结束时，学生将能够：

1. 了解世界各地各种各样的主题公园，了解传统公园和主题公园的区别。

2. 概括、整合、阐释传统公园与主题公园的相同点和不同点。

3. 提炼、分析、内化介绍主题公园的表达法，介绍某个主题公园或景点的情况。

4. 激发对主题公园的求知欲，选择自己的主题公园，形成积极的情感态度，主动思维，大胆表述，陶冶情操、拓展视野。

五、教学重难点

1. 教学重点

提炼、分析、内化介绍主题公园的具体表达。

2. 教学难点

介绍某个主题公园或者景点的大体情况或设计介绍属于自己的“创意主题公园”。

六、教学资源

教材、多媒体课件、学案等。

七、教学过程

Pre-reading			
步骤	教学活动	设计意图	核心素养提升点
Step 1	Questions to lead in the topic of parks. 1. What do you think of your school life? 2. We have much pressure, then how do you usually relax yourself in your spare time, for example, on weekends? 3. Do you think parks are good places to relax?	问题创设真实语境，导入本课主题，激活背景知识，形成阅读期待。	文化意识：联系自身生活实际，提出自己的观点。
Step 2	The teacher helps Ss to deal with the questions on Page 33 of the textbook. 1. What activities can we do in parks? 2. Can you guess which are traditional parks and which are theme parks? 3. What difference between a traditional park and a theme park?	根据课文图片分析公园的功能、公园分类，引出主题公园并比较其与传统公园的异同点。读前话题知识链接准备。	思维品质：思考传统公园与主题公园的异同，并深层次探索主题公园存在的意义。文化意识：思考不同文化的差异。
Step 3	The teacher invites Ss to definite theme parks and asks their own experiences. 1. What do you think a theme park is? 2. What theme parks have you ever been to? What impressed you most there? Discussion (watch a video). 3. Can you use one sentence to express your impression of the theme parks?	提取文中主题公园的定义，激活已有经历与表达；引导提取信息、分析加工信息，为介绍主题公园做准备。	语言能力：获取、概括信息。
While-reading			
步骤	教学活动	设计意图	核心素养提升点
Step 4	Prediction: What is the meaning of the title "Theme Park — Fun and More Than Fun"?	关注核心词和中心思想；开启文章阅读。	思维品质：分析推理，判断作者的观点和意图。

续表

<table>
<tr><th>步骤</th><th>教学活动</th><th>设计意图</th><th>核心素养提升点</th></tr>
<tr><td>Step 5</td><td>Ss read through the text, find out the basic information about the three theme parks by themselves and realize the basic formation of describing a theme park.
What theme parks are talked about?
<table><tr><th>Park name</th><th>Theme</th><th>Examples of activities</th></tr><tr><td>Disneyland</td><td></td><td></td></tr><tr><td>Dollywood</td><td></td><td></td></tr><tr><td>Camelot</td><td></td><td></td></tr></table></td><td>学生在老师的帮助下，提取课本文本信息，了解此类介绍主题公园或者景点的文段所具备的基本形式和内容。</td><td>学习能力：自主学习、感知、提炼此类介绍文章的篇章结构。</td></tr>
<tr><td>Step 6</td><td>1. Who will visit theme parks?
2. How does the writer introduce the three theme parks? Pay attention to the first and last sentences.
3. What words, expressions and sentences can best describe theme parks?
<table><tr><th>Park name</th><th>Words</th><th>Expressions</th><th>Sentences</th></tr><tr><td>Disneyland</td><td>magic, fantasy</td><td>be most familiar with</td><td>With all these attractions, no wonder…</td></tr><tr><td>Dollywood</td><td>unique</td><td>old-fashioned</td><td>Come to Dollywood to have fun learning…</td></tr><tr><td>Camelot</td><td>ancient</td><td>be modeled after</td><td>To enter a world of fantasy about…</td></tr></table></td><td>了解说明类介绍文章的文段结构、首尾句构成；自主提炼、分析、内化介绍主题公园的具体表达，为介绍某主题公园或者景点的大体情况做准备。</td><td>学习能力：提炼、分析、内化介绍主题公园的具体表达并将其运用于介绍某个主题公园或者景点的大体情况。</td></tr>
<tr><td colspan="4">Post-reading</td></tr>
<tr><th>步骤</th><th>教学活动</th><th>设计意图</th><th>核心素养提升点</th></tr>
<tr><td>Step 7</td><td>Ss sum up what they've learned about theme parks and use the expressions from this class as well as their own knowledge to write their own chosen theme parks or famous places (China's are strongly recommended).
Homework: Polish your writing.</td><td>用所学表达提炼、分析、总结自己选择的主题公园或著名公园。</td><td>学习能力：回顾本课所学，梳理所得的表达法，巩固并进一步运用知识。</td></tr>
</table>

八、教学反思

本研究课聚焦的问题为探讨说明文文体特征的高中英语阅读教学，进行文本深层次教学。阅读文本的充分解读、挖掘和利用是本课探索的重点。

1. 教学设计中的文本深层次教学体现

(1)主题内容的深层次

本课是一篇介绍主题公园的阅读文章，属于说明类介绍文章。对于这种文章，教学往往会重文体形式与文章细节而轻主题，但其实说明文的主题是非常明显的，且是需要加以探讨的。这篇阅读文本首先介绍了主题公园的种类和特色，然后分别介绍了三个不同特色的主题公园，这三个主题公园特色突出、各有千秋。所举的三个主题公园的例子说明了主题公园的多样性和丰富性，但是教学停留于此显然是非常有限的。

于是，在本课的教学设计中，在介绍这三个主题公园时，我将具体内容设计为：在侧重它们的主题和在这三个主题公园中可进行的游乐活动的同时，指出人们不仅可以在主题公园中使自己的身心放松并得到娱乐，同时还可以从娱乐中获得知识和有益的体验。这也是基于对文本分析后得出的总的教学方向。

(2)语篇意图的深层次

说明文文体的特点是介绍简洁清晰而且目的明确。本文本的作者通过介绍性的文字向学生们展示了主题公园，希望可以明确建造主题公园的目的，使得学生们了解主题公园与普通公园的区别，使得他们由对主题公园的模糊概念走向对主题公园的了解、理解和进一步探知。期望学生们能懂得主题公园带给人们的不仅仅是娱乐，还有各种各样的知识和激动人心的新体验，让学生们开阔视野，快乐学习。说明文的介绍形式更为生动地诠释了文本语篇的写作意图，让学生们更易接受。

(3)提问的深层次

基于以上两点教学设计导向，本课也将教学提问进行了深层次的设计。如在教学的开始环节，设计如下的问题引导学生一步步进行深入思考并解答。

① What activities can we do in parks?

② Can you guess which are traditional parks and which are theme parks?

③ What's the difference between a traditional park and a theme park?

这几个问题层层递进，引导学生根据课文中的图片分析公园的功能、传统公园和主题公园的分类，引出主题公园话题并比较其与传统公园的异同点。实际教学效果较好，学生们能在搭建的梯度问题的引导下高效进入到本课的学习。

而基于培养学生思维能力、引导他们探究文化意识、探寻本文本内容和意图的深层次发问更是贯穿于本课的始终。

(4)教学任务的深层次

在本课的主要教学环节，特设计如下的教学任务：

① Who will visit these theme parks?

② How does the writer introduce the three theme parks? Pay attention to the first and last sentences.

③ What words, expressions and sentences can best describe the theme parks?

首先引导学生从文本中提炼信息，然后深入一步，请他们关注每个介绍文段的中心主题，之后请他们自主思考，探寻文中的词语与句子表达，将这些具体表达分类整理以备应用。

这三步设计，绝非蜻蜓点水般浮于表面，而是引导学生由表及里、由整体到细节。学习每一个文本语篇都应该使学生获取信息并获得能力去对自己分析得出的结论加以利用，这样才能更加受益。

2. 学生活动的文本深层次教学体现

(1)激发导入深层次

说明类介绍文本教学容易流于苍白。但是如果能深入分析学情，了解学生生活，贴近他们的所思所想，那么对于课堂教学无异于如虎添翼。如本课的开篇，我设计了这样的活动。

Teacher asks questions related to students' life and students think about them and put forward the topic of parks.

① What do you think of your school life?

② Sometimes we have much pressure from our study, then how do you usually relax yourself in your spare time, for example, on weekends?

③ Do you think parks are good places to enjoy ourselves?

非常明显，这是在充分了解学生、师生互信的基础上才能提出来的系列问题。而且，在课前调研时，我已经了解到本授课学生群体“减压”的方式和地点，了解到他们刚刚还进行了前往欢乐谷的社会实践活动等。我完全不担心学生不会进入文章的主题，因为学生活动的设计是完全基于他们实际生活的。这种基于真实学情的深层次导入效果很好，学生们都愿意开口说上两句，这样我们的课堂也就有了好的开端与氛围。

(2)分析推理深层次

阅读课学习当然是要培养学生的阅读技能和阅读能力。分析推理就是非常需要关注的一点。这节课我不惜花出宝贵的几分钟进行如下学生活动，请学生思考并讨论推理出这篇说明文的核心词与意图。

Prediction：

What is the meaning of the title "Theme Park — Fun and More Than Fun"?

学生们很容易分析出题目中的核心词为fun，而对于文章中心的确定在该推理过程中主动而自然地发生。这遵循了学生学习的科学规律，是正向的学习。在授课过程中，学生们也乐于进行这样的知识预测。

(3)知识整合深层次

学生的学习能力是在科学的教学活动中潜移默化培养并固化成为良性习惯的。但是这种正向活动的尺度和梯度可以由教师来合理设计。

在分析文本、归纳体裁与提炼结构的教学过程中，经过深入思考，我大胆地设计了如下的深层次知识整合环节。

What words, expressions and sentences can best describe the theme parks?

正如该环节所呈现的，非常简单凝练的一句话而已，但是我却使用了最大胆的方式——学生自主分组找信息归纳总结，学生直接到黑板前写下他们的知识整合结果。非常惊喜的是，基于对文本的细读，学生在黑板上呈现的内容非常准确、非常细致，他们甚至将其进行了分类，细分为好名词、好动词、好形容词等，还有的小组以表格或者文章结构图的方式直观地呈现出他们的整合结果。其中，思维训练的过程和学习能力的培养尤为难得。也正是这一环节的顺利高效，为之后的写作输出奠定了坚实的基础。

3. 本课设计的可行性

高中学生对于社会与文化主题语境往往产生学习畏难感，对于此语境下的说明介绍类文本语篇兴趣不大。所以本课的探究正是选取了一个教学难点。因此，对于这类文体和语境的探究需求极大，学生对于这类文本的学习应大力加强。

通过本课题下的语篇教学，我们发现上述这些难点与重点解决起来并不是很难。主要因为在教学探究中加入了科学的课前调研，在充分了解了学生生活学习的基础上进行了教学环节的设计；同时，深入解读说明文文本后，可以自然地了解到该类文体与语境下作者的意图，使得学生们了解说明类文本并非只是信息的堆叠，它也有深意。它的深意正是学生该发现、感知、总结的；并且，在文本深层次解读的过程中，可以充分设计合理活动，使得学生们自主进行此语境、此文体下针对文本脉络与语言的探究学习。他们也可以自主归纳出这种他们以往认为脉络比较模糊的文本的框架与细节，也可以对自主提取与整合的知识进行进一步的利用，在今后相同语境与类似文体的阅读学习中更为自信、更有方法。

4. 本课设计尚存在的问题

本课尚属于针对社会与文化语境下的说明文阅读教学初探，对于它的系列探究正在进行中。

在教学前测即课前调研阶段，设计考虑的方面应该更为细致。这样对于课堂问题的提出才更为深入。同时，在本课的输出环节，应该设计更贴近学生们兴趣的活动，让他们更愿意、更高效地参与其中。能够在这种语境和文体文本的深入学习中找到乐趣。

总之，在该语境下的说明介绍类文本阅读设计中，学生在教师的指导下，是可以充分利用文本语篇，务实地去学习的。学生们可以自主或者通过合作了解文本内容是什么(what)、存在的意义(why)，以及如何去说明、介绍相似内容(how)。在读前、读中、读后三大阶段，可以设计多样、务实、基于文本的有效教学活动，将语言能力、思维品质、文化意识与学习能力融入。按照认知学习规律来引导学生自主提炼、分析、归纳、总结、内化并运用新学知识，使学生在说明介绍类文本阅读课上有所得。同时，加强对于文化层面的感知与探讨，提升学生的思维品质，形成自己的思考。总之，要让学生的每一步学习都实实在在，让教育强音留有回响。

研究课教学设计及反思

——网页说明

张晋芳

一、本研究课聚焦的问题

1. 将教材已有的文本素材与真实的语言应用结合，教学效果如何？
2. 平衡或取舍教材中的文本与课外补充的文本，教学效果如何？

二、教学材料

1. 主要阅读文本选自北师大版《高中英语》(必修 2) Unit 4 Cyberspace Lesson 4 *Virtual Tourism*，该文本选自网页，介绍了新西兰最大的城市奥克兰的一些基本概况。

2. 补充阅读文本①，旨在结合教材中的话题进行拓展和补充。

三、教学内容分析

1. 语篇内容

教材中的阅读语篇 *Auckland* * *New Zealand — a Guide* 是一篇网页说明文，从若干方面多角度、概括性地介绍了奥克兰这座城市的基本情况，其中包括整体特点、历史和发展、著名景点、气候和水上运动以及交通概况。

2. 语篇文体特征

网页说明性文字言简意赅，多为事实性信息的介绍和罗列；为使读者快速查到相关信息，每个段落均有概括全段大意的主题句或含有关键词的标志性语句。

---

① 选自奥克兰官方旅游网站(https://www.aucklandnz.com)的八段话题材料，每段材料字数为 100—180。

文本中历史部分使用一般过去时，其他均为一般现在时；陈述客观事实部分使用第三人称，但为关注网页浏览者，游客的身份使用了第二人称，如教材文本第三段“At the Parnell Village, *you* can visit some of the first European homes. In the city, *you* can enjoy an amazing view from the Sky Tower, …*You* can also see Maori traditional dances at the Auckland Museum.”补充文本 *Money & Tipping* 中提道：“*You* may check the latest exchange rates(汇率)at xe. com.”

3. 语篇写作目的

教材中的阅读材料和网上选取的补充材料均为给有去奥克兰旅游意向的网友提供的参考信息，旨在让游客能够在大量事实性信息中快速准确地提取关键信息，更全面地了解奥克兰，并结合自己的个性需要进一步查询和筛选，从而为旅游计划提供参考。

四、学情分析

本课授课对象为北师大二附中高一(1)班理科实验班(34 人)和高一(10)班文科实验班(33 人)，两个班各科成绩在年级中均名列前茅。(1)班学生逻辑思维强且活跃，表达欲望较强，但思考有时不够深入；(10)班学生知识面较广，对人文类话题兴趣较浓，善于深入思考，但表达热情不足。从整体看两个班都有一定的词汇量积累，大部分同学有根据细节信息进行概括分析的能力。

教材文本信息量及词汇量不足以满足全体学生的需求。本课选取真实网站上的段落补充阅读材料，并为他们创设贴近现实的语用任务，从而提供相对充分的应用相关阅读技能的机会。

五、教学目标

在本课结束时，学生将能够：

1. 通过主题句和关键词将文章的主题和段落匹配起来；
2. 总结来自互联网的 8 段话的主题；
3. 根据收集到的资料，为不同旅客提供旅游小贴士；
4. 实现虚拟旅游在现代旅游体验中的作用。

六、教学重难点分析

教学重点：学生能在阅读后总结出每段的主要话题，并概括出每段提及的主要信息。

教学难点：学生能在补充阅读材料中概括出主要话题，并将新话题与已有话题结合归类。

七、教学流程

Teaching steps		Activities	Purposes	Time
Leading-in		T (teacher) shares a video clip about Auckland—the destination for T's winter holiday, and asks Ss(students) to guess where it is. T expresses the wish to make a travel plan.	To provide a general picture of Auckland and lead in the topic of this class—Virtual Tourism.	3′
Reading (from the text)	Step 1	Ss read the webpage article to match the topics with the 5 paragraphs.	To lead Ss to realize the importance of using topic sentences and key words to summarize the main idea.	3′
	Step 2	T guides Ss to work out the specific aspects introduced in the first paragraph.	To show Ss how to work out specific information by grasping key words.	3′
	Step 3	Ss practice working out the aspects introduced in the other 4 paragraphs.	To give Ss the opportunity to practice the reading strategy.	5′
Reading (from the website)	Step 1	T divides the class into groups of 4 and hands out 4 pages of 8 paragraphs taken from the website to each group. Each S(student) reads 2 paragraphs individually and summarizes the topics.	To provide new authentic materials for Ss to practice summarizing topics using the reading strategy.	5′
	Step 2	Ss share their new topics in their groups and collect all the 8 topics. T checks the answers with the whole class.	To add more information to Ss' reading materials and help Ss get ready for giving travel tips.	10′
	Step 3	Ss put 8 new topics back to the contents table.		3′

续表

Teaching steps		Activities	Purposes	Time
Post-reading	Step 1	T asks Ss 3 questions for travel tips and Ss give general advice based on the information they have read. T reminds Ss of the sentence patterns they can use when giving tips.	To help Ss realize that information should be selected according to individual needs.	3′
	Step 2	T encourages Ss to work in groups to offer travel tips for 3 different travelers on www.TripAdvisor.com according to the requirements based on the information Ss have collected.	To enable Ss to put what they have read into use.	5′

八、课后教学反思

1. 将教材已有的文本素材与真实的语言应用结合，教学效果如何？

《普通高中英语课程标准(2017年版)》对语言运用能力的第三级水平描述如下：“在更加广泛的语言情境中，熟练地整合性运用已有英语语言知识，准确理解多模态语篇传递的要义和具体信息，推断作者的意图、情感、态度和价值取向，提炼并拓展主题意义，解析语篇结构的合理性和语篇主要观点与事实之间的逻辑关系……”在《〈普通高中英语课程标准(2017年版)〉解读》中，“语境”被定义为“使用语言的社会情境，包括真实的、想象中的社会情境、一级语言学习中常见的语篇主题情境”；而三级水平中“更加广泛的语言情境”是指“贴近自然真实生活的更加广泛的语境和更具深刻内涵的语篇的主题语境”。

备课之初，我遇到的第一个难题就是如何充分发挥教材中所提供的网页文本在实际语用情景中的作用并为学生提供更加广泛的语言情境。和教材中其他记叙文或说明文不同，本文来源特殊——网页；用途特殊——提供介绍类信息；只有在相对真实的语用情境下本文才会体现其最大的价值——为游客提供旅游指南。因此我在本课的导入部分就创设了一个情境：“寒假即将到来，我要为自己及全家选择一个理想的度假胜地！”从而提出问题：“我该如何高效地制订出一个旅游计划？”引出本单元的核心话题：Virtual Tourism，为学生阅读网页文本做好了铺垫；在阅读教材和补充材料活动完成后，分别提问“For travelers who are going to visit Auckland, are these information enough?”“For travelers who are going to visit Auckland, are all these information necessary?”，旨在让学生始终围绕文本阅读的目的——为游客提供指南，进行思考和信息的筛选。接下来用呼应本课开头环节的问答活动来检测学生是否能够依据主题句或关键词准确快速地提取信息：“Can you give me some travel tips according to what you have read?”为了更好地回答这一系列问题，学生分别从教材中介绍“Climate”的段落以及补充材料中关于“Domestic Travel”和“Auckland Zoo”的文本中提取出了关键信息，有效地发挥了教材与补充材料共同作为“贴近自然真实生活的更加广泛的语境”的作用。最后，我借用了Tripadvisor.com(猫途鹰旅游网)上游客在线提问征求旅游攻略的形式，设计了三个年龄、身份、需求均不相同的游客，让学生结合课上的全部阅读材料给出有针对性的旅游建议。综上，学生在整个课堂学习过程中都在体验贴近真实生活的阅读过程：浏览文本，提取关键词，概括主题，按需归纳并提供建议，既在阅读过程中练习了根据关键词概括主旨的技能，又将该技能有效真实地应用于实践，较好地完成了教学素材与真实语用的结合。

2. 平衡或取舍教材中的文本与课外补充的文本，教学效果如何？

在设计本课的过程中，最为艰难的环节莫过于两点：其一，教材文本要处理到何种程度、结合该文本设计的教学活动要达到哪些教学目标；其二，需要补充多少课外材料、课外材料的选择标准和目的是什么。

《布鲁姆教育目标分类学》中提道：“所有的学科都具有特定的内容，但是，教师根据目标和教学活动以不同方式组织该内容会导致单元强调的知识类别出现差异。因此，即使教学内容看起来相同，但教师建立的教育目标不同，为达到这些目标所组织的教学活动不同，甚至对学生在这些目标上的学习测评不同，都会导致不同的学习结果。”

教材中原有的教学活动除了通过阅读匹配出各段的小标题外，还有填表格提取关于奥克兰各方面概况的细节信息，以及根据文中蓝色的关键词，即网页上的链接词，匹配出相对应的其他细节信息。上述活动虽然旨在训练学生概括主要话题、提取并分析细节的阅读技能，却与我所设定的教学目标不完全契合，而且这样的流程设计为处理课外补充阅读材料所留下的空间就极为有限了。因此，结合本课最主要的教学目标之一——根据主题句或关键词概括出每段话题，我只保留了教材中原有的匹配小标题这一个活动；结合本课中的教学重点——根据话题提取出各段相应的细节信息，我将教材中原本设计好的表格改为开放式的“目录”。这样一来，既为补充课外材料预留了时间和空间，教学活动设计的主题也可以与课前所设置的语用情境更好地结合。

但在教学实践中，实施第一个教学活动时我分别在两个教学班采取了不同的处理方式：针对(1)班学生逻辑思维较强的特点，我并未给学生提供可供选择的小标题，而是鼓励他们通过段落中的主题句及关键词自主概括各段落的主题，再从学生给出的答案中选取最为精炼的版本供全班探讨分享；针对(10)班学生思维更为发散、不善于概括总结的特点，我提供了可供匹配的选项，再让学生解释做出选择的理由。从实际教学效果来看，这样的差异性设计让我有了更多的思考。(1)班学生的自主概括虽然花费了一定时间，但探讨和分享的过程得到了大部分学生的参与，如何根据关键信息概括主题这一阅读策略在这一环节体验得比较充分，从而使得后续阅读补充材料概括主题的环节进展得更加顺利；(10)班学生的匹配练习耗时较短，学生也能够较为准确地从文本中提取出做选择的依据，但在后续概括补充阅读材料主题时，由于没有了可供选择的话题，部分学生对如何使用概括性语言总结段落感到困难，出现了或者语言不够精练，或者以偏概全的问题。由此，我意识到阅读文本的处理——无论是教材还是课外补充材料，一定要结合学生的实际学情，使之充分发挥出该文本在相应阅读环节中的作用，最大化地实现阶段性的教学目标。

在课外材料的选择过程中，我更是遇到了难以抉择的困境——奥克兰官方旅游网站上的信息非常丰富全面，衣食住行无所不包，因此选取哪些话题、每个话题文本的长度应为多少，一时都成了亟待解决的难题。但考虑到既然是在教材基础上的拓展和延伸，补充阅读文本的话题就应与教材相关且适度深入；既然本课旨在让学生在真实的语用环境中体验应用阅读技能，补充阅读文本的话题就还应与实际生活需求相结合，从而为语用活动提供更加丰富的语言素材；同时考虑到课时等实际操作因素，补充文本的长度可参考教材文本的段落长度。基于上述思考，经过反复筛选和推敲，我最终共选定了八个段落，其中有四段与教材话题相关并有适度细节信息的延伸；另外四段与实际旅游需求相结合，如 Money & Tipping, Language, Passports & Visas, Auckland Zoo。这八段材料既为学生在教材阅读活动之后体验概括主要话题提供了拓展训练的机会，也成了为游客提供个性化旅游攻略的参考资料，真正实现了“真实语言情境”下的学以致用。

从学生完成的课后任务来看，学生能够针对游客的身份及个性化需求，从补充段落中分别提取出相对应的细节信息给出旅游建议，而这些信息大部分是教材文本中没有的。因此，教材文本更多地承担了"学习并体验阅读策略"的功能，而补充文本则为后续的"拓展和应用该策略"提供了丰富的素材。课外材料的补充和选取自始至终都围绕教学目标的设定而进行，有了目标，选择何种材料、多少材料自然不会再成为难题。

作为英语学科核心素养之一的学习能力的培养无疑对教师的教学理念和方式提出了全新的挑战。培养学生的学习能力要求无论是教师还是学生都不可拘泥于课上所学的内容，受教材所限，而是要实现学习的生活化、信息化、实践化，引导学生把英语学习的过程延伸到社会和生活当中，亲身经历发现和解决实际问题的过程，最终拓宽学生的知识面，提高学生的问题解决能力，将知识能力转换为学科素养，实现学生身心素质的全面发展。

高中英语听说课

——“西方绘画”教学设计及反思

孙 玲

一、本研究课聚焦的问题

1. 如何实现核心素养在英语课堂上落地实践？

2. 视觉思维策略(Visual Thinking Strategy，VTS)在英语作为二语的课堂上能否得以有效应用？

二、指导思想与理论依据

英语课程既是学生通过英语学习和实践活动逐步掌握英语知识和技能、提高语言实际运用能力的过程，又是他们磨砺意志、发展思维、拓展视野、丰富生活经验、发展个性和提高人文素养的过程。《普通高中英语课程标准(2017 年版)》提出，所有语言学习活动都应在一定的主题语境下进行，在解决问题的过程中，运用语言技能获取、梳理、整合语言知识和文化知识，深化对语言的理解，汲取文化精华；同时，尝试运用所学语言创造性地表达个人意图、观点和态度。本教学设计结合艺术话题，创设游览艺术馆的语境，通过开展“输入”“输出”活动，帮助学生提高使用英语谈论画作的语言能力、学习能力；通过了解、赏析、评论西方画作，加强学生的思维品质和文化意识。本节课的设计目的在于发挥英语的工具性和人文性作用。

结合画作赏析主题，设计者以视觉思维策略（VTS）作为理论指导，进行课程设计、实施。VTS 是一种教师辅助学生讨论艺术形象的方法，该方法有助于学生思考能力的养成、语言能力的提升以及与同龄人的合作互动。VTS 提供给学生从诗歌到数学、到科学、到社会研究等领域的深入思考，艺术是基础且重要的讨论话题，因为它能使学生使用现有视觉和认知能力发展自信和经验，学习使用既有知识解决未知事物，他们会具备独自或与同龄人共同探索更复杂话题的能力。本研究课授课教师在美国国际教育委员会做交流访问时，第一次接触 VTS 理论。在专家讲解 VTS 理论后，曾和其他交流访问教师被带往华盛顿艺术馆，随机找到画作，大家结合 VTS 理论，共同讨论画作。本研究课授课教师曾一直质疑西方教学理念中不给出标准答案是否是好的教学方式，通过对画作讨论，大家生发各种想法，验证此方式远比给出结论更能调动学习者的兴趣、发展学习者的思维能力。于是授课教师开始更多地了解该理论，观看应用该理论的视频课程，结合该理论研究教师进行西方画作赏析课程的设计。

三、教学背景分析

1. 教学内容分析

本篇是北师大版《高中英语》(必修 2)第 6 单元设计(Design)中的热身(Warm-up)起始课。从整个单元的教学目标看，要求学生能够对绘画、建筑、装潢等艺术形式进行描述和赏析。本节课应完成能够描述西方画作，阐述个人鉴赏体验的任务。教材中关于四幅名画的听力材料，有对画作最基本的描述，描述涵盖的角度有画作风格、主题、颜色、线条、形状和个人感受等信息，但描述语言都是基础且简单的，有待拓展补充。用英文谈论西方画作对老师和学生来说都是不小的挑战，但又不失为一个以语言学习为基础，培养学生人文素养的良好契机。

2. 学生情况分析

学生来自北京四中高一年级人文实验班。该班学生语言基础较好，具备一定的艺术素养和人文情怀。在英语语言能力方面，学生们能够针对常见话题完成英语对话、讨论、汇报等任务，但遇到生疏话题时，受到词汇量较小、理解问题角度不够全面等问题的影响，需要教师设置活动，保证输入，搭设台阶，才能较顺畅地完成听说任务。学生已具备的美术素养会对西方画作话题的理解与描述起到重要作用，通过语言知识的学习，期待学习的思维能受到启发，更好地激发学生对西方画作的鉴赏、描述及表达个人理解的能力。

四、教学目标及重难点

1. 教学目标

本节课学习结束时，学生能够：

①提取和概括关于西方画作的英文词汇、句型和鉴赏角度；

②描述和谈论西方画作；

③理解画作内涵，实现对艺术作品的探求，欣赏跨文化艺术之美，并能表达个人情感。

2. 教学重难点

如何调动学生既有知识，确保吸收新知，以达成能够应用画作描述词汇、句型和鉴赏角度，自主描述画作，并能畅谈对于画作的个人理解和感受。

五、教学流程示意

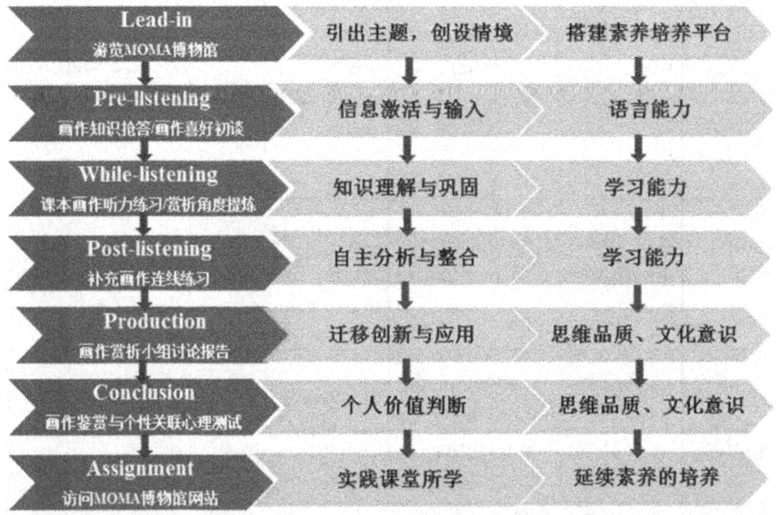

六、教学过程

Teaching steps & time	Teacher's activities	Students' activities	Intentions
Leading-in (1′)	Inform students of a tour at MOMA.	Listen and prepare for the lesson.	To get students ready for the lesson.
Warming-up (6′)	Ask common sense questions about western paintings.	Take part in the activity.	1. To present basic vocabulary and knowledge about paintings. 2. To arouse students' interest.

续表

Teaching steps & time	Teacher's activities	Students' activities	Intentions
Listening (6′)	1. Ask students about their favorite paintings before listening. 2. Play the recording, show the slide, lead the students to tell about the angles to appreciate a painting and check the answers.	1. Say something about the paintings. 2. Listen, fill in the blanks and give the answers.	To let students know the angles and basic words to talk about paintings.
Matching & speaking (4′)	Organize a painting description sentence matching activity.	1. Match the sentences with the angles. 2. Read the sentences.	1. To consolidate angles to talk about the painting. 2. To let students know about the sentence patterns for descriptions.
Group discussion (5′)	Ask students to discuss the descriptions of a painting in groups.	Discuss the descriptions of a painting in groups.	To get students prepared to describe paintings.
Presentations (15′)	1. Ask each student to describe or tell about her feelings about the painting in turn. 2. Share experts' understanding of each painting.	1. Present painting descriptions. 2. Learn from experts' descriptions.	To let students show what they learnt and to help students have a better understanding about paintings.
Conclusion (2′)	Build connections between paintings and personality.	Find themselves through paintings.	To highlight the idea of "Understanding art is understanding yourself".
Assignment (1′)	Visit the website of https://www.moma.org. 1. Take a virtual tour to view the paintings. Write about the most impressive painting you watch. 2. Apply for the internship as a tour guide.		

七、学习效果评价设计

1. 通过提问及观察学生答题表现，了解学生对于画作词汇、句型、赏析角度是否理解并掌握。

2. 通过小组讨论、小组合作班级展示，把握学生对于所学知识是否能够应用于实践，是否能够根据已知信息进行创造性加工，表达个人的艺术体验和价值理念。

3. 通过课后与学生交流学习感受，了解学生知识掌握和课程体验的情况。

八、教学反思

1. 课程追求核心素养和前沿理论的课堂落地

教育部于2014年3月发布的《关于全面深化课程改革落实立德树人根本任务的意见》中明确提出："要加快制定学生核心素养体系，并把核心素养落实到学科教学中，促进学生全面而有个性的发展。"这一文件的颁布将核心素养放在了重要的战略位置上，将培养学生核心素养作为人才培养的总目标，为教育工作者指明了新方向。

英语学科核心素养是核心素养在英语这一特定学科的具体化，是学生学习了英语这门外语之后所形成的具有学科特点的关键成就，是学科育人价值的集中体现。《普通高中英语课程标准(2017年版)》以综合语言运用能力和英语学科核心素养为思路导向。英语学科的核心素养主要由语言能力、思维品质、文化意识和学习能力四方面构成。学生以主题意义探究为目的，以语篇为载体，在理解和表达的语言实践活动中，融合知识学习和技能发展，通过感知、预测、获取、分析、概括、比较、评价、创新等思维活动，构建结构化知识，在分析问题和解决问题的过程中发展思维品质，形成文化理解，塑造正确的人生观和价值观，促进英语学科核心素养的形成和发展。

本节课以践行核心素养为目标，教师在授课过程中充分调动了学生学习英语的积极性，并能在课堂中兼顾练习听、说、读、看、写等基本语言技能。通过西方画作话题的语言输入、输出活动，实现了提高学生学习能力、锻炼思维品质、提升文化意识的目标。

结合艺术欣赏的主题，该教学设计以视觉思维理论为基础，通过画作视觉刺激实现学生的语言生发、思维发展，发展其通过已知探求未知的能力，以及独自或与同龄人共同探索更为复杂话题的能力。课程不仅发挥了英语的工具性作用，更发挥其人文性作用，结合艺术话题提升学生的人文素养，追求学科树人的目标。

2. 教学内容情境化，课堂活动多样化

《普通高中英语课程标准(2017 年版)》强调指向学科核心素养发展的英语学习活动观，即在主题意义引导下，学生通过学习理解、应用实践、迁移创新等一系列体现综合性、关联性和实践性等特点的英语学习活动，基于已有知识，在分析问题和解决问题过程中，促进语言知识学习、语言技能发展、文化内涵理解、多元思维发展、价值取向判断和学习策略应用。本节课以画作赏析为主题，理出游览美国现代艺术博物馆这条清晰的主线，在导游提问、听赏画人对话、申请博物馆导游职位、心理测试等情境设置中开展活动，由浅入深、由细节到整体，环环相扣，在充分搭建“脚手架”的前提下，完成了信息激活与输入、知识理解与巩固、自主分析与整合、迁移创新与应用、个人价值取向判断与形成和实践课堂所学的一体化完整授课流程。活动形式多样，课堂氛围一直活跃，学生参与度极高。课程环节设置用心，在结尾升华部分更是巧妙使用心理测试，自然引出“艺术是心灵的写照”的主题，带来思维的震撼。

3. 教学设计者追求与学生共同成长

从师生共同成长的尝试上，教学设计者积极开阔学生视野，在教学准备过程中，大量获取艺术主题素材，与学生共同学习、共同赏析，更结合画作引领学生从社会、人文的角度进行思考。整节课在践行英语学科核心素养的同时，授课教师本人也通过与学生一起上美术课等活动，提升个人的艺术修养。只有教师积极动脑，广泛拓展，与学生共同学习，才能谈学科素养的课堂落地。

本节课教学相长，是教师带领学生体验英语课程丰富内涵的优秀课例。

4. 视觉思维理论在二语课堂中的应用有待加强

在视觉思维理论在二语课堂中的应用方面，本节课程有待进一步实践和提升。由于授课时间有限，在有些环节教师话语较多，减少了学生说话的时间和机会。特别是在学生画作赏析展示后，教师先给出专业人士对于画作的经典评论这一环节，在一定程度上限制了学生的思维，依据视觉思维理论，更好的输出内容应该是鼓励学生无限生发出的对画作的描述与评论。所以结合本次授课，教师计划日后更深入地研究视觉思维理论，积累更多优秀画作素材，借助这一特殊又绝佳的形式，刺激学生的语言生发、思维碰撞，从而发展学生的语言能力、学习能力、思维品质和文化意识。

高中英语阅读研究课教学设计

——民间故事教学

宋　薇

一、本研究课的教学材料

民间故事《圣诞樱桃树》(*The Christmas Cherry Tree*)①，是一篇原汁原味的英文，为了在一节课完成教学，教师对文本做了以下几处处理：

1. 虽然是短篇故事，但是作为一节课的教学，文本仍然很长，所以把既难又对主题意义探究没有太大影响的原文中第1—4段做了删减；

2. 由于课时限制，教师采用翻转课堂的形式，把文本分成四个部分，并把第一部分课前发给学生，让学生课下带着问题自主学习，中间两个部分作为课上学习的主要内容，最后一个部分则放在下一个课时；

3. 个别难的词句，教师用较为简单的语言做了替换或者中文标注。

二、本研究课聚焦的问题

1. 尝试"问题串"②的方式能否帮助学生对文本做深层挖掘③？

2. 课堂实施"问题串"方法后的教学效果如何？

3. 还存在什么问题？

三、教学内容分析

从以下三个方面分析语篇：语篇的内容、语篇的写作目的、语篇的问题特征。

---

① 来自网站 https：//www. storynory. com/the-christmas-cherry-tree。

② 问题串：连续提出的两个或两个以上彼此之间存在某种逻辑联系的一系列问题。

③ 深层挖掘：即深度阅读。深度阅读具有深度学习的特征，即运用多种思维方式，准确进行文本分析，探究文本的主题意义，开展语言实践活动。

1. 语篇内容(what)

本节课的文本讲的是圣诞节的晚上，一个倾其所有善待别人导致一无所有的中古世纪的骑士 Sir Cleges 发现自家的花园里有一颗冬季结果的樱桃树。妻子劝他把樱桃果实献给国王，他在献果的过程中屡遭小人阻拦和索要国王可能许诺给他的财富，气愤的他最终向国王要了 12 下棒击，以惩罚恶人。就在看似一无所获之际，一个曾经受他恩惠的吟游诗人在吟唱诗歌时歌颂了他的善行，国王想起他就是来送樱桃的骑士，于是召回他并赐之予金银。

2. 语篇写作目的(why)

作为一个民间故事，文本想传递的价值取向为善恶有报，既歌颂骑士的正义高尚，也抨击小人的势利与贪婪。目的在于让读者体会到：在自己遇到困难时，要心怀希望、冷静、智慧；在别人遇到困难时，要鼓励帮助而不落井下石；在接受别人帮助后，要心怀感恩，滴水之恩涌泉相报；在帮助别人时，要是非分明、量力而行。

3. 语篇文体特征(how)

民间故事的特点是口口相传、代代传颂，所以本文有很多重复的单词、句子或结构，但英语语言的另一个特点是避免啰嗦和重复，所以读者可以发现文章充满了"repetition"，同时又充满了"variation"，如"If I let you pass, you must promise me a third of whatever reward the king shall grant you for this gift""If you grant me a third part of whatever you may win for these""if you promise me a third part of whatever you shall receive"，重复的同时又有"promise""grant""win""receive"这样的变化。发现了这种语言现象，学生可以自己尝试写民间故事。

四、学情分析

本课的授课班级是我校"1+3 项目"①的初三学生，成绩优秀，但是没有经过初三一年的中考复习，他们英语的整体水平并不高，尤其是词汇量比较少，可是他们有很好的学习习惯和很强的接受能力。开学以来，学生们跟老师做英文小说阅读，对英文故事有浓厚兴趣，在老师指导下做过

① "1+3 项目"是北京教改 2016 年推出的一项人才培养试验项目，在初二时提前给学生一次升入优质高中的选择机会，学生在初二年级结束后进入试验学校，在试验学校连续完成初三及高中共四年的学习。

"问题串"式的深度文本分析，如分析小说中的人物性格、赏析写作方法等。最难能可贵的是这些初三的孩子思维活跃，没有程式化，充满想象和创新，为此本课设计了很多思考、想象、预测、评价、创造的环节，帮助他们进一步提高思辨能力。

五、教学目标

本节课结束时，学生将能够：

1. 在问题的提示下预测故事的发展，获取事实性信息并梳理故事情节；
2. 评价人物性格，厘清人物的情感变化，并分析变化的原因；
3. 分析文章的语言特点，感受民间故事的写作手法；
4. 基于文本材料和个人体验总结文本的主题意义。

六、教学重难点分析

重点：学生能够预测故事的发展，梳理故事情节，评判人物性格，分析情感变化和原因。

难点：学生能够总结本课的主题意义。教学大体过程见下表：

步骤	教学活动	设计意图
Step 1 Lead-in	T(teacher) informs Ss(students) what they're about to learn in this class and begins the class with a question.	问题导入，提升阅读兴趣，同时将此问题作为贯穿本课的线索。
Step 2 Revision	T checks reading of the 1st part of the story as well as introducing the background of the story.	检测学生的作业完成情况，同时为本课做好背景铺垫。
Step 3 Reading	Ss read the 2nd part and learn what happened. T asks questions to help Ss evaluate the 3 evil characters. T asks Ss to focus on the features of language and conclude the writing style of folk tales and then asks Ss to appreciate the repeated sentences aloud.	学生阅读故事第二部分，检测自己的预测，老师提问检测阅读效果，学生评价坏人性格；教师引导关注民间故事的写作特点。

续表

步骤	教学活动	设计意图
Step 4 Prediction	Ss predict in groups what will happen next and think in the knight's shoes to come up with a solution.	学生小组以骑士视角，合理想象，预测故事下一步的发展。
Step 5 Reading	Ss read the 3rd part of the story and answer questions to evaluate this part of the story and the knight's characters again.	对比故事第三部分，评价故事，再次对骑士的性格特征做出评价。
Step 6 Reading previous parts	Ss read the previous parts of the story and draw a mind map to show the change of the knight's feelings and answer what also changed. Ss talk about the lesson the knight learnt from the experience and then about the lessons they learn from the story.	学生通读前文，画思维导图梳理骑士的情感变化，并分析变化原因；讨论骑士在此经历中得到的教训，并总结自己从故事中得到的教训。
Step 7 Predicting the ending	Ss think of the saying "A good turn deserves another" again and predict the ending of the story in groups.	学生以"善有善报"为方向，小组预测故事的最终结局，为家庭作业做铺垫。
Step 8 Homework	Write individually an ending to the story, considering the saying "A good turn deserves another".	增加创造意识，完成文章结尾(下节课对比故事原结尾)。

七、课后教学反思

在经过思考和受其他老师的启发后，我进行了一个全新的尝试。从最初选择文本开始，我就一直在思考如何上好这节阅读课，从最终的效果看，我觉得基本达成了本节研究课要探索的目标，即，以"问题串"的方式，帮助学生对文本做深层挖掘，既有效果，又存在问题。

1. 什么叫深层挖掘？具体指的是什么？怎么做才体现出深层挖掘？

首先需要探究的是深层挖掘到底是什么？阅读课不应该仅仅停留在对文章表层的理解上，即是什么(what)，而是应该去进一步探寻为什么(why)和如何达成(how)。why 指的是"语篇的深层含义，也就是作者或说话人的意图、情感态度或价值取向是什么"；how 指的是"语篇具有什么样的文体特征、内容结构和语言特点，也就是作者为了恰当表达主题意义选择了什么样的文体形式、语篇结构和修辞手段”。英语课堂应该是一个生成的课堂，而采用“问题串”的方式，就是为了搭建脚手架，帮助学生挖掘文本，步步深入，使得教学效果的取得水到渠成。

我从开学初到现在一直在带着学生读英文小说，也一直在以“问题串”的方式，在课上带着学生挖掘文本，如在讲解《汤姆·索亚历险记》(*The Adventures of Tom Sawyer*)时，Ben 在与 Tom 的对话中用了很多反问句，如“Don't you wish you could come instead of work”“Isn't that work”“You can't mean you like it”。我问学生这些句子是什么意思，反问句是什么功能，再追问 Ben 的性格是什么样的(simple，childish…)。这几个问题其实就是问了学生“How”和“Why”的问题，反问句的强调作用更凸显了 Ben 对 Tom 行为的不解，也突出了 Ben 单纯幼稚的性格，同时也衬托了 Tom 的老成和狡猾。

2.“问题串”的使用效果

本次阅读课我也想以英文小说为阅读材料，但是考虑到学生的现有水平和多数小说的长度，就又有些动摇，于是就让外教帮我找一个“short story”来阅读，这样既能练习小说阅读的方法，又保证了阅读的是原汁原味的英文。可是这篇《圣诞樱桃树》有 1800 多词，还有不少生词，这让我动摇了，因为要在一节 45 分钟的课上完成阅读很难实现。在其他教师的鼓励下，我决定不改材料，但是必须对文本做出适合学生的处理。于是我首先想到把一些影响理解的生词或者难词用简单的英文替换或做中文标注，然后又在老教师的提示下把头几个小节进行了删减，在最大限度地保持原文情节的基础上，减小了文章的长度和难度。处理之后文章仍然很长，后来我想如果我把问题抛出，让学生根据问题不断思考，不断预测，然后再去读故事，一定会读得更有趣，更容易。这就需要我把故事截成几个片段，每一个片段都必须有各种往下发展的可能性，必须扣人心弦、引人思考。于是我把故事高潮迭起的部分分成了四节，并决定把第一节提前发给学生阅读，既帮助学生了解故事梗概，培养自主阅读的习惯，又在课上省出一部分时间。这样处理之后，课上需要阅读的文本变成 1000 词左右，对初三的学生似乎还是有难度。然后我对文本进行进一步处理，即选择把最后一节故事留到下一节课阅读，同时设计了读后作业，让学生自己写一个结尾，在下一节课将自己写的故事结尾与故事本来的结尾进行对比。于是形成这样一个模式：课前读一部分，课上读一部分，课下写一部分。

但是如何利用“问题串”引导学生深层阅读呢？我在每一节都罗列了多

个问题，然后再进行“筛选”和“合并”，后来发现问题太多太碎，于是进一步思考，把问题整合，后来达成了比较满意的设计。比如在读完第二节故事之后，我本来预设的问题有如下几个：“What happened? What did the three bad people think of the cherries? Did they let the knight in? What did they ask? What do you think of the three bad people?”但是进一步思考后发现有几个问题太简单，并不需要问，或者说会禁锢学生的思维，如“What did the three bad people think of the cherries? Did they let the knight in? What did they ask?”（都是关于“What”的问题），于是经过整合，我把最后的设计变成了两个问题：“What happened? What do you think of the three bad people?”在课上实施时，确实发现一个“What happened?”的问题就足够启发学生思考了。

在整个课堂实施过程中，基本完成了教学目标，可是因为着急进入下一个环节，感觉对问题的讨论并不充分，而且课后其他教师也反映这节课学生的自然生成不够，还是教师的导向太多，我自己也感觉课上有些强加给学生我的个人观点。究其原因，我觉得还是问题的设置不够精简，有些无关紧要的问题还是应该进一步删减，比如对民间故事的讨论，以及最开始的故事情节的表格，都可以做进一步的简化。

3.“问题串”进一步使用的思考

在预设这些问题的时候，我期待学生能够对预测文章有非常积极主动的思考，但实际上，学生在回答问题时非常犹豫，非常小心。比如在第一个预测环节有个学生就说了“I don’t know”，实际上她是个成绩很好的学生，我反思这可能是由于老师给的思考时间不够，或者是平时的训练不到位，也可能是问题太宽泛不好回答。

对于“问题串”的应用，还需要做进一步的思考，比如：“彼此存在逻辑关系的一系列问题”究竟是几个合适，宜多还是宜少？对“what”的提问肯定不能没有，可是多少才合适？对“why”和“how”的提问又该是多少？给学生思考的时间又该是多长？经过实践，我觉得还是应该因“材”施教，要根据文章和题目本身的难度以及学生的反应适时调整。

总之，“问题串”的方式可以帮助学生对文本做深层挖掘，但是最关键的还是提问的数量和质量。一节阅读课一定要给学生足够的时间阅读、思考和生成；教师的介入既是必要的，也是有度的。

“从页面到屏幕”教学设计

马 悦

一、本研究课的研究方向

本研究课研究如何通过语篇分析来提升学生的思辨能力，意图借助教材文本，引导学生通过语篇分析来识别、推断作者的态度及身份背景，并思考个人身份与个人态度、观点之间的关系，从而锻炼并提升学生的思辨能力。

二、教学内容分析

本研究课的授课班级为人大附中高二(20)班，授课时长37分钟。使用材料为《从页面到屏幕》(*From Page to Screen*)，语篇类型为说明文(expository)。主题语境为人与社会——小说原著与改编电影。

三、指导思想与理论依据

1. 英语学科核心素养理论

指向学生核心素养发展的英语学科教育和课程学习应该以人类命运共同体背景下的人与自我、人与自然、人与社会等主题为内容范畴，以多模态语篇为学习载体，从语言的感知和解读到意义的判断和建构，从语言学习的知识输入到语言学习者的意义表达，是一个语言能力、文化意识、思维品质和学习能力综合发展、循环而上的过程。我们通过阅读理解、梳理加工、表达交流和综合运用，对书面语篇进行解读、评判和阐释，创造性地表达个人观点、情感和态度，形成语用能力；感知和理解文化异同，形成文化意识；学会辨析和处理信息，提升思维品质；运用有效策略和方法，提升学习能力。语言能力、文化意识、思维品质、学习能力等学科核心素养的综合发展，力求在学生身上形成整合的、可内化的、可迁移的、可重构的核心素养，融合认知性素养和非认知性素养，形成元认知能力，并可转换为胜任力和创造力，伴随学生一生。《普通高中英语课程标准(2017年版)》倡导以学生为中心、指向学科核心素养发展的学习活动观。这要求我们教师重新审视英语教学设计的合理性和有效性，科学组合英语教学诸要素，积极改变课程内容的呈现形态，积极设计结构化、情境化、过程化的教学活动，创设一系列具有关联性、综合性、实践性特点的学习活动，进而促进学生学科核心素养的有效形成和提升。

2. 英语学科核心素养理论之思维品质

众所周知，英语学科四个方面的素养是：语言能力、文化意识、思维品质和学习能力。其中，思维品质是学生创新发展的重要途径之一，它决定了我们思考问题的深度和广度，是高中学生英语学习的重中之重。思维品质涉及学生思维的逻辑性、批判性、创新性等方面的水平和特点。因此，在关注其他三方面素养的同时，本节课的重点放在学生思维品质的培养上。

Michael Scriven 和 Richard Paul 在 1987 年的“批判性思维及教学改革第八届国际会议”上指出，批判性思维包括两个方面：①个人通过观察、经历、反思、推理或交流获取或生成信息，并将此信息进行运用、分析、整合或评估；②其目的是指导个人的行动。在批判性思维中，以下元素将会受到关注：目的、问题、假设、定义、推理、影响、不同思维角度、思维框架等。因此，本课以借助文本培养学生思维品质为目标，从批判性思维能力的培养入手，通过对英语文本的写作目的、焦点问题、逻辑推理、正负影响、思维立场、思维框架等因素的分析，使学生能够辨析语言和文化中的各种现象；分类、概括信息；分析、推断信息的逻辑关系；正确评判各种思想动态，并客观地、理性地表达个人观点和看法。

3. 布鲁姆认知领域教育目标分类

布鲁姆把认知领域内的教育目标分为六个主要类别，依次是记忆、理解、应用、分析、评价和创造。创造贯穿整个认知过程的始终。他的分类理论具有两大特征：一是目标具备可测性，二是目标有层次结构。因此，本课的教学目标是基于布鲁姆的教育目标分类而设计的，层层递进、逐步深入。

4. 社会语言学视角下有关身份(identity)的理论背景

在社会语言学领域里，对于身份的定义，获得较为广泛的认可的版本如下：“Identity is the active negotiation of an individual's relationship with larger social constructs, in so far as this negotiation is signaled through language and other semiotic means. Identity, then, is neither attribute nor possession, but an individual and collective-level process of semiosis…"（Mendoza-Denton 2002：475）身份是个人通过语言及其他符号系统的运用，在社会交往中进行积极的意义协商而建立起来的。因此，身份并非一个人的固有属性，而是个人在个体及多个个体协同的多个层面上进行的符号化过程。

身份是一个动态的概念。个人身份的不同方面会在不同的时期和情境下体现相关性。它包括一些固有的方面，如：性别、年龄、外貌体格、基因型；也包括在社会交往过程中建构起来的方面，如：种族、民族、社会角色、互动过程中建构起来的身份特点，等等(Williams，2008)。

Bucholtz 和 Hall（2005）在 *Identity and interaction：a sociocultural linguistic approach* 一文中，对社会语言学领域内的身份研究提出了五大原则。第一项原则是 Emergence Principle："Identity is best viewed as the emergent product rather than the pre-existing source of linguistic and other semiotic practices and therefore as fundamentally a social and cultural phenomenon."认识身份的最佳角度应当是：将其看作一个生成的产物，而非一个预先存在的、为语言或其他符号系统的使用提供原始依据的概念。因此，从本质意义上说，身份是一种社会和文化现象。

四、学情分析

本次课授课班级是人大附中高二(20)班，一个理科实验班。班级男孩儿居多，女孩儿少。学生性格较为活泼，参与互动较为积极。对电影话题感兴趣，而且大部分学生英语口头表达能力和阅读理解能力在同龄人中属于优秀水平。针对这种情况，笔者在教学设计中致力于给学生提供足够的空间和机会进行自主思考、分析和表达。在这个思想的指导下，设计了课堂讨论、绘制思维导图并加以阐释、文本语言分析、发表个人观点并加以论证等有创造性、有挑战性并且难度层层递进的活动。

五、文本分析

本文 *From Page to Screen* 是一篇关于将书改编为电影的文章。文章开门见山地指出看书和看同名电影是完全不一样的体验。读者一般对自己喜爱的书改编成的电影期待很高，但结果却往往败兴而归。尽管好的书不一定能被拍成好电影，但好电影也未必一定要基于好书。为什么好书很难改编成同样成功的电影呢？从书本到银幕要经历的困难有很多。比如：时长对吻合度的限定问题、演员问题、技术问题等。作者经常被认为是最佳编剧，然而实际情况往往事与愿违。有的作者因为太了解自己的作品而很难改编，也有作者从来不愿意改编自己的作品。最后，文章作者提出，尽管困难重重，也有一些由书改编的优秀电影。

1. 主题意义和主要内容(What)

本文为带有一定议论色彩的说明文，属于“人与社会”主题。主体部分主要阐释、说明在由著作改编成电影的过程中存在的困难与挑战；与此同时，作者对待书和改编电影的不同的态度与立场贯穿全文的字里行间。该文章分为三个部分：

第一部分（para. 1）提出现象：电影改编作品往往不尽如人意。

第二部分（para. 2—para. 6）提出问题并加以阐释：为何很多电影改编与重拍往往让观众和评论家们失望？作者从电影时长限制、选角、技术以及编剧四个角度说明从书改编成电影的困难与挑战。

第三部分（para. 7）补充说明：尽管困难重重，还是有一些很成功的电影改编作品。

2. 写作意图(Why)

(1)阐释、说明在由原著改编成电影的过程中存在的困难与挑战；

(2)较为鲜明地传递个人态度：相比于观看改编电影，阅读原著是一个更好的选择。

3. 文体结构和语言修辞(How)

(1)本文结构鲜明。开篇提出现象；主体部分针对现象提出问题并回答问题。至此作者对待书和电影的态度已经跃然纸上：书往往优于电影改编。结尾补充提出也存在好的电影改编作品并举例。此举为文章增添了客观色彩，避免有失偏颇。

(2)语言修辞个人色彩强烈。本文作者是一位 arts correspondent，在艺术领域的认知当是积累颇丰。这篇文章推测是发表在杂志或报纸上的专栏类文章。此类文章往往不拘泥于文体格式，重在文章内容以及内容背后作者对社会的洞察和体悟。本文语言有强烈的个人色彩：在主体说明部分用词通俗易懂；在传达个人观点和主张的时候，句式活泼、开门见山(见句 a—c)。本堂课的一个重要教学任务——通过对文本语言的分析，揣测作者持有的观点和立场，便是结合本文的这个语言特点设计的。

a. Although highly regarded books do not always make good films, it is safe to say that great movies may be made from not particularly good books.

b. I, like many people, have often left the cinema feeling "the film is not like the book".

c. For me, anyway, it is always a bad idea to watch a film of a book you love.

六、教学目标及重难点

1. 教学目标

本节课结束后，学生将能够：

(1)说出从著作改编并拍摄成电影的过程中存在的问题及背后的原因；

(2)画出文本的思维导图并解释；

(3)分析、归纳作者对改编作品的态度；

(4)识别作者的身份特点，认识其对作者的观点、态度等产生的影响。

2. 重难点及其突破手段

(1)重难点

本课的重点在教学目标第(1)(2)项，难点在教学目标第(3)(4)项。

(2)重难点突破手段

基于文本设计问题，开展实践性的学习活动，包括：文本中呈现的问题及原因的分析(questioning)；文本中具有关联性信息的积累分析(inferring)；文本中深层次问题的综合判断理解(synthesizing)。

七、教学过程

Pre-reading				
步骤	教学环节	教学活动	设计意图	时间/互动模式
1	观察图片，话题初探	(1) Ss observe four pictures and find out one thing in common among them: they are all film adaptations based on books. (2) Ss discuss with partners the following questions: Books and film adaptations, which do you prefer? Why?	(1) Lead in the topic; (2) Help Ss know a key concept: film adaptations; (3) Activate Ss' schemata and arouse their interest in the topic.	3′ IW GW CW①

① IW: Individual Work; GW: Group Work; CW: Class Work。

续表

While-reading				
步骤	教学环节	教学活动	设计意图	时间/互动模式
2	快读文本，了解大意	Ss read the text for the first time at a comparatively fast speed, and answer the following two questions: (1) What does the title "*From Page to Screen*" mean? (2) What is the passage mainly about?	Help students to understand the title as well as the general idea of the text.	4′ IW GW
3	细读文本，理解细节	Ss read the text again, this time more carefully, and explore the question: "Why do many film adaptations and indeed remakes fail with both cinema audiences and critics?"	(1) Help students grasp the detail of the main body of the text. (2) Pave the way for next task — understanding of the entire text.	6′ IW GW
4	再读文本，把握结构	Ss reread the whole article, draw a mind map for the entire text, and explain why it is constructed the way it is.	Help Ss grasp the structure of the text, which will serve as an analytical framework in the next step.	9′ IW GW CW
Post-reading: selective reading & discourse analysis				
步骤	教学环节	教学活动	设计意图	时间/互动模式
5	回归文本，归纳态度	(1) Ss go through the entire text, find out expressions or sentences that indicate the writer's attitudes towards film adaptations. (2) Ss infer from these expressions and sentences and summarize the writer's attitude towards film adaptations in general.	(1) Help Ss achieve inferencing on the writer's attitudes through textual analysis. (2) Prepare Ss for higher-ordered thinking in the next stage.	6′ IW GW CW

续表

步骤	教学环节	教学活动	设计意图	时间/互动模式
6	精析文本，识别身份，认识影响	(1) Ss read carefully the three sentences selected by the teacher, and find out the words that repeatedly appear in them: book, love… (2) Ss analyze and infer the features of identity of the writer while writing this article: a book reader and a book fan. (3) Ss think, discuss and share: Do these identities of the writer have an influence on his attitude towards film adaptations? Will his attitudes change if there is a change in his identity? For instance, what if he has never read the book before watching the movie? (4) Reach a preliminary understanding of the interrelationship among three groups of concepts: identities, angles and perspectives, attitudes and opinions.	(1) Help students detect the writer's "identity" while writing this article through discourse analysis. (2) Help students analyze the inter-relationships among the following concepts: identities, angles and perspectives, attitudes and opinions.	6′ IW GW CW
7	总结回顾	Wrap-up: People with different identities might view the world from different angles and perspectives, and thereby have different attitudes and opinions.	Recap the relationships.	2′ CW
Homework				
步骤	教学环节	教学活动	设计意图	时间/互动模式
8	家庭作业	(1) Choose one book, either in Chinese or in English. (2) Watch its film adaptation first, and then read the book. (3) Write about your film-to-book journey and focus on the comparison and contrast between two different experiences.	Through a journey from a movie viewer to book reader, help Ss to further reflect on influences our identities may (or may not) have on the formation of our attitude and viewpoint.	1′ CW

八、教学反思

本案例教师基于语篇解读与学情分析，设计了四个层层递进的教学目标。教师首先通过图片引入话题，抛出问题激活学生的既有知识，引起话题兴趣。然后，教师通过提出问题、与学生一同解决问题的方式，帮助学生完成对文章主体内容的梳理。之后，学生回顾全文，画出思维导图，把握整体结构。然而教师并未止步于此，结合本文作者个人立场鲜明的特点，教师引导学生通过语篇分析，归纳作者对电影改编作品的态度，锻炼了学生通过文字来分析、归纳的能力。之后，教师同样通过语篇分析，引导学生进一步探索形成这种态度背后的因素有哪些，从而引入“identity”这个社会语言学领域里的概念。在课堂结束的时候，学生不但了解到从原著改编至电影这个过程中存在的困难有哪些，文章作者对两者持有何种感情及态度，更重要的是，他们学会了一种更全面、更客观地看问题的视角：我们需要从个体的身份、过往的经历、背景等，来理解个体所持有的立场及态度。而这种批判性思维模式能够使我们看待世界不仅更加客观，而且更加包容。

本研究聚焦学生的思辨能力，具体说来，是学生通过解读文本，识别并推断作者的态度和身份背景，继而思考作者的身份背景与其所持有的态度之间的关系，从而进一步拓展并提升学生个人思辨的角度及高度。在具体操作过程中，学生通过语篇分析识别作者态度，是较容易完成的。但是，从作者的态度出发，琢磨、推测作者可能有的身份，这一步对于学生来说是一个跨越。因为：首先，学生对于“身份”这个概念仍然较为陌生。其次，身份与个人观点之间的关系属于社会语言学的范畴，其认知难度和复杂度都超出了传统高中的教材水平，也似乎不是传统的高中教材致力于实现的教学目标。种种因素造成学生对于这种思维角度与方式几乎没有接触过，从而使得在“将身份与态度联系起来并思考二者之间的关系”这一步上，存在不小的困难。实现这一步的跨越，需要教师做大量的铺设和适量的引导与提示。然而，一旦揭示出这层关系，学生理解和接受起来是非常迅速的。

在教学过程中，需要特别注意的一点是：务必要使学生明白，个人的身份等因素会对个人态度、观点等产生影响，但是这个影响不是绝对的。代入到课文中意即：作者本身是书籍爱好者及书籍阅读者，这个身份可能会对他对书籍改编的电影的评价产生一定的削弱性的影响；但是，这种影响只是一种可能，并非绝对存在。这是我们在思辨能力的教学中特别需要关注的一点。如果处理不好，就会违背提升思辨能力的初衷，走向思维偏执的极端。

在时代急速发展的今天，学生整体英语水平较以往有了很大提升。尤其是英语水平在同龄人中处于佼佼者的孩子们，如果教学目标仅设置为对文本意思的理解和对文本主题的浅层次的把握，那么课堂势必会对这部分孩子失去吸引力，同时忽略了他们身上已经具备的巨大的认知潜力。所以笔者希望能通过语篇分析提升学生的思辨能力，而思辨能力的提高，尤其是对于“identity”这一概念的深入认识，无论是从知识上还是从世界观的形成上，对学生来说都是一种“增权”（empowerment）。

高中英语议论文阅读研究课教学设计

李书梅

一、本研究课聚焦的问题

本节课试图探讨如何基于议论文文体特征进行高中英语阅读教学设计，以提升学生的批判性思维能力。

二、教学内容分析

在本篇阅读材料中，作者阐述了其对于社交媒体的观点，属于人与社会—科学和技术的主题语境范畴。“社交媒体”是当今社会的热点话题，与人教版教材必修 2 第 3 单元 computers 的话题密切相关，是本单元很好的补充阅读材料。

文本内容(what)：作者通过本篇文章表达了其对于社交媒体的观点，即：社交媒体对于人们的性格而不是友谊产生消极影响。

作者意图(why)：本文的价值取向在于学生通过本文的学习可以认识到社交媒体对于人的生活所产生的影响，树立发展科技、利用科技，使科技服务于人类而不要成为技术的奴隶的科技观。

写作方法(how)：本篇文章体裁为议论文，其中心论点为：社交媒体对于人们的性格而不是友谊产生消极影响。

文本内容分五个文段展开：

第一段中作者对于“The biggest criticism of social networking is that our young people are losing their offline friends to online friends”这一普遍看法进行了驳斥，明确指出“In fact there is a lot of research that shows these criticisms are generally unfounded”，并引用 Allen 等人的研究发现作为论据进行论证；

第二段通过“However, there is one part of social networking that is deeply worrying”引出本文的中心论点，即：“this culture(social networking) is negatively affecting not our friendships but our character.”

在第三段、第四段用 Professor Larry D. Rosen 和 MIT 的社会学家 Sherry Turkle 的观点作为论据，从 social networking is turning us into narcissists、one of our most basic emotions (empathy) seems to be disappearing 和 people are no longer comfortable being alone 三个方面进行立论；

最后第五段得出结论：“Therefore, suggestions about ways to encourage our young people to avoid the problems of social networking should be made, so they can develop the kinds of friendships that are required to grow into well-adjusted and happy adults.”

该材料经过整合改编后全文总长 422 词，一些生词，如 unfounded、empathy 等可以从上下文推测其意思，词汇难度不大，文章结构清晰，论点、论据以及结论明确。作者在论证自己的观点时，使用了很好的论证技巧，如先驳后立、引用具体人物的研究发现来增加文章的说服力和可信度。但是作者的有些论据并不够客观，论证过程也不够严谨，适合培养学生辩证地、批判性地看待问题的意识和能力。

三、学情分析

授课对象为示范高中高一理科实验班学生，共 36 人。总体来讲，多数学生对于英语学习的兴趣比较浓厚，学业成绩优秀。学生整体对于该阅读话题比较熟悉并且很感兴趣，几乎所有学生都有使用社交媒体的经历和相关经验。但是学生在初三阶段经历了大规模的题海战术，其阅读大多以做题为主，缺乏在阅读过程中与作者进行互动的意识和批判性的思考。因此本节课注重引导学生通过阅读产生自己的判断与看法，从背景知识、生活经验以及思维能力上能够与作者的思维进行碰撞，甚至冲突，使其不仅能够更加透彻地理解文本内容，更使其批判性思维能力得到培养和提高，以及良好的阅读习惯得以养成。

四、教学目标

在本节课结束时，学生将能够：

(1)找出本文的中心论点；

(2)以结构图的形式呈现本篇文章论点、论据及结论间的逻辑关系，并阐述作者的论证过程；

(3)批判性地评价作者的论点、论据、结论以及论证过程。

五、教学重难点

教学重点：以结构图的形式呈现本篇文章论点、论据及结论间的逻辑关系，记录关键词，并阐述作者的论证过程；

教学难点：批判性地评价作者的论点、论据、结论以及论证过程，并进行分享与表达。

六、教学过程

教学阶段	教师活动	学生活动	设计意图
Step 1 Lead-in: talking about social networking	Lead in by pictures of Wechat & QQ and questions: — Do you have Wechat or QQ in your mobile phone? — Do you think you are losing your offline friends to online friends ? Why or why not?	Think about the questions and express their opinions.	导入话题，激发学生阅读和思考的兴趣。
Step 2 Reading para. 1	Guide Ss to find the writer's opinion on the biggest criticism of social networking: "our young people are losing their offline friends to online friends."	Read para. 1 and underline the writer's opinion.	引导学生明确作者的观点。
Step 3 Reading para. 2	Guide Ss to read Para. 2 and think about the following questions: — What's the writer's point on social networking? — If you were the writer, how would you prove your point?	Read para. 2, underline the writer's point on social networking and answer the questions.	引导学生在阅读中与作者进行互动、积极阅读，确定中心论点。
Step 4 Reading para. 2—5	Guide the Ss to draw a mind map to show how the passage is organized.	Read para. 2—5 and draw a mind map to show how the passage is organized; Share it with the class.	用思维导图呈现文本论点、论据和结论，厘清作者的论证过程。

续表

教学阶段	教师活动	学生活动	设计意图
Step 5 Post-reading	Guide the Ss to think the following questions: — What is the purpose of the passage? — What purpose does 1st paragraph serve? — What is the writer's attitude towards social networking? Why? — What is the style of the passage? — Are you persuaded by the writer or not? Why or why not?	Think about the questions carefully and express their opinions logically.	深度理解文本，培养学生批判性思维能力。
Making a conclusion	Help Ss to conclude the key points on how to read an argumentative essay effectively.	Conclude key points on how to read an argumentative essay effectively.	总结议论文阅读关注的要点。
Homework	Assign the homework: Write a passage to show your opinions on social networking.	Write a passage to show their opinions on social networking.	深化文本理解。

八、教学反思

1. 本节课基于议论文的文体特征深度解读文本

议论文是作者对某问题或者某事情进行分析、评论，表明自己的观点、立场、态度和主张的一种文体。新闻报刊中的评论、杂文或日常生活中的感想等都属于议论文范畴。

这类文章或从正面提出某种见解，或驳斥别人的错误观点以说服读者同意自己的观点。议论文一般有论点、论据和论证三个要素。论点是议论文的核心，即中心思想，是论据和论证的服务对象。论据是作者所引用的用以支持和证明论点的材料，这些材料可以是名人名言、事实例证或者是统计数据等。论证是作者组织运用论据的手法。议论文的基本结构包括引论、本论和结论(引论提出讨论的问题，并阐明、讨论此问题的重要性；本论摆出证据；结论重申在文章开头已提出的见解或主张)。

议论文的逻辑性非常强，作为论据的诸多事例和理由之间以及它们和结论之间都必须有内在的联系，一般说来有两种推理方法，即归纳法或演绎法(丁往道等，2009)。议论文有以下两种类型：总—分型(或总—分—总型)；分—总型。总—分型文章的篇章结构通常是：第一段提出文章的论点(论点可以是文章的第一句话)，开宗明义，接下来几段从不同角度围绕论点展开论证；而总—分—总型是在总—分型的基础上再加上一个总结段，用不同的语言进一步强调。分—总型的文章篇章结构通常是：第一段给出别人的观点或说出一种现象；接下来的几段就这一观点或现象进行阐述；最后一段总结自己的观点，确立自己的立场(刘艳玲，2012)。

本篇文章的第2—5段为本文的立论部分。作者在第二段提出本文的中心论点，第3段和第4段分别引用名人观点作为论据进行论证，最后在第5段得出结论，为非常清楚的总—分—总结构。

基于本篇文章的以上特征，在处理这段文本的Step 4环节，教师首先给足时间让学生对第2—5段进行整体阅读，画出每段的topic sentence，之后锁定每段的关键词。然后通过提问"How are these paragraphs organized?"让学生思考作者在立论部分的行文思路和文章脉络，再通过小组合作的形式绘制思维导图以呈现各段之间的逻辑关系。

通过这一环节学生确定文章论点、论据和结论以及文章的结构，在此基础上通过思维导图将其对文本的理解表述出来，使其思维形象化、可视化，迅速看清作者的思维及推理过程。

在帮助学生梳理完文章结构之后，教师在step 5读后讨论环节通过"interview"式的提问和回答解决如下三个问题：

What is the purpose of the passage?

What purpose does the first paragraph serve?

What is the writer's attitude towards social networking? Why?

如此，教师引导学生深入理解文本，深刻理解作者的写作意图和采用的手段，使得学生能够基于议论文的文体特征对文章进行深度思考。

通过对本篇文章文本内容、文章结构、作者的写作目的等多方面的梳理，在Step 6教师首先引导学生归纳出议论文的文体特征，并思考问题"How to read an argumentative essay effectively?"，帮助学生归纳总结出基于议论文的文体特征进行有效阅读的方法，进一步培养学生的文体意识。

2. 本节课基于议论文的文体特征对学生批判性思维能力进行训练

批判性思维是一种高层次思维，包括批判性技能(critical thinking skills)和批判性倾向(critical thinking disposition)两个维度。批判性思维技能包括分析、推理、解释、评价、自我调节等多项重要认知能力；批判性思维倾向包括寻找真理、开放思想、分析能力、系统化能力、自信心、探究能力、认知成熟度(陈则航，2015)。

批判性思维(critical thinking)作为一种思维方式，旨在做出准确的判断，是以有依据的判断为目标，并采用适当的评价标准，确定事物真正的价值或优点的思考(The Critical Thinking Community，2015)。批判性思维让人积极地、创造性地思考，而不是简单地服从权威或习俗。

议论文说理性强、语言正式、逻辑缜密，是培养学生思维品质的优质材料。在本篇文章中，作者在论证自己的观点时，使用了很好的论证技巧，如先驳后立、引用具体人物的研究发现来增加文章的说服力和可信度。但是作者的有些论据并不够客观，论证过程也不够严谨，适合培养学生辩证地、批判性地看待问题的意识和能力。

在读前的 Step 1 导入环节，教师通过展示微信和 QQ 的图片直接导入作者在驳论部分的话题"The biggest criticism of social networking is that our young people are losing their offline friends to online friends"，引导学生发表自己对于这一观点的看法并表明理由。

在读中的 Step 2—Step 4 环节，学生阅读文章，并通过思维导图呈现文章主要结构和关键信息。教师引导学生通过上下文对生词 unfounded、empathy 的意义进行推测，这个过程可以培养学生诠释、分析、推理和解释的能力。

在读后的 Step 5 环节，教师先通过四个问题引导学生关注作者的写作目的、态度以及作者论证的手法。在这一环节学生的提炼、归纳等能力得到了锻炼。

批判性阅读教学方法中，鼓励学生质疑和反驳课文内容被公认为批判性阅读的精髓。所以，在读后的 Step 5 环节教师设置了问题 5："Are you persuaded by the writer or not? Why or why not?"引导学生将作者的观点与自己的观点进行对比，并基于文本内容分析作者论证过程的逻辑性、合理性和连贯性等。由于此环节为本节课的教学难点，为保证学生顺利表达，老师先进行示范，然后让学生思考、小组讨论，最后进行分享。

总之，在本节课阅读过程中，授课教师试图基于议论文的文体特征设计教学任务，鼓励学生运用批判性思维在阅读的过程中与作者进行互动，使学生的思维得到锻炼和提升。

小说阅读研究课教学设计

曹巍巍

一、本研究课聚焦的问题

本节课探讨小说的文本特征、采用“文学圈”形式进行阅读 *The Boy in the Striped Pyjamas*① 的研究。本节课旨在培养学生良好的阅读习惯、提升学生的批判性思维能力。

二、教学内容分析

1. 小说梗概

小说讲述了20世纪40年代的柏林，八岁的小男孩布鲁诺和同学在外面玩耍后回到家里，发现家里正忙得不可开交。原来身为纳粹军官的父亲升职将要被调遣，母亲正在准备一次聚会。只不过布鲁诺一点儿也高兴不起来，父亲的新职务在柏林外偏远郊区“奥维”，全家都要搬过去，这样他不得不离开心爱的家和伙伴们。一开始布鲁诺很难适应新的生活环境，很快就觉得无聊起来。没有同龄人陪他玩，母亲也禁止他到处走。姐姐忙于摆弄自己的布娃娃，或者是跟父亲的同事——一位年轻英俊的男子聊天。布鲁诺从自己房间的窗户往外看，有一处很奇怪的农场，人们都穿着条纹睡衣在干活。他想试着多去了解一些的时候，又被警告不许接近那里。实际上就连母亲也不太清楚那里的情况，她以为他们一家人只是住在某个劳动营的隔壁，殊不知丈夫隐瞒了那里是杀人工厂的真相。一天布鲁诺在花

① 《穿条纹睡衣的男孩儿》是爱尔兰新锐作家、卡耐基勋章获得者约翰·伯恩(John Boyne)写的小说。伯恩1971年出生于爱尔兰首都都柏林，就读都柏林大学圣三一学院期间选修英国文学专业，之后前往英国东英吉利大学攻读硕士学位。现已出版《偷时间的贼》《骑手议会》等多部小说。《穿条纹睡衣的男孩儿》是他的第四部作品，出版后备受各方赞誉，在全球范围内入围并获得诸多奖项。

园里玩的时候，不小心摔倒碰伤了膝盖。在厨房干活的穿着条纹睡衣的帕维尔赶过来帮助他包扎了伤口。两人从此结为了好友。在房子周围晃悠了几周之后，布鲁诺终于决定越过界限来到一个用电线网制成的围墙边，看到围墙另一边有一个穿着条纹睡衣的男孩在用手推车倒碎石子。他终于在这里发现了可以一起玩的同龄人——什穆埃尔，以后布鲁诺每天都会偷偷来这里见他的新朋友。

数周过去，布鲁诺对于自己的所见所闻愈加感到困惑，家人教导他所有犹太人都是魔鬼，而他与什穆埃尔的关系却越来越紧密。另一方面，父亲决定把家人送回柏林去。一想到从此无法再见到这位最好的新朋友，布鲁诺感到很绝望。什穆埃尔告诉布鲁诺自己的父亲失踪了三天，布鲁诺决定利用最后的时间为他做些事情。于是，善良天真的布鲁诺也穿上了一件条纹睡衣，从一块松动的铁丝网下爬进集中营。然而，无情的命运却与小男孩布鲁诺开了一个天大的玩笑，他的生命也将从此画上句号。

2. 阅读计划实施步骤

(1) 建立阅读小组，由于班中人数不多，共 25 名同学，我们采取抽签的方式进行分组。按照这样的方式分组打破班级固有学习圈子，使得学生能够扩展交流范围，促进沟通，结识新的朋友，承担新任务。

(2) 因为在寒假期间进行阅读，教师提前准备章节阅读学案，为学生理解小说做准备。

(3) 建立小组每日打卡制度，每天讨论阅读中的问题；完成学案；每三日由组长向教师汇报进度，形成有规律、良好、积极的阅读习惯。

(4) 开学后开展阅读讨论研讨课，深入分析、领会小说内容，答疑解惑。

三、学情分析

授课班级为高一年级平行班，学生英语基础较好，学习英语兴趣较高，班中三分之二的学生来自于本校初三毕业生，且大部分由我教授。从初中开始我们就接触绘本、小说等读物。初中时我们以《典范英语》为基础，开展阅读、讨论和表演的活动。在初三毕业后的暑假还一起阅读了 *Wonder* 和 *The Giver* 两部小说，这些阅读材料受到学生的喜爱，取得了良好的阅读效果。经过高一上学期的磨合和培养，大部分学生养成了阅读英语读物的习惯，阅读兴趣有明显提高。按计划，我们在 2019 年寒假开展对 *A Boy in the Striped Pyjamas* 的阅读。

四、教学目标

在本节课结束时，学生将能够：

（1）通过小组播报的形式回顾小说章节大意，提出疑惑，引发思考。

（2）通过给小说各部分加标题，促进学生对小说结构、内容和主题的思考。

（3）通过思维导图呈现主要人物的性格特点。

（4）通过回顾人物间的矛盾冲突再次回归情节，实现情节的细化，从而引发和推断出作者想要通过人物和情节传递的人生观、世界观和价值观。

（5）总结和反思这本小说对于学生自己人生观、世界观、价值观的影响。

五、教学重难点

教学重点：分析小说中的人物特点和矛盾冲突，了解作者传达的价值观；

教学难点：推断作者的写作意图，反思总结自己的阅读收获。

六、教学过程

教学过程				
教学阶段	教师活动	学生活动	设计意图	时间安排
Step 1 Lead-in	Lead Ss to watch a video.	Watch the video.	唤醒对小说的回忆。	2′
Step 2 Presentation	1. Spokespersons of each group do the presentation.	The spokesperson of each group do the presentation to introduce the main plot of these chapters, and raise questions which they thought about while reading.	回顾细节，提出疑问，深化对小说内容的思考，增强思维的力度和解决问题的能力。	15′

续表

教学阶段	教师活动	学生活动	设计意图	时间安排
Step 2 Presentation	2. Lead Ss to discuss and give the different parts of the novel a title. Invite Ss to present the titles they discussed and say the reasons. At last, give opinions and say the reasons and listen to Ss' opinions.	Discuss in groups and divide the novel into different parts and give each part a title. And then, present the titles they discussed, and say the reasons. At last listen to the teacher's opinions and discuss.	鼓励学生用整体的眼光看小说，给小说的开端—发展—高潮—结局赋予标题，引导学生在这一过程中感知作者要传达的情感和价值观。	8′
Step 3 Research & reflection	1. Ask Ss to discuss in groups and choose a character they like best in the novel. Lead Ss to draw a mind map to describe the character and say the reason why they choose this person.	Discuss in groups and choose a character they like best in the novel. Work in groups and draw a mind map to describe the character and say the reason why they choose this person.	通过思维导图分析小说中主要人物的性格特征和价值观，以此为途径了解作者想要传达的思想。	15′
	2. Lead Ss to discuss in groups and talk about the most impressive conflict in the novel and say the reasons.	Discuss in groups and talk about the most impressive conflict in the novel and say the reasons.	从人物讨论过渡到人物之间的矛盾冲突，引发思维的碰撞，为讨论小说所表达的人生观、世界观和价值观做铺垫。	15′

续表

教学阶段	教师活动	学生活动	设计意图	时间安排
Step 4 Free talk	1. Lead Ss to watch the ending of the movie and experience the same feelings of the characters.	Watch the ending of the movie in order to let Ss experience the same feelings of the characters.	1. 观看电影结尾片段，激发学生情感，引导学生体会人物的情感，产生情感共鸣。	3′
	2. Raise questions and invite Ss to do free talk. Q 1: After finish reading this book, how do you feel? Q 2: Who is the biggest victim? Why? Q 3: Who killed Bruno? Q 4: Tell how this book has affected you.	Talk about the questions in groups and express their own opinions.	2. 通过自由讨论引发学生深层的思考，思考作者所展现的人生观、世界观和价值观；引导学生用批判的眼光看世界。	10′
Step 5 Task	Invite Ss to write the recommendation of this book which always appears in the back cover. Choose a best one to share in front of the class.	Write the recommendation of this book which always appears in the back cover. And choose a best one to share in front of the class.	通过让学生写书评，深化思维，激发学生再次思考。	7′
Step 6 Homework	Lead Ss to design a book cover.	Take down the required work.	回顾整个小说的情节和要点，并通过封面设计体现出来。	5′

七、教学反思

1. 对小说文本解读的反思

《穿条纹睡衣的男孩儿》是爱尔兰作家约翰·伯恩的长篇小说，出版后很快成为《纽约时报》评出的畅销书之一、英国十大畅销书之一，并荣登欧洲许多畅销书排行榜，截至2007年7月1日，《穿条纹睡衣的男孩儿》已连续54周位列爱尔兰图书销售榜第一。除诺贝尔文学奖外，本书几乎囊括欧美所有文学奖。截至2011年已译成42种语言，全球销量500多万册。

在选择小说文本时，教师充分考虑了小说的畅销程度和口碑。这本小说从内容上比较能引起学生共鸣，学生可以从“友谊”和“希望”的角度去解读和看待主人公的立场和行为。分析小说内容时，在教师的引导下学生能够整理、归纳出小说章节的大意；了解小说发展的进程，与小说中的人物产生共鸣。但教师没有考虑到的是如何引导学生发现这本小说的独特性。描写纳粹的文学作品很多，精彩的也不少，但为什么《穿条纹睡衣的男孩儿》这么受欢迎呢？主人公布鲁诺的身份很特殊，他是集中营司令官的儿子。所以说这部小说并不是从受害者的角度来表现纳粹的冷血和残暴，而是从“施害者”的角度来表现。从某种角度来说，他是无辜的，从没有想过要伤害任何人，对身边每一个人都报以本能的尊重。这一点教师在课堂上并没有做到深入的挖掘，也没能给学生足够的时间去深入探讨。不仅如此，这部小说通篇采用的都是有限视角，也就是说，它从始至终都只从布鲁诺的眼睛来观看这个世界，所以相对于其他表现集中营惨无人道的作品而言，它的视角相对温和。整部小说中，并没有血腥画面的直接书写，一些“留白”的部分引人深思，教师由于课堂时间限制，在这方面也缺乏引导。

2. 对培养学生批判性思维效果的反思

《普通高中英语课程标准(2017年版)》提出指向学科核心素养的英语活动观，明确活动是英语学习的基本形式，是学习者学习和尝试运用语言理解与表达意义、培养文化意识、发展多元思维、形成学习能力的主要途径。活动观的提出为整合课程内容、实施深度教学、落实课程总目标提供了有力保障，也为变革学生的学习方式、提升英语教与学的效果提供了可操作的途径。本节课的设计旨在锻炼学生的思维能力，使学生在学习的过程中提高独立思考和判断的能力，发展与人沟通和合作的能力，树立正确的人生观、世界观和价值观，增强社会责任感，全面提高人文素养。在这一点上，我认为课程的设计做到了引导学生的思维，实现了学生思维的发展。但由于时间的限制和教师对小说文本的认知，在设计问题时一定程度限制了学生的思维。为更好地掌控课堂，对小说中有争议的部分没给足学生时间进行思考，有些遗憾。

3. 对"文学圈"活动模式应用于小说阅读课的反思

"文学圈（literature circles）"这一概念由美国人哈维·丹尼尔斯（Harvey Daniels）于1994年提出，是一种让学生自发性地以小组方式进行类似读书会的教学方法。在这一阅读团体中，每一位成员阅读同一本书，自主选择角色和职责，并按照自己承担的角色讨论、发言。小组设置五个角色：PPT制作者、绘画师、研讨达人（组长）、记录员和辩手。在讨论过程中，小组成员积极地进行讨论，完成自己的角色，集中展示讨论中的精华内容，以便于其他的阅读团体进行交流和共享，实现最大程度的资源共享。在整个活动中，老师只起到引领的作用，活动大部分由学生自主参与完成，老师只起到监督和鼓励的作用。本节课的整个流程十分顺利。由于在寒假期间"文学圈"前期工作做得较好，大家全部完成了对小说的阅读和学案工作，充分地进行了小组的交流。尤其是在每读完一个章节时，学生在自己的小组内对这一章节内容提出疑问，这一环节深受学生喜爱。学生不仅交流了内容，也碰撞了思维。但是即便创造了交流的环境，也确实存在个别学生比较懒惰的现象，如打卡不及时，不愿意提问，在小组合作的过程中参与不积极。反思在小说阅读中采取"文学圈"的模式，其有积极作用，但也不能回避其中存在的问题，教师应该在下一次的小说阅读当中设置更加精细的活动，细化要求，加强评价，用评价的方式带动阅读。

初中英语听说课教学设计

白　雪

一、本研究课教学材料

本节课的听力文本选自北京市义务教育教科书北师大版八年级上册 Unit 5 Lesson 13，本单元的话题是 Helping，本课的课题为 *Helping Your Community*，属于“人与社会”主题语境中“社会服务与人际沟通”主题群下的子主题“志愿服务与公益事业”。

本节课为本单元的第一课，学生将通过本课的学习，从志愿服务着手，了解外国学生志愿服务的同时，思考自己能为社区做些什么，从而为课后的志愿活动提供参考，帮助学生能学以致用，并提高思考问题、解决问题的能力。

二、本研究课聚焦的问题——比较差异

这堂英语听说研究课上，教师关注了学生思维的发展，这个聚焦点和本课的教学目标(运用获取的信息和语言有逻辑地口头谈论如何服务社区)紧密相连。

通过这堂课回答设计实施效果与期待的效果是否相符合，有何不同之处。

三、教学内容分析

1. 语篇内容(What)

听力文本以对话的形式，介绍了三位志愿者 Jim、Amy 和 Bai Min 如何在沙滩捡拾垃圾、制作宣传海报的环保志愿活动。在捡拾垃圾的过程中，三位志愿者相互帮助，团结协作。Amy 向 Jim 借垃圾袋；Bai Min 向 Amy 借手套收拾玻璃瓶、金属和易拉罐等垃圾；Amy 向 Bai Min 借绳子整

理木头。拾完垃圾后，三人达成共识，决定张贴环保宣传告示，Jim 向 Amy 借笔，Amy 开始寻找纸张……

2. 语篇写作目的(Why)

听力文本介绍服务社区的其中一项志愿活动——海滩捡拾垃圾的相关信息，引发学生思考社区志愿服务的方式、方法和意义，从而更好地服务社区。

3. 语篇文体特征(How)

本文以三人对话的形式展开，在读者面前呈现出一幅紧张、有序的海滩捡拾垃圾的劳动场面，但活动过程需要归纳总结。对话的发展按时间的顺序进行，先捡拾垃圾，再决定制作、张贴告示，结构清晰。过渡句为："OK, we're finally finished! I think we really need to let people know…" 利用情态动词 can 在对话的过程中发出和回应请求，互相帮助，分享志愿服务的工具，使得劳动的场面紧张而有序。文本的结尾处，志愿活动并没有结束，给读者提供了想象和思考的空间。

四、学情分析

本课授课对象为我校八年级实验班的学生，所处的学段是初二上学期。他们学习态度认真，乐于表达自己的观点和想法，也有较强的合作意识。"社区服务"和"团队合作"这两个主题与学生的生活密切相关，也是学生熟悉和关注的话题，学生有真实的表达需求。他们的英语听力和口语表达基础较好，思维比较活跃，大部分学生具备根据听力材料获取信息的能力，因此本课补充了一篇与话题相关、内容新颖的课外听力材料，以调动学生的听说兴趣，增加文本信息量及词汇量的输入，扩大学生的知识面。多数学生乐于表达，但思考有时不够深入，有逻辑地进行口语表达的能力还有待提高。

五、教学目标

在本课学习结束时，学生将能够：

(1)获取并理解社区服务中的一项志愿活动——海滩捡拾垃圾的相关信息。

(2)积极思考，运用所获取的信息和语言，有逻辑地口头谈论如何服务社区。

(3)理解志愿服务的意义——乐人乐己；增强志愿活动的意识，呼吁从身边小事做起，以实际行动服务社区。

六、教学重难点分析

教学重点：通过听前预测、听中记录关键词等活动获取并理解海滩捡拾垃圾志愿活动的相关信息——海滩垃圾、清扫工具以及如何互相帮助。

教学难点：积极思考，运用所获取的信息和语言，有逻辑地口头谈论如何服务社区。

七、教学流程

1. Pre-listening

Step 1. Ss share different kinds of volunteer work they have ever done. (Ss prepared photos before class)

Q. What have you ever done to help in your community?

设计意图：通过谈论在社区中帮助他人的亲身经历，激活学生相关话题的已有知识和已知词汇，以追问的形式，引发学生思考帮助他人的感受和意义，为理解本课的主题意义做铺垫。

Step 2. Ss get to know more volunteer work.

1. Ss read the posters on the notice board and circle different sorts of volunteer work.

2. Ss learn about new vocabulary and background information with the help of pictures.

Q. What sort of volunteer work do kids in other countries do?

Background knowledge: What do volunteers do at a food bank?

设计意图：以图片的形式呈现和展示本课词汇，为听力教学扫清词汇障碍；补充背景知识，拓宽学习视野。

2. While-listening

Step 1. Listen for the general idea of the conversation.

1st listening

Ss listen to the conversation and choose which volunteer work they did.

Q. Which volunteer work did they choose?

设计意图：通过勾画出志愿者们所选择的志愿形式，获取对话大意。

Step 2. Listen for the details of the conversation.

(1)2nd listening

① Ss brainstorm the rubbish that might be on the beach.

② Ss listen again and choose the correct picture.

③ Ss describe what the beach was like before.

Q. What was the beach like before?

设计意图：通过预测海滩可能出现的垃圾，激活学生的既有知识，为下一步听力教学做铺垫；以选择图片、追问的形式，帮助学生运用获取海滩垃圾等细节信息进行有逻辑的表达。

(2)3rd listening

① Ss brainstorm the things they need to do the work.

Q. What things do you think they needed to clean up the beach?

② Ss listen again and choose the things they needed.

Q. What things did they need?

What was the pen used for?

Why did they put up a notice?

How else can we let more people know?

(Ask Ss questions in the process of checking the answer.)

设计意图：通过预测志愿者们可能需要的清扫工具，激活学生的既有知识，为下一步听力教学做铺垫；以图片选择的形式，帮助学生获取清扫工具的相关细节信息；以追问的形式引导学生关注笔是宣传工具，引发学生思考并说出除张贴告示之外的更多种宣传途径。

(3)4th listening

① Ss listen and think about whether they worked as a good team.

② Ss listen again and complete the diagram.

Q1. Did they work as a good team?

Q2. Who had these things and who needed to use them?

Q3. Did they speak to each other politely?

③ Ss act out the dialogue to show how they worked as a good team.

设计意图：学生通过听对话，思考志愿者们的团队是否是一个好的团队，培养学生的思辨能力；之后以完成图表的形式，引导学生获取并理解志愿者们如何团结互助的细节信息；通过对话表演，在真实的语境中体会如何发出和回应请求。

3. Post-listening

Step 1. Ss think about the reasons why they did the volunteer work and share their ideas.

Q. Why did they put time and energy into cleaning the dirty beach?

Step 2. Ss read aloud with the tape and read the conversation in different roles.

设计意图：以小组讨论的形式，学生体会志愿者们的心情和感受，思考并分享志愿者们清扫海滩垃圾的原因，发散学生的思维；有感情分角色地朗读文本，为理解本课的主题意义做铺垫。

Step 3. Ss collect questions and make an interview.

Situation:

A reporter for the school newspaper is interviewing Amy about her volunteer work to clean up the beach. Have a conversation to talk about how Amy and her friends helped clean the beach.

Q. If you were the reporter, what questions would you ask?

设计意图：通过设置校报记者采访志愿者的语境，学生思考如何重构语言，综合运用本课所获取的信息和语言完成真实的交际任务。

Step 4. Ss talk about their understanding of volunteer work with the help of the logo.

Q1. What do you see in the picture?

Q2. What is a volunteer?

设计意图：在"中国青年志愿者"标识的帮助下，学生谈论对志愿者的理解，实现主题意义的提升。

4. Homework

Ss talk about how they help in the community.

Situation:

Amy got an interview at her favourite school. They asked her about her volunteer experiences in the community. Answer the interviewer's question from Amy's point of view.

Q. How do you help in your community?

八、本课教学设计较之前教学设计相比的不同之处

针对我班多数学生乐于表达，但思考有时不够深入，有逻辑地进行口语表达的能力还有待提高的现状，本节课的教学目标和教学难点分析中增加了关注学生思维发展的描述——学生能够积极思考，运用所获取的信息和语言，有逻辑地口头谈论如何服务社区。为了实现该教学目标，突破教学难点，本堂课的相关教学环节也进行了调整，尝试以追问的形式启发、引导学生思考。例如，在听前环节，除了通过谈论帮助他人的亲身经历，激活学生相关话题的已有知识和已知词汇之外，我还以追问的形式，引发学生进一步思考帮助他人的感受和意义，为理解本课的主题意义做铺垫。在听中获取信息环节，通过预测海滩可能出现的垃圾，激活学生的既有知识，另外，我还以追问的形式，帮助学生运用获取海滩垃圾等细节信息进行有逻辑的表达。在听中理解信息环节，我以追问的形式引导学生关注笔是宣传工具，而不是清扫工具，引发学生思考并说出更多种宣传途径，从而关注学生思维的逻辑性和创新性培养。思考志愿者团队是否是好的团队，培养学生的思辨能力。在听后环节，通过设置校报记者采访志愿者的语境，学生思考如何重构语言，完成真实的交际任务。最后，课后作业布置环节，学生在介绍自己的志愿服务经历前，需要思考如何以 Amy 的口吻回答记者的提问，促进学生思维的发展。

九、课堂实施效果是否达到期待的效果及课后反思

通过课堂观察，我发现整堂课学生都在积极地讨论，参与度高，而这次的教学设计由于获取信息层面的活动较少，而在理解、应用、创新层面关注学生思维发展的设计居多，比如引导学生分析、推理主人公使用文本中提到的工具的意图，根据主人公的对话去推理、判断他们团队合作的效果等。学生需要时间思考，与同伴交流过后才能作答，因此课堂气氛略显沉闷，回答问题声音小，胆怯，不自信，不过“蹦词”的现象在减少，成句和成段的输出越来越多。

整堂课的语言和思维同步训练下来后，学生在最后的输出采访环节表现可圈可点，能够有逻辑地口头谈论如何服务社区。以下是课堂实录：

S1：Hello，everyone! Jim and Amy are doing the volunteer work. We’ll ask them about their experience. Hi，Jim! When did you start doing the volunteer work?

S2：Just a week ago.

S1：How long did you finish beach clean-up?

S3：We did it for four hours.

S1：What did you see on the beach?

S3：Oh，lots of rubbish，such as…

S2：Some metals，glass bottles，pieces of wood，cans and so on.

S1：Why do you want to do that?

S3：To improve our environment.

从学生现场生成的口语输出我们可以看出，学生设计的采访问题很有层次性，从 when、what 到 why，从关注事件本身到探究事件背后的原因，回答问题时既有主题句，也有细节支持，说明这次设计的重构语言的听后采访活动比较成功，有利于帮助学生发展逻辑思维能力。由于初中生语言能力较低，思考和准备时间不足，采访内容和语言还有很大的改进空间。

在听中获取信息环节后，描述沙滩的脏乱景象时，我预期的课堂效果是：学生能够说出一段话，既能说出沙滩很脏，还能说出沙滩上有什么垃圾，志愿者们看到沙滩的感受。为此，我设计了的一连串问题：① What was the beach like before? Choose the correct picture. ② Why did you choose "picture A"? ③ Besides the rubbish，what else did you hear to show the beach was dirty? ④ With all of these details，I'd like you to describe what the beach was like. 而学生的回答并没有按照我的预设发展，逻辑性并不强。课堂实录如下：

S1：It's very dirty and there's rubbish everywhere.

S2：The rubbish was everywhere，there's a lot of work to do. It's dirtier than we thought.

反思原因，我认为老师给学生铺垫的问题太多太细，过度指导，结果反而剥夺了学生独立思考的机会。如果重新设计，我会把问题修改为：What was the beach like? How do you know that? 之后留给学生更多的时间去思考、讨论、组织语言输出。

英语学科素养包括语言能力、思维品质、文化品格和学习能力四个维度。其中，思维品质是思考辨析能力，包括分析、推理、判断、理性表达等能力。思维是语言的灵魂，语言促成了思维，又表达了思维，二者密不可分。教师在教学中要尊重学生的课堂生成，关注学生的思维发展，让学生有更多的机会获得主动探索、自主思考的经历。在这个过程当中学生的思维品质和语言水平自然而然会得到发展。课堂气氛沉闷只是暂时的现象，假以时日，坚持练习，老师和同学都会享受到思考带来的快乐。现在想起来，应该再耐心些，放开自己，放飞学生，希望在今后的教学当中，我能够有更好的表现。